O AUTISTA E A SUA VOZ

Blucher

O AUTISTA E A SUA VOZ

Jean-Claude Maleval

Tradução e notas
Paulo Sérgio de Souza Jr.

O autista e a sua voz
Título original em francês: *L'Autiste et sa voix*
© Éditions de Seuil, 2009
© Editora Edgard Blücher Ltda., 2017
2ª reimpressão – 2020

Imagem de capa: iStockphoto

Blucher

Rua Pedroso Alvarenga, 1245, 4º andar
04531-934 – São Paulo – SP – Brasil
Tel.: 55 11 3078-5366
contato@blucher.com.br
www.blucher.com.br

Segundo o Novo Acordo Ortográfico,
conforme 5. ed. do *Vocabulário
Ortográfico da Língua Portuguesa*,
Academia Brasileira de Letras,
março de 2009.

É proibida a reprodução total ou parcial
por quaisquer meios sem autorização
escrita da editora.

Todos os direitos reservados pela Editora
Edgard Blücher Ltda.

Dados Internacionais de Catalogação
na Publicação (CIP)
Angélica Ilacqua CRB-8/7057

Maleval, Jean-Claude
 O autista e a sua voz / Jean-Claude
Maleval; tradução e notas de Paulo Sérgio
de Souza Jr. – São Paulo: Blucher, 2017.
 400 p.
 Bibliografia

 ISBN 978-85-212-1162-4
 Título original: L'Autiste et sa voix

 1. Psicanálise 2. Autistas – Linguagem
I. Título. II. Souza Jr., Paulo Sérgio de.

17-0059   CDD 150.195

Índices para catálogo sistemático:
1. Psicanálise

Para Rosine e Robert Lefort

Agradecimentos

A legibilidade do manuscrito foi bastante beneficiada pela qualidade e pela precisão da leitura efetuada por Elsa Rosenberger.

O presente trabalho ganhou com as trocas cultivadas durante vários anos em um grupo de pesquisa formado por clínicos que têm prática com sujeitos autistas. Muitos desenvolvimentos foram iniciados por contribuições de participantes como: Emmanuelle Borgnis-Desbordes, Daniel Cadieux, Jean-Noël Donnart, Gwenola Druel-Salmane, Isabelle Fauvel, Michel Forget, Michel Grollier, Claire Lech'vien, Myriam Perrin e Danièle Olive.

O ensino de Jacques Alain-Miller, os trabalhos do *Campo Freudiano* e as práticas desenvolvidas nas instituições do RI3 nutriram minha abordagem, que sem eles não teria sido possível. Por fim, os conselhos da Sra. Judith Miller me foram preciosos.

Que todos sejam imensamente agradecidos.

Prefácio

Angela Vorcaro

Este livro, a que agora os brasileiros e demais leitores da língua portuguesa têm acesso na íntegra graças à tradução de Paulo Sérgio de Souza Jr. e à Editora Blucher, franqueia um amplo campo de pesquisas sobre o autismo a todos aqueles que problematizam não apenas a clínica com esses sujeitos, mas também as especificidades das condições humanas rumo à subjetivação. Jean-Claude Maleval não perde seu fio condutor orientado pelas afirmações de Lacan relativas ao fato de que, para os autistas, o peso das palavras é muito sério. Portanto, não se pode confundir a dificuldade desses em dar alcance às suas palavras e nem mesmo a nossa impotência em escutá-los com a constatação de que os autistas falam. Assim, orientado pela distinção da enunciação dos autistas, o autor mobiliza a exigência de escutar os próprios autistas. E, ainda, sem descentrar-se de sua concepção própria, o autor localiza, reconhece e considera, neste livro, a escuta que, de ângulos teóricos bastante distintos, psicanalistas ou cognitivistas, muitos clínicos testemunharam e a partir da qual formalizaram os enigmas impostos pelos autistas, desde que se debruçaram sobre essa modalidade de acontecimento subjetivo.

O autista e a sua voz – lançado por Jean-Claude Maleval em 2009 – é, portanto, extraordinário. Ele foi cultivado por um grupo de pesquisa de clínicos experientes de orientação lacaniana, assentado em uma escola de Psicanálise. Entretanto, vale sublinhar que o escrito ultrapassa as fronteiras não só de uma escola de Psicanálise, mas também das teorizações lacanianas, para abranger contribuições de grande parte das perspectivas teóricas e clínicas que tentam escutar, pesquisar e formalizar a singularidade subjetiva do autista. Sem se ater exclusivamente a marcos teóricos ou históricos, faixa etária, meio cultural ou modalidade de tratamento, o autor confronta observações clínicas desde aqueles que as nomearam inicialmente até a atualidade – e aí está a razão da excelência do trabalho – com os dizeres e os escritos dos autistas, estabelecendo vias não mais negligenciáveis para sua abordagem.

Assim, a despeito de sua filiação institucional, e mesmo de sua formação, o autor rastreia e formaliza o obscuro campo do autismo, oferecendo-nos uma lição de método de pesquisa clínica do singular, focada em seus traços básicos de solidão e imutabilidade, que podem ser bastante modificados. Mas, enquanto a psiquiatria contemporânea confisca o sujeito e o reduz a seu corpo, induzindo a apreensão dos autistas no universo dos *retardados congênitos* por meio de uma *rubrica administrativa*, a heterogeneidade dos resultados de estudos biológicos (fragilidade de amostragens e taxas de concordância variáveis) impede a diferenciação de uma especificidade genética; também as descobertas epigenéticas relativas ao efeito do entorno sobre as condições biológicas conduzem à consideração da participação de outros fatores, para além dos genes, que justifiquem o quadro autístico.

Dessa forma, dissipando o mito de que sejam ingênuos, loucos ou idiotas, o autor reconhece a pré-ocupação dos autistas com a busca por uma imutabilidade tranquilizadora como efeito da ausência de recalque e, portanto, da incorporação do traço por meio do qual a perda da igualdade sígnica nas experiências seria ultrapassada, introduzindo nelas o diferencial e a heterogeneidade significante na função simbólica da linguagem.

Ressublinhando e realinhando observações e registros clínicos, sempre orientado pelo testemunho de autistas, o autor sistematiza suas constatações de um funcionamento subjetivo singular por meio da localização formalizada dos modos de configurar o campo do Outro, do semelhante e dos objetos.

A ausência do recalque torna pendente a identificação primordial, sem operar a alienação ao Outro da linguagem. Não incorporando a voz como alteridade do que é dito, o autista fica sobrecarregado por um gozo vocal desregulado, não cifrado desde o balbucio. É o que impede a enunciação e reduz a função reguladora do gozo pelo aparelho da linguagem, em prol da biunivocidade plena de cada palavra ou coisa, uma a uma, sem surpresas nem alterações. É o que demonstram as ilhas de competência presentes em autistas de alto funcionamento, em que o Outro admitido pelo autista é o Outro de Síntese. Seja via música ou computador, entre outros cuja linguagem funciona sem recalque, um Outro absoluto é forjado no trabalho de memorização de signos assimilados que o estabilizam, protegendo-o do que há de enigma no desejo. Por outro lado, sem a identificação que permite desprender-se do outro imaginário, seu semelhante, o autista é presa da dependência transitivista de duplos não invasivos que animam seu movimento libidinal, ou de duplos invasivos dos quais se defende por meio de sua neutralização. É o que o atrai nos objetos regulados por um movimento simples que retorna ao mesmo lugar ou mesmo em objetos complexos, que têm a mesma finalidade.

A construção de uma realidade compatível com a dos outros terá de passar pela concretização de uma borda que proteja o autista de um Outro real ameaçador. Isso é edificado a partir de uma barreira autossensual gerada por estímulos corporais que cria condições para desenvolver a imagem do duplo, a ilha de competência ou o objeto autístico que separam sua realidade perceptiva do mundo exterior, tentáculos que o preservam do desmantelamento.

Enfim, dessa perspectiva, um campo de tratamento pode ser proposto sem mutilar a subjetividade dos autistas, a partir de uma orientação que venha do que eles mesmos nos ensinam. Está aí o cerne da transmissão a que esse livro se propõe, a partir do que os clínicos e os autistas nos ensinam.

Conteúdo

Introdução 15
1. Da psicose precocíssima ao espectro do autismo 37
2. "Sobretudo verborrágicos", os autistas 87
3. O retorno do gozo na borda autística 123
4. Eles ouvem muitas coisas, mas será que são alucinados? 257
5. Qual o tratamento para o sujeito autista? 291
6. A aprendizagem não basta 353
Bibliografia 379

Introdução

Procurando reduzir o sujeito ao seu corpo, a psiquiatria hoje lhe confisca a competência no que se refere ao conhecimento dos seus transtornos. A psicanálise parte da hipótese inversa. Ninguém melhor do que o próprio sujeito saberia ensinar aos clínicos a respeito do seu funcionamento. Ora, o autista "tem seu próprio mundo" – constatava Lacan nos anos 1950, a propósito de Dick, encontrado por Melanie Klein –, porém, "enquanto não nos diz nada, não temos nenhum meio de penetrar nele".[1] Por isso a psicanálise parece encontrar um obstáculo no que concerne ao estudo do sujeito autista, e tão acentuado que, durante muito tempo, os especialistas limitaram-se ao estudo do autismo infantil precoce, partindo da hipótese de que se tratava de uma patologia gravíssima, não deixando praticamente nenhuma esperança de cura – uma vida autônoma ulterior podendo apenas ser vislumbrada. Meio século depois de sua descoberta por Kanner, o autista ainda permanece, para muitos clínicos, uma criança que apresenta transtornos

---

1 J. LACAN (1975) *O seminário*, livro 1: *Os escritos técnicos de Freud*. Traduzido por B. Milan. Rio de Janeiro: Jorge Zahar, 1986, p. 104.

graves, que efetua movimentos estereotipados, mete a cabeça nas paredes, solta urros e dispõe somente de uma linguagem rudimentar. De fato, constatava Sacks em 1995, é estranho que os especialistas em autismo

> *falem apenas de crianças autistas e nunca de adultos, como se de alguma maneira as crianças simplesmente sumissem da face do planeta. Mas, embora possa haver de fato um quadro devastador aos três anos de idade, alguns jovens autistas, ao contrário das expectativas, podem conseguir desenvolver uma linguagem satisfatória, alcançar um mínimo de habilidades sociais e mesmo conquistas altamente intelectuais; podem se tornar seres humanos autônomos, aptos para uma vida pelo menos aparentemente completa e normal – mesmo se encobrindo uma singularidade autista persistente e até profunda.*[2]

O termo "autismo" permanece marcado por sua origem encontrada na clínica da esquizofrenia: sabe-se que ele foi forjado por Bleuler, no início do século XX, para descrever o retraimento do sujeito num mundo interior autoerótico. Ainda hoje é difícil apreender o autismo sem passar pelo prisma deformante da psicose.

Os psicanalistas, por enquanto, não tiveram muita oportunidade de escutar os autistas capazes de se expressar com precisão sobre o seu estado. Há uma razão capital para isso: todos testemunham que uma dificuldade em tomar autenticamente a palavra encontra-se no princípio dos seus transtornos, de modo que a

---

2   O. SACKS (1995) *Um antropólogo em Marte*. Traduzido por B. Carvalho. São Paulo: Cia. das Letras, p. 248.

proposição feita pelo psicanalista revela-se inquietante para eles, na medida em que ela não está adaptada ao seu funcionamento. Em contrapartida, os autistas concordam em constatar que, para eles, é muito mais cômodo mencionar por escrito aquilo de que sofrem. Buscam a quem os escute dessa maneira. Essa é uma das razões pelas quais Birger Sellin[3], autista mudo, digita penosamente, em 1993, as seguintes palavras no seu computador:

> *eu quero que nós mesmos tomemos a palavra*
> *do jeito que podemos*
> *nosso mundo interior deve vir à tona.*[4]

Hoje em dia convém escutar esses sujeitos não limitando o método de investigação do autismo a isso que se tira dos tratamentos, da prática com vários[5] e de diversas outras formas de terapêutica. É dever dos psicanalistas debruçar-se atentamente sobre as autobiografias de autistas de alto funcionamento, inclusive sobre textos redigidos por sujeitos que apresentam transtornos muito mais severos, pelos quais buscam dar a conhecer a lógica do seu funcionamento singular. Lembremos, aliás, que nem Freud nem Lacan

---

3   Birger Sellin (1973-) foi o primeiro autista a se tornar um autor publicado na Alemanha. Seu primeiro trabalho, publicado em 1993, era constituído basicamente por poemas. [N. T.]
4   B. SELLIN (1993) *La solitude du déserteur*. Traduzido por M. Keyser. Paris: Robert Laffont, 1998, p. 19.
5   A "prática com vários" [*pratique à plusieurs*] é o nome dado por Jacques-Alain Miller a uma modalidade inédita de trabalho clínico com crianças autistas e psicóticas efetuado por várias pessoas num contexto institucional preciso. Essa modalidade de trabalho faz referência à psicanálise de Sigmund Freud, segundo o ensino de Jacques Lacan. Ela não prevê, no entanto, a utilização do dispositivo analítico propriamente dito (A. DI CIACCIA, "La pratique à plusieurs", *La cause freudienne. Nouvelle revue de psychanalyse*, 61. Paris: Navarin, 2005, p. 107).

desdenharam o apoio em um texto para fundar suas teorias da psicose. O manuscrito de Schreber até demandara da parte deles um esforço interpretativo mais acentuado do que aquele necessário para ler os autistas, claramente discernível no fato de que o presidente, contrariamente a esses últimos, passava-se por aquilo que ele não era, a saber: um "doente dos nervos".[6] Nesse ponto são muito diferentes os autistas adultos ditos "de alto funcionamento": mesmo quando não foram diagnosticados como tais em sua infância, não duvidam nada do seu autismo a partir do momento em que tomaram ciência das características da síndrome. É, por vezes, ao encontrar outros autistas que eles descobrem não serem nem loucos nem idiotas, nem mesmo "ingênuos" – como o fez a genial Donna Williams,[7] quando se deu conta de ter depositado na sua personalidade aquilo que não passava da sua "expressão pessoal dos sintomas mal compreendidos do autismo".[8]

Muitos autistas demandam, hoje em dia, o que Kanner, apesar da sua genialidade descritiva, não teve como fazer: que os escutem, e não que se contentem em estudar o seu comportamento. Eles querem poder fazer reconhecer que são seres inteligentes, que o prognóstico do autismo não é sem esperança, que não há ninguém melhor que eles para falar do seu funcionamento e que não são todos os tratamentos aos quais são submetidos que têm valor. Trata-se de uma das maiores razões que os forçam a escrever:

> *os autistas estão se metendo a escrever, simples assim*

---

6   D. P. SCHREBER (1903) *Memórias de um doente dos nervos*. Traduzido por M. Carone. Rio de Janeiro: Edições Graal, 1984.
7   A australiana Donna Williams (1963-) é autora *best-selling*, artista, compositora, escultora e roteirista. Cf. <www.donnawilliams.net>. [N. T.]
8   D. WILLIAMS, *Si on me touche, je n'existe plus*. Paris: Robert Laffont, 1992, p. 288.

> *dentro de algum tempo seremos certamente pessoas*
> *que valem a pena essa será uma evidência para todos os*
> *pretensos conhecedores*
> *pois é graças a nós que conhecimentos dão*
> *as caras.*[9]

Ele afirma isso em 1992, no seu computador. Sublinha que não escreve somente para si: sua ambição é servir de "porta-voz designado para os outros autistas",[10] especialmente aqueles que são incapazes de se expressar. Sabe-se que a primeira resposta que lhe foi dada pelos especialistas anulava aquilo que ele estava querendo fazer com que fosse ouvido: insinuaram, num artigo do *Spiegel*, em 1994, que ele não era o autor dos seus textos. O que o escandalizou, e com razão. Entretanto, a convergência do seu testemunho com o de outros autistas – inclusive sobre noções até então ignoradas pela comunidade científica – não deixa, a meu ver, nenhuma dúvida a respeito da autenticidade dos seus escritos.

> *sei de uma coisa,*
> *[escreve ele, em reação à suspeita suscitada por seu primeiro livro]*
> *os cientistas também não sabem de nada*
> *despejam de novo na gente um monte de absurdos*
> *tirar da minha vivência um relato concreto e não*
> *dar uma notícia que ofende com certeza é difícil*
> *para o spiegel*[11]

---

9 B. SELLIN, *La solitude du déserteur*, op. cit., p. 31.
10 B. SELLIN (1993) *Une âme prisonnière*. Traduzido por P. Schmidt. Paris: Robert Laffont, 1994, p. 169.
11 Ibid., p. 149.

> *detesto a imprensa e quero me acalmar*
> *[...] e acrescento*
> *que as pessoas uniformes são muito tristes e entediantes*
> *as pessoas uniformes se enganam quando pensam que percebem a verdade*
> *eis a verdade*
> *os autistas conhecem a verdade [...]*
> *o que dizem de nós é mesmo de dar vergonha*[12]

Os autistas capazes de se expressar têm frequentemente a chance de se queixar da maneira com que os tratam nas instituições em que são mantidos "como um bando de bestas privadas de inteligência e de dignidade humana". Por vezes, sofrem tratamentos que Williams qualifica como "medievais": não é raro que lhes retirem os seus objetos em nome de "interpretações psicanalíticas" ou em virtude das supostas normas do desenvolvimento humano. Suas buscas por uma imutabilidade tranquilizadora são muito frequentemente consideradas "obsessões" que precisam ser combatidas. Às vezes denunciam até mesmo os "psis" e os educadores excedidos que chegam a estapeá-los.

Muitos consideram que a psicanálise não lhes pode ser de grande ajuda e têm a esse respeito argumentos dignos de nota, os quais devem ser seriamente levados em consideração. Uma vez que nada está recalcado no sujeito autista, nem interpretações orientadas para a rememoração de sua história, nem aquelas que fazem ressoar o cristal da língua são apropriadas para tratar os seus transtornos. Quanto ao arrimo na contratransferência, ele conduz mais a uma invasão do tratamento pelas fantasias do terapeuta do

---

12   Ibid., p. 143.

que a uma abertura à especificidade do mundo deles, tão diferente do nosso. Os modelos oriundos do tratamento dos neuróticos e dos psicóticos devem ser reconsiderados para se apropriar da originalidade do funcionamento subjetivo dos autistas. Contudo, como mostraremos, uma relação transferencial original, que passa pelo duplo, mostra-se possível sob determinadas condições, ao passo que um modo de interpretação orientado para o tratamento do Outro é de grande valia para eles. Convém ouvi-los sobre esse ponto. Mas também sobre outros. Quando, por exemplo, Sellin, escrevendo em 14 de janeiro de 1992, achincalha uma abordagem puramente cognitivista do autismo:

> *é uma babaquice transformar os problemas*
> *importantes em simples problemas de raciocínio do jeito*
> *que gisela[13] faz ela trabalha exclusivamente com*
> *a base dessa teoria segundo a qual a angústia seria*
> *uma falta de raciocínio mas a angústia é uma*
> *coisa que não se pode apreender tão facilmente é uma*
> *disfunção de um peso tão extraordinário que eu*
> *não posso descrevê-la tão facilmente meus comporta-*
> *mentos*
> *autistas dão uma ideia como por exemplo o fato*
> *de urrar de morder e todas as outras insanidades.[14]*

Apesar disso, é ainda importante interessar-se pelos meios utilizados pelos autistas para se proteger da angústia: a questão não

---

13 Gisela Ulmann, psicóloga berlinense e professora de psicologia do desenvolvimento. A mãe de Sellin fez seus estudos em psicologia com ela. Elas entraram em correspondência por conta de Birger. Notaremos, a esse respeito, que este último não confirma os ensinamentos recebidos pela sua mãe.
14 B. SELLIN, *Une âme prisonnière, op. cit.*, pp. 124-5.

está resolvida? O autismo não é um transtorno biológico? Uma nova abordagem psicanalítica não é obsoleta?

Lembremos que, de encontro a isso que se diz e se escreve com frequência, a origem do autismo permanece hoje desconhecida. Anomalias foram descobertas em dezenas de genes, mas não são os mesmos que são incriminados de um estudo a outro, nem de uma amostragem clínica a outra. A opinião dominante dos especialistas permanece a seguinte: "Nenhum gene importante foi identificado ainda, e a heterogeneidade dos resultados obtidos ao longo dos estudos de ligação sugere uma grande variabilidade genética dessa síndrome".[15] Em resumo, ninguém mais está esperando identificar um gene. Orienta-se pela busca de interações entre os genes, sem grande sucesso. As disfunções cerebrais invocadas não são unanimidade e as abordagens cognitivas emperram nas capacidades dos autistas de alto funcionamento. Nenhum exame biológico está em condições de contribuir para o diagnóstico. No topo da pesquisa nesse domínio, encontram-se, hoje em dia, os estudos epigenéticos, que incitam a levar em conta fatores do entorno.

No estado atual dos conhecimentos, um único argumento sério pode ser invocado em favor de uma etiologia puramente biológica do autismo: os estudos comparativos entre gêmeos monozigóticos e dizigóticos geralmente apontam que, quando um dos gêmeos é autista, o outro costuma sê-lo mais frequentemente entre os primeiros do que entre os segundos. Sem mais delongas nas críticas metodológicas que foram feitas a esses trabalhos, na corriqueira fraqueza das amostragens e nas taxas de concordância variáveis, parece, no entanto, que uma convergência se delineia para estabelecer uma diferença atestada. Não sublinhamos, na interpretação

---

15 S. JAMAIN; C. BETANCUR; B. GIROS; M. LEBOYER; T. BOURGERON, "La génétique de l'autisme", *Médicine Sciences*, 2003, 19, 11, p. 1088.

desses resultados, que a presença conjunta do autismo nos gêmeos monozigotos varia consideravelmente segundo os estudos, mas nunca é de 100%. Decerto tais resultados atestam uma frequência do autismo bem superior à frequência média na população geral, o que incita a levar em consideração a existência de uma componente genética;[16] contudo, ela evidencia, ao mesmo tempo, a

---

16   Os resultados dos estudos comparativos sobre os gêmeos continuam, porém, difíceis de ser interpretados. O parecer n° 95, redigido em 2007 pelo *Comitê Consultor Nacional de Ética para as Ciências da Vida e da Saúde*, convida, no que diz respeito a isso, a ter prudência. "O fato [escrevem os autores] de que duas crianças geneticamente idênticas tenham uma dada característica com mais frequência do que duas crianças não geneticamente idênticas não significa obrigatoriamente que elas possuam genes 'dessa' característica [...]. Com efeito, se dois gêmeos são geneticamente idênticos, uma mesma modificação *do seu entorno* durante seu desenvolvimento intrauterino, durante o parto ou no período posterior ao nascimento – uma hipoxia (uma falta de oxigênio), um hormônio materno, um produto tóxico etc. – terá uma probabilidade maior de desencadear o mesmo efeito, que eventualmente poderá ter uma mesma tradução após o nascimento, sem que nenhum dos seus genes esteja implicado de maneira causal nessa tradução, a não ser em termos de similaridade de respostas a uma modificação do entorno. Além disso, trabalhos recentes realizados com animais indicam que, no caso em que sequências genéticas particulares estariam implicadas em tais efeitos, poderia ser o caso, de maneira aparentemente paradoxal, de determinadas sequências genéticas da mãe. Essas sequências genéticas exerceriam indiretamente uma influência sobre o desenvolvimento cerebral dos gêmeos idênticos durante a gravidez, ou no parto – por exemplo, modulando a quantidade de neurotransmissores ou hormônios liberados pela mãe [cf. COTE et al., *Proc. Natl. Acad. Sci. USA* (2007) 104, p. 329-34 e R. TYZIO et al., *Science* (2006) 314, pp. 1788-1792]. Essas sequências genéticas podem, então, estar ausentes nas crianças... Em outros termos, mesmo no caso em que a cadeia de causalidade implica fatores genéticos, pesquisas recentes indicam que essa cadeia de causalidade não é tão fácil de interpretar como as noções clássicas em matéria de hereditariedade sugerem" (J.-C. AMEISEN, C. KORDON et al., "Problèmes éthiques posés par les démarches de prédiction fondées sur la détection de troubles precoces du comportement de l'enfant", *Comité consultatif national d'éthique pour les sciences de la vie e de la santé*, informe n° 95, 7 de março de 2007, <www.ccne-ethique.fr/avis.php>).

participação de outros fatores na geração do transtorno, deixando assim um espaço amplo aos fatores do entorno. Por que os intérpretes dos trabalhos estatísticos sobre os gêmeos ignoram muito frequentemente a importância de estudos biológicos cada vez mais desenvolvidos sobre as relações entre os genes e o entorno? Eles estabelecem, todavia, que este pode modular, desde o período embrionário, a maneira pela qual os genes são ativados. Resumindo as conclusões de vários estudos recentes e concordantes, D. Noble relata que uma mãe "transmite ao embrião influências favoráveis e desfavoráveis sobre o nível de expressão dos genes. Isso eventualmente pode determinar, vários anos mais tarde, um perfil de saúde ou de enfermidade que vai se manifestar na idade adulta. Essas influências, ditas 'efeitos maternos', podem se estender a diversas gerações. O genoma não carrega sozinho, então, toda a informação que a mãe transmite à sua prole."[17] Entre as mães de crianças autistas, a frequência de três a quatro vezes maior de episódios depressivos importantes, com relação ao observado entre as mães de um grupo de controle,[18] deveria, então, ser considerada. Decerto, sendo as mães de crianças autistas não deprimidas mais numerosas do que as outras nesse estudo (55%), a depressão materna não aparece como um fator causal do autismo; todavia, tais dados não devem ser levados menos em conta do que as anomalias genéticas, para avançar na abordagem da etiologia do autismo.

A escolha do "todo biológico" é, por vezes, carregada de consequências para o tratamento dos sujeitos autistas. Ela induz uma apreensão destes como retardados congênitos, e não como sujeitos

---

17 D. NOBLE (2006) *La musique de la vie. La biologie au-delà du génome*. Paris: Seuil, 2007, p. 88.
18 P. FERRARI, "Dépression maternelle et autisme infantile". In: B. GOLSE; P. DELION, *Autisme: état des lieux et horizons*. Ramonville-Saint-Agne: Érès, 2005, p. 62.

a devir. Ela desencoraja as equipes, não deixando praticamente nenhuma esperança terapêutica. Mesmo se um dia se mostrasse que o autismo é do foro de uma disfunção biológica – logo, das ciências naturais –, não seria menos verdade que o indivíduo ainda deveria subjetivar suas consequências. Até uma hipotética terapia genética ou química estar em condições de erradicar o autismo, o estudo do funcionamento subjetivo, para o qual a dependência do entorno é essencial, permanece incontornável.

Além do mais, os trabalhos sobre a biologia do autismo sofrem de uma deficiência demasiadamente negligenciada pelos cientistas: a pobreza da clínica na qual eles fundamentam os seus estudos. Eles se satisfazem, em geral, com a abordagem sumária dos *DSM*,[19] em razão de um receio de se confrontarem com a tenuidade que envolve o espectro do autismo, quer nos orientemos pela síndrome de Asperger, quer pelos "transtornos invasivos do desenvolvimento sem deficiência intelectual". Ninguém está em condições de propor, hoje em dia, uma abordagem que permita delimitar os critérios diagnósticos do autismo. Não é totalmente inapropriado se perguntar, com Ian Hacking, se o autismo do nosso tempo é outra coisa que não uma rubrica administrativa,[20] quando ele frisa o quanto as classificações que utilizamos para categorizar as pessoas interagem com as pessoas que classificamos.

Podendo a evolução do sujeito modificar grandemente seus dois sintomas principais, a solidão e a imutabilidade, concebe-se que toda e qualquer definição do autismo essencialmente fundamentada neles, ainda que rematada pela descrição de alguns outros sintomas, mostra-se variar em função de critérios de gravidade,

---

19 *Diagnostic and Statistical Manual of Mental Disorders*, editados pela Associação Americana de Psiquiatria.
20 I. HACKING, *Façonner les gens*, curso de 2001-2002 no Collège de France.

cujos limites críticos são definidos arbitrariamente. Assim, no questionário de Rimland, que classifica entre -45 e +45 a presença de traços autísticos, as crianças que obtêm uma pontuação compreendida entre -15 e +45 são consideradas "autistas"; com um resultado inferior a -15, são descritas como estando mais para "autistas atípicas" ou como "apresentando traços autísticos". Ao se ater unicamente à descrição de sintomas mutáveis de gradação variável, pontuando-os e relacionando-os estatisticamente com o que a comunidade de especialistas entende por "autismo", não se obtém nada além de uma cifração da opinião majoritária a respeito da extensão da noção de autismo. Tais enquetes de psicologia social não deixam de ter interesse, mas nos ensinam pouco sobre a especificidade da clínica. Quaisquer que sejam as escalas de avaliação que busquem encurralá-la entre alguns parâmetros, todas fracassam no problema da avaliação do sujeito autista: o professor de astronomia citado por Asperger, a autora de *best-sellers* Williams, a universitária Grandin[21] – e isso para citar apenas esses – fazem cair por terra toda apreensão puramente sintomática do autismo. Estes últimos ainda são autistas? Na falta de conseguir se livrar dos dados imediatos para atingir constantes estruturais, a maioria das maneiras de responder a essa pergunta não é definida com rigor suficiente. Elas ainda não parecem dispor de meios de obstaculizar divergências importantes de opinião.

---

21 Temple Grandin (1947-) é doutora em Ciência Animal pela Universidade Estadual do Colorado, autora *best-selling* e consultora em comportamento animal para criadores (teoriza, por exemplo, sobre questões envolvendo o confinamento animal e seu bem-estar; cf. <www.grandin.com>). Considerada autista de alto funcionamento, Grandin é muito conhecida por seu trabalho militante em prol dos direitos dos autistas. Um filme que narra parte da sua história e leva o seu nome como título — dirigido por Mick Jackson (HBO, 2010) — ganhou cinco das sete categorias a que foi indicado no Emmy Awards do mesmo ano. [N. T.]

No que concerne a um campo parcial do espectro do autismo – a síndrome de Asperger –, eis, por exemplo, qual é a complexidade da situação, a partir da qual se espera dos clínicos que falem do mesmo transtorno e sobre a qual se fundamentam pesquisas estatísticas epidemiológicas.

> *Nem Hans Asperger nem Lorna Wing firmaram critérios de diagnóstico explicitamente, e não há acordo universal sobre esses critérios atualmente. Os clínicos têm quatro séries de critérios à escolha: dois são estabelecidos por organizações; os outros dois, por clínicos. Os critérios mais restritivos e rigorosos são fornecidos pela Organização Mundial de Saúde, na 10ª edição de sua Classificação Internacional de Doenças, e pela Associação Americana de Psiquiatria, na 4ª edição do Diagnostic and Statistical Manual of Mental Disorders [Manual Diagnóstico e Estatístico de Transtornos Mentais].[22] Os critérios menos restritivos são os de Peter Zsatmari, com seus colegas canadenses, e os de Christopher e Carina Gillberg, na Suécia [...] A escolha dos critérios depende do julgamento de cada um.[23]*

---

22 Sobre a suposta fidelidade diagnóstica interclassificadores que justificaria o empobrecimento das entrevistas clínicas, sobre o pretenso ateorismo que lima os sintomas-alvo de todo e qualquer dinamismo – colocando-os implicitamente em relação com disfunções do corpo – e sobre os ideais normativos não interrogados veiculados por esses Manuais, cf. J.-C. MALEVAL, "Limites et dangers des *DSM*", *L'évolution psychiatrique*, 2003, 68, pp. 39-61.

23 T. ATTWOOD (1999) *Le syndrome d'Asperger et l'autisme de haut niveau*. Paris: Dunod, 2003, pp. 11-2.

Ninguém se espantará de que, em função dos critérios escolhidos, os dados epidemiológicos concernentes à sua frequência na população geral possam variar, conforme os estudos, numa relação de 1 a 28! O transtorno invasivo do desenvolvimento sem deficiência intelectual deve ser integralmente situado no espectro do autismo? Ninguém é capaz de dizer, porque a clínica moderna – que se limita a descrever síndromes, as quais não há o que organize – não tem capacidades conceituais para fundamentar suas escolhas com base na razão. Os recortes sindrômicos variam de uma edição a outra do mesmo manual, ou de um manual a outro, na fiúza de trabalhos em voga, baseados no privilégio dado a esta ou aquela leitura estatística – inclusive sob a influência do *lobby* de minorias. A clínica sem sujeito é reduzida a apostar na espera por fenótipos que viriam tirá-la do apuro.

As performances cognitivas do autista são extremamente variáveis, podendo ir de aptidões excepcionais, utilizadas socialmente, a déficits maiores, tornando necessário um acompanhamento constante. Em uns, os sintomas desvanecem ou desaparecem; noutros, vão ao encontro do quadro clínico. É inútil buscar apreender o autismo pelo somatório de sintomas: não é uma doença, é um funcionamento subjetivo singular. É isso, aliás, o que alguns autistas de alto funcionamento reivindicam há alguns anos:

> *As pessoas veem no autismo um monte de coisas, uma maneira particular de ser, de travar contato, uma certa percepção de si, uma cultura compartilhada, uma força, um desafio, uma carapaça ou uma ferramenta, um dom ou uma deficiência. Mas se há uma coisa que o autismo não é, é uma doença.*[24]

---

24   J. SINCLAIR, "Medical research funding", *Our voice. Newsletter of Autism*

É preciso, de fato, lembrar que "não existe hoje em dia nenhuma correlação biológica, nenhum teste sanguíneo, nenhum registro, nenhuma imagem do cérebro que permita afirmar ou infirmar a existência de uma evolução autística".[25] É provável que a epigênese e a plasticidade cerebral ergam sólidos obstáculos a toda e qualquer redução da variedade das síndromes autísticas a um fator biológico comum.

Apesar de sua abordagem descritiva, Asperger chega o mais próximo de captar um elemento específico do funcionamento subjetivo do autista, quando sublinha que "a anomalia principal do psicótico autista é uma perturbação das relações vitais com o entorno, perturbação que explica todas as anomalias".[26] A abordagem da subjetividade do autista a partir de alguns testemunhos excepcionais – tais como o de Temple Grandin, o de Donna Williams, o de Birger Sellin ou o de Daniel Tammet – leva, com efeito, a delimitar uma especificidade essencial do funcionamento autístico numa dificuldade em regular o gozo do vivo. Para esses sujeitos, a conexão deste com o intelecto encontra dificuldades específicas, carregadas de consequências para a percepção, o pensamento, a relação com os outros e com o mundo. Contudo, nota Grandin em 1995, "ainda não se sabe explicar por que muitos autistas de alto funcionamento apresentam um modo de pensamento rígido e uma ausência de emoções".[27] Propomos aqui alguns elementos de resposta, oriundos da escuta e da leitura de autistas de alto funcionamento, apreendidos com ajuda da teoria lacaniana do sujeito. Fomos discernindo progressivamente que a lógica do

---

Network International, 1995, 3, 1, ou <http://web.syr.edu/~jisincla/>.
25   J. HOCHMANN, *Histoire de l'autisme*. Paris: Odile Jacob, 2009, p. 27.
26   H. ASPERGER (1944) *Les psychopathes autistiques pendant l'enfance*. Le Plessis-Robinson: Synthélabo, col. "Les empêcheurs de tourner en rond", 1998, p. 115.
27   T. GRANDIN (1995) *Penser en images*. Paris: Odile Jacob, 1997, p. 65.

funcionamento deles já se encontrava, em grande parte, isolada por Rosine Lefort – quando do tratamento, efetuado entre 1951 e 1952, de Marie-Françoise, uma criança autista de trinta meses. Seus resultados e seus ensinamentos deram lugar, em 1980, a um trabalho excepcional, *Nascimento do Outro*,[28] para com o qual a nossa dívida é considerável.

É uma pena que esse tratamento tenha sido interrompido prematuramente, quando o funcionamento de Marie-Françoise estava em vias de se alterar. Contudo, outros tratamentos de crianças autistas estabeleceram justamente que o percurso que ela havia iniciado podia ser continuado até a autonomia do sujeito. Há poucos domínios do conhecimento em que trabalhos como o de Bruno Bettelheim (com Joey), o de Melanie Klein (com Dick) ou o de Virginia Axline (com Dibs) – tão inovadores e exemplares, tão comprobatórios no que se refere às abordagens psicodinâmicas do autismo – podem, dentro de alguns anos, ser considerados negligenciáveis a título de uma priorização da busca de um fenótipo sempre inapreensível.

Como é que essa mutação pôde se produzir? Essencialmente – sublinha Jacqueline Berger, mãe de crianças autistas, em *Sortir de l'autisme* [Sair do autismo], obra com a qual compartilhamos a maioria das análises – em razão da lógica de mercado que se insinua com força no domínio da saúde, para a qual é necessário constranger o humano numa abordagem contável e objetivante. Lógica que converge com a ideologia científica, para esquecer aquilo que todo epistemólogo sabe: que a eficácia da ciência só advém com o custo considerável de uma sutura da subjetividade. O conceito contemporâneo de autismo, forjado na Internet pelos partidários do "todo

---

[28] R. e R. LEFORT (1980) *Nascimento do Outro*. Traduzido por A. Jesuíno. Salvador: Ed. Fator Livraria, 1984.

biológico", passado adiante por centenas de associações de pais de autistas, é construído em torno da iminência da descoberta de sua causa orgânica. É a partir dessa suposição que são consideradas as pesquisas psicodinâmicas e que são jogados nas lixeiras do saber tratamentos e trabalhos, muito embora altamente comprobatórios quanto à existência de capacidades autoterapêuticas mobilizáveis por sujeitos autistas postos em condições favoráveis. No momento em que se afirma ao grande público, e mesmo aos estudantes de medicina, que o mistério do autismo está resolvido, os pesquisadores constatam que a perspectiva de sua localização nos genes ou no cérebro recua incessantemente, em razão das descobertas sobre a epigênese e a plasticidade cerebral – que obrigam que se leve em conta o papel do entorno. Pouco importa: o rumo convém aos que decidem e avaliam, de modo que, escreve J. Berger, "os dois discursos predominantes sobre o autismo, como 'doença genética' (biologistas) e como 'deficiência social' (pais), convergem com o passar do tempo num resíduo simplificado como *deficiência genética*, contração que tem a virtude de um princípio de certeza".[29] As consequências sociais para o tratamento das crianças autistas são pesadas: visto que a causa permanece desconhecida, sua cura não é concebível. Derrotismo terapêutico e desafeto dos cuidadores são muito frequentemente resultados disso. Ainda pior: ignorando a angústia dessas crianças, querendo reeducá-las sem se inteirar do que elas podem suportar, os maus-tratos no que diz respeito a elas se multiplicam. O discurso segregativo da ciência promove normas com relação às quais os desviantes são habitualmente mais estigmatizados do que considerados diferentes.

Jacqueline Berger sublinha pertinentemente que o deslize semântico do termo "autismo" rumo à noção de deficiência produz efeitos deletérios para o trabalho com sujeitos autistas. A principal

---

29 J. BERGER, *Sortir de l'autisme*. Paris: Buchet-Chastel, 2007, p. 44.

consequência da mudança de abordagem consiste em não buscar cuidar deles, e sim educá-los. Disso resulta que seu sofrimento psíquico não seja levado em consideração. Ignora-se que a maioria das crianças autistas, como J. Berger constatou, misturam constantemente o fato de não saberem com o fato de não serem amadas, de serem um zero à esquerda, inexistentes. Encontram-se, a partir de então, cada vez mais frequentemente submetidas a técnicas de reeducação que ignoram seus receios e suas angústias e cujo trabalho é orientado apenas pela obediência. Nessas condições, a inclusão escolar para todos, pregada pelos políticos, mostra-se um mito desastroso – ela conduz, mais frequentemente, a confrontar um professor sem formação especializada para as perturbações de uma criança que, só para ela, demanda tanta atenção quanto a sala inteira. Mesmo os educadores mais sensíveis aos problemas específicos dos autistas não podem ter permanentemente a disponibilidade necessária. É preciso ousar levantar o problema da inclusão escolar dos autistas assim como faz Jacqueline Berger: estamos integrando verdadeiramente, pergunta ela, ou – ao lhes infligir sofrimentos insuportáveis por falta de meios – estamos, pelo contrário, desintegrando alguns deles? Sabendo que o ambiente escolar não tem nem os meios humanos, nem as competências para dar às crianças autistas a atenção que requerem, hesita-se entre lamentar-se e contentar-se com o fato de que milhares dentre elas não possam ser nele acolhidas.

O que fazer nesse contexto de rarefação dos encargos institucionais diligentes com o respeito pelas singularidades subjetivas? A maioria dos pais tenta se tranquilizar voltando-se para as certezas do discurso da ciência, que lhes são generosamente oferecidas; outros, que discernem os limites disso, engajam-se em longas e difíceis buscas tateantes até que, por vezes, dá-se uma escuta atenta à especificidade das suas dificuldades. Para tanto, é preciso encontrar cuidadores formados na necessidade de suspender o seu saber.

J. Berger discerne bastante bem que essa ignorância metódica, tão contrária aos ideais científicos, é uma riqueza portadora de uma dinâmica para o sujeito.

> *Muito se criticaram os profissionais, especialmente os psiquiatras analíticos, por seu diagnóstico tênue, seus prognósticos incertos, suas denominações complicadas; mas seria preciso abandonar o princípio de prudência, de incerteza, que é o princípio de todo devir humano? [...] Em matéria de autismos, [continua ela] a principal queixa dirigida às abordagens psicanalíticas é a de que elas não produzem certeza alguma – um hiato fundamental, visto que esse defeito é sua principal qualidade; a saber, a hesitação elevada a princípio.*[30]

Todo o contrário de uma racionalização dos cuidados, no quadro das "boas práticas" restritivas e rígidas, fundamentada numa prevenção sempre demasiado precoce – procedimento que ignora que, em matéria de medicina mental, o diagnóstico pode modelar o transtorno, às vezes até mesmo fixá-lo. A psicanálise repousa num saber testemunhado há mais de um século, mas não é uma ciência; é um trabalho artesanal, orientado por aquilo que escapa à ciência, a saber: a subjetividade, bem como suas produções. Deve-se a ela não só o estudo da lógica dos sonhos, lapsos e fantasias, mas também essas descobertas mais recentes que são os objetos transicionais (Winnicott) e os objetos autísticos (Tustin). Ademais, a psicanálise lembra, como sublinha J. Berger, que "o estado afetivo dos pais é o primeiro oxigênio emocional que a criança respira". Porém, a abordagem psicanalítica mostra-se,

---

30 Ibid., pp. 111 e 140.

hoje em dia, desconsiderada na literatura científica internacional, em nome de postulados epistemológicos não interrogados, segundo os quais os únicos trabalhos dignos de atenção seriam aqueles cuja pertinência poderia ser avaliada pela colocação em gráficos e em cifras ou por "ensaios comparativos randomizados". Disso resulta o fato de que as monografias clínicas, que constituem um dos principais métodos de avaliação dos conceitos psicanalíticos, são hoje desprezadas. Invoca-se sumariamente, em geral, um "nível de prova insuficiente" para rejeitá-las. Entretanto, essa "insuficiência" do procedimento clínico não constituiu obstáculo à integração, no saber do nosso tempo, das noções de "autismo infantil precoce" e de "síndrome de Asperger", oriundas das monografias de Kanner e de Asperger – prova de que essas últimas são incontornáveis e heurísticas para os estudos do funcionamento subjetivo.

O que propor quanto ao tratamento do autismo? Desde que o legislador decretou que ele é uma deficiência, e não um funcionamento subjetivo específico, os profissionais que aceitam "deixar desabrocharem as capacidades de autorreparação da existência", seguindo o ritmo próprio das crianças autistas, estão em ameaça de extinção: técnicas longas demais, caras demais, não científicas, não totalmente controláveis pelo terapeuta, difíceis de avaliar. Torna-se particularmente difícil para os pais encontrar instituições em que a educação e os cuidados estejam associados, em que o trabalho seja adaptado ao ritmo do sujeito, e onde se leve em conta a angústia, em vez de combatê-la violentamente. Mas, para tanto, um determinado olhar deve ser lançado sobre as crianças. "Um olhar", escreve J. Berger, "que não avalie antes de ver, que não meça com suas próprias medidas; um olhar que dê ao outro a possibilidade de ser plenamente o que ele é, ainda que estranho e desconcertante. Um olhar que conceda a existência, que não procure dominar."[31]

---

31 Ibid., p. 92.

Se a lógica de mercado chega a afugentar das instituições públicas o que resta de psiquiatria humanista, um olhar como esse praticamente só funcionará em algumas instituições privadas – a maioria delas ainda por criar.

"É perturbador constatar", observa Temple Grandin, "que é quase impossível prever se um pequenino autista será ou não de alto funcionamento. A severidade dos sintomas em torno da idade de dois ou três anos frequentemente não tem relação com o prognóstico".[32] Essa constatação sugere nitidamente que o destino do sujeito autista não está selado no seu corpo: seu entorno tem um papel importante no seu devir. Porém, uma das maiores conclusões do nosso trabalho reside no fato de que o educacional não basta para tratar o autista. É preciso algo mais, que não se programa, mas que pode ser entravado. Williams, Grandin ou Tammet mostram claramente em seus testemunhos que uma decisão subjetiva da parte deles foi necessária à integração do seu funcionamento no social. É, em última análise, apenas por intermédio de uma escolha decisiva e dolorosa de abandonar as satisfações do seu mundo assegurado que certos autistas chegam a uma atividade de alto funcionamento. Essa escolha pode ser favorecida, assim como pode ser interditada. As capacidades linguísticas do autista de Asperger não bastam para fazer dele um autista de alto funcionamento. É preciso ainda que tenha encontrado as condições favoráveis que lhe permitam tornar-se um sujeito capaz de ultrapassar as restrições da imutabilidade para fazer escolhas pessoais. O funcionamento autístico mais exímio não é o de uma criança obediente, mas o de um sujeito capaz de assumir determinados atos importantes (escolhas profissionais, sentimentais, a decisão de escrever um livro etc.), sem que estes lhes tenham sido ditados por aqueles que estão à sua volta. Decerto uma minoria bem pequena

---

32   T. GRANDIN, *Penser en images, op. cit.*, p. 66.

chega a isso, mas os testemunhos deles são essenciais para orientar os clínicos e os educadores no mundo tão difícil de penetrar dos autistas de Kanner.

1. Da psicose precocíssima ao espectro do autismo[1]

Por que certos psicanalistas chegaram a conceber o autismo como "o grau zero da subjetividade"? Por que outros consideram que "o autismo [...] situa-se de uma certa forma aquém da problemática psicótica e, na verdade, de qualquer problemática de defesa?"[2] Por que a síndrome de Asperger e os autistas de alto funcionamento não chamam praticamente nenhuma atenção dos psicanalistas? Quando, no entanto, alguns encaram sua existência, por que é que só podem apreendê-los pela perspectiva de "personalidades pós-autísticas" ou de "saídas do autismo"? Por que limar assim a possibilidade de aprender algo desses sujeitos quanto à especificidade do funcionamento autístico? Por que restringir

---
1   Este capítulo foi publicado sob o título "De la psicosis precocisima al espectro del autismo. Historia de una mutacion en la aprehension del sindrome de Kanner", em *Freudiana, Revista psicoanalitica publicada en Barcelona*, 2004, 39, p. 97-127. Ele foi revisto e ampliado.
2   C. CALLIGARIS, *Introdução a uma clínica diferencial das psicoses*. Porto Alegre: Artes Médicas, 1989, p. 67.

a clínica do autismo a um retraimento extremo? Uma breve rememoração histórica pode trazer alguns elementos de resposta a essas perguntas, ao sublinhar por que e como se produziu uma importante mutação no decorrer dos anos 1970, desembocando, por um lado, na apreensão da clínica do autismo num *continuum* bem mais amplo do que antes; por outro, no fato de as ciências cognitivas imporem fortemente a ideia de que aquilo que aparentava uma psicose seria um transtorno invasivo do desenvolvimento.

Sabe-se que a clínica psiquiátrica da criança só se constituiu com bastante atraso com relação à do adulto. Ela se esboça no decorrer do século XIX. A primeira obra inteiramente consagrada a ela foi a de Hermann Emminghaus, *Die psychischen Störungen des Kindesalters* [Os transtornos psíquicos da infância], que, já em 1887, ensaiou elaborar uma nosologia específica. Anteriormente, Le Paulmier[3] (1856) e Brierre de Boismont[4] (1858) já haviam publicado estudos descrevendo patologias psiquiátricas em crianças. Em 1899 houve a publicação de *Les troubles mentaux de l'enfance – Précis de psychiatrie infantile* [Os transtornos mentais da infância – Compêndio de psiquiatria infantil], na pena de Marcel Manheimer – primeiro tratado desse gênero em língua francesa.[5] Todavia, apesar desses trabalhos, foi preciso aguardar os anos 1930 para que a psiquiatria infantil conhecesse a sua autonomia e chegasse a forjar os seus conceitos próprios. Durante o século XIX, os transtornos mentais da criança estiveram mais frequentemente confundidos na noção de idiotismo oriunda da nosologia esquiroliana. O idiotismo não é a loucura, mas uma doença congênita ou

---

3   C. S. LE PAULMIER, *Des affections mentales chez les enfants et en particulier dans la manie*, tese de medicina, Paris, 1856.
4   A. J. F. BRIERRE DE BOISMONT, *Recherches sur l'aliénation mentale des enfants*. Académie de medicine, 7 de junho de 1858.
5   M. MANHEIMER, *Les troubles mentaux de l'enfance*. Paris: Société d'éditions scientifiques, 1899.

adquirida bem cedo na infância. O demente, segundo a fórmula de Esquirol, é um rico que faliu, ao passo que o idiota sempre esteve no infortúnio e na miséria. Griesinger resume bem a concepção dominante ao afirmar, em seu *Tratado* de 1845:[6]

> *O eu, nessa idade, ainda não está formado de uma maneira bem estável, de modo a poder apresentar uma perversão durável e radical; na realidade, as enfermidades várias produzem nelas [as crianças] verdadeiras paradas de desenvolvimento, que acometem a inteligência em todas as suas faculdades.*[7]

No ano seguinte o francês Édouard Séguin, em sua obra sobre o *Tratamento moral dos idiotas*, afirma que "não existe nenhuma observação autêntica de alienação mental num sujeito com menos de dez anos".[8] Mais tarde, em 1888, o psiquiatra francês Moreau de Tours, em sua obra *La folie chez l'enfant* [A loucura na criança], ainda respondia essencialmente de modo negativo à sua própria pergunta sobre a eventualidade da existência de uma psicose ("loucura") na criança pequena. Em 1924, Sante De Sanctis considerava que uma das razões pelas quais os alienistas do século XIX fracassaram em discernir as psicoses infantis residia no fato de que reduziam

---

6 Na segunda edição de sua obra, em 1861, ele se mostra mais matizado, notando que as crianças podem desenvolver quase todas as formas de loucura, ainda que isso não seja frequente.
7 Citado por P. Bercherie, "La clinique psychiatrique de l'enfant. Étude historique", *Ornicar? Bulletin périodique du champ freudien*, 1983, 26-27, p. 102.
8 É. SÉGUIN. *Traitement moral des idiots*. Paris: J. Baillière, 1846, p. 93.

todo e qualquer desvio psíquico das crianças ao menor denominador comum do retardo ou parada de desenvolvimento. Por essa razão, comumente se admitia que só a idiotia fosse a alienação típica da idade infantil. Ademais, para estabelecer nitidamente a diferença, afirmaram que a idiotia não era uma alienação verdadeira.[9]

Por que, apesar dos trabalhos de alguns pioneiros, um atraso tão importante na autonomização da clínica psiquiátrica da criança? Em razão da ausência de uma psicologia da criança[10] – responde Bercherie – que conduz o observador a praticar um adultomorfismo, não permitindo operar discriminações nas patologias da criança, agrupadas em um termo que expressa sua incompreensibilidade radical: o idiotismo.

O que interditava a clínica psicopatológica da criança de se constituir, antes que uma psicologia – digamos, suficiente – da criança aparecesse, era a ausência de toda e qualquer compreensão do observador adulto, de toda e qualquer medida comum entre o adulto e a criança [...] Como destrinçar e classificar o que é patológico, quando não se tem ideia alguma do que se destrinça e de como proceder? Nesse aspecto, a clínica da criança encontrava--se numa posição vizinha à psicologia animal, visto que

---

9   S. DE SANCTIS, *Neuropsichiatria infantile. Patologia e diagnostica*. Roma: Stock, 1924, citado por V. BAIO, "Sante De Sanctis et la dementia praecocissima", *Quarto*, 1983, IX, p. 51.

10 Essa ausência, é claro, é compatível com a existência de trabalhos pioneiros nesse domínio, tais como os de W. Preyer, *Die Seele des Kindes*. Leipzig: Grieben-Verlag, 1882. Tradução francesa: *L'âme de l'enfant: observations sur le développement psychique des premières années*. Paris: Alcan, 1887.

a linguagem, quando está presente aí, frequentemente é inoperante para transmitir os conteúdos subjetivos; e visto que o observador pena de todo modo para representar, sem formação prévia, os estados de consciência da criança: na melhor das hipóteses, estes últimos continuam mais construções do que apreensões diretas.[11]

Notemos, contudo, que ao longo do século XIX chega-se a distinguir algumas formas específicas de idiotismo. Séguin descreve o primeiro, por exemplo, em 1846: "A idiotia furfurácea". Ela é isolada novamente alguns anos mais tarde, em Londres, por Langdon Down, que propõe chamá-la de "idiotia mongólica". Os anglo-saxões hoje em dia chamam-na de síndrome de Down, ao passo que na França se fala mais frequentemente em trissomia 21. Em 1887, o mesmo Down, numa obra consagrada aos transtornos mentais da criança e do adolescente,[12] descreve outra forma de idiotia na criança – uma forma paradoxal, visto que é compatível com extraordinárias capacidades intelectuais. Essa síndrome, a do idiota prodígio, caracteriza-se pela combinação de capacidades excepcionais e por uma memória notável em um sujeito que apresenta uma deficiência intelectual manifesta. São crianças, afirma Down, que, muito embora intelectualmente retardadas, apresentam faculdades inabituais que podem chegar a um notável desenvolvimento.

É preciso aguardar os esboços de formação de uma psicologia da criança para que a noção de loucura da criança possa tomar consistência verdadeiramente – é por isso que a demência precocíssima

---

11 P. BERCHERIE, "La clinique psychiatrique de l'enfant", *op. cit.*, p. 113.
12 J. L. DOWN, *On some mental affections of childhood and youth*. Londres: Churchill, 1887.

de Sante De Sanctis só se liberta da idiotia no início do século XX. Ele fala dela pela primeira vez no ano de 1905, em Roma, no 5º Congresso Internacional de Psicologia. Considera-a uma psicose que apresenta muitas analogias com a demência precoce de Kraepelin.

> *Ela se desenvolve mais frequentemente depois de um período de vida aproximadamente normal, mas às vezes se associa a uma debilidade mental inata. É caracterizada por alterações graves na atitude e na conduta, por hipoafetividade, impotência volitiva, alucinações (visuais, no mais das vezes), agitação, ímpetos, fenômenos catatônicos, debilitação mental residual.*[13]

Será preciso ainda duas décadas – tempo necessário à difusão das teses de Bleuler e de Freud – para que se abra verdadeiramente o caminho das pesquisas sobre as esquizofrenias da criança. Em 1924, Sante De Sanctis não recua em nomear como "esquizofrenia pré-púbere" sua demência precocíssima; porém, são os trabalhos de Homburger, no seu *Tratado* de 1926,[14] de Brill (1926),[15] de Soukarewa (1932) e de Potter (1933)[16] que estabelecem a pertinência de uma referência ao conceito bleuleriano para apreender certas patologias infantis. Em 1937 aparecem os trabalhos em conjunto de Bradley, Lutz, Despert e Bender, que tentam dar a elas um enquadramento clínico-evolutivo.[17]

---

13 V. BAIO, "Sante De Sanctis et la dementia praecocissima", *op. cit.*, p. 53.
14 P. BERCHERIE, "La clinique psychiatrique de l'enfant", *op. cit.*, p. 106.
15 A. A. BRILL, "Psychotic children: treatment and prophylaxis", *American journal of psychiatry*, 1926, 82, pp. 357-64.
16 H. W. POTTER, "Schizophrenia in children", *American journal of psychiatry*, 1933, 12, part 2, pp. 1253-69.
17 L. BENDER; C. BRADLEY; H. BRUCH; F. COTTINGTON; J.-L. DESPERT; J. RAPOPORT, "Schizophrenia in childhood, a symposium", *Nervous child*,

Estabelecido o conceito de esquizofrenia da criança, torna-se possível, no decorrer dos anos 1930, conceber patologias infantis que, ainda que aparentadas às esquizofrenias, delas se distinguem. Não é apenas a genialidade clínica de Leo Kanner e Hans Asperger que os leva – um em 1943, em Baltimore; outro em 1944, em Viena –, sem que conheçam os trabalhos um do outro, não apenas a isolar um quadro clínico muito semelhante, mas, além disso, a utilizar um mesmo termo para nomeá-lo, o de "autismo". Eles vão buscá-lo no vocabulário utilizado para descrever a clínica que não cessa de lhes constituir referência. Colocando à frente mais a psicopatia que o autismo, Asperger esforça-se por separar nitidamente seu tipo clínico da esquizofrenia – ao passo que Kanner mostra--se mais hesitante. Ele sublinha que a desordem fundamental das crianças que está descrevendo "não se trata, como nas crianças ou adultos esquizofrênicos, de uma ruptura de relações previamente estabelecidas; não se trata de um 'retraimento' sucedendo uma participação", pois "existe, inicialmente, um fechamento autístico extremo".[18] Não obstante, escreve em 1955 que ele não faz objeção a incluir o autismo "numa concepção geral da esquizofrenia".[19]

O traço dominante da síndrome – o desejo de solidão, para Kanner; a restrição das relações com o entorno, para Asperger – orienta os dois médicos rumo ao termo utilizado mais correntemente na clínica psiquiátrica de sua época para descrever um fenômeno assim. Acompanham, pois, a escolha de Bleuler. Este tinha ficado tentado a chamar de "ipsismo", mas um eco de sua

---

1942, 1, pp. 2-3.
18 L. KANNER, "Autistic disturbances of affective contact", *Nervous child*, 1942-43, 3, 2, pp. 217-30. ["Os distúrbios autísticos do contato afetivo". Trad., do francês, M. Seincman]. In: P. S. ROCHA (Org.) *Autismos*. São Paulo: Editora Escuta, 1997, p. 156. [N. T.]
19 L. KANNER; L. EISENBERG, "Notes on the follow up studies of autistic children", *Psychopathology of childhood*, 1955, pp. 227-39.

correspondência com Freud parece ter decidido passar do latim ao grego para escolher "autismo" – derivado do grego *autos*, que significa "si mesmo". Segundo Jung, o termo bleuleriano seria uma contração de "autoerotismo",[20] permitindo sem dúvida conservar uma referência discreta à descoberta freudiana, apagando completamente a evocação de uma sexualidade incômoda. Bleuler confirma em sua obra sobre o "grupo das esquizofrenias" que "o autismo é quase a mesma coisa que aquilo que Freud chama de autoerotismo" – e acrescenta: "O termo 'autismo' diz essencialmente, de modo positivo, o mesmo que o que P. Janet qualifica, de modo negativo, como 'perda do senso da realidade'".[21]

A síndrome do autismo infantil precoce

O autismo de Kanner é uma síndrome composta por dois sintomas: a solidão e a imutabilidade (*sameness behaviour*). "O desejo muito forte de solidão e imutabilidade",[22] afirma ele, "são os dois critérios diagnósticos principais do autismo infantil precoce".

> *O distúrbio fundamental mais surpreendente, o "patognomônico", é "a incapacidade destas crianças de estabelecer relações" de maneira normal com as pessoas e situações, desde o princípio de suas vidas. Seus pais falavam delas nestes termos: desde sempre, a criança "se bastan-*

---

20 Carta de Jung, aos 13 de maio de 1907. In: S. FREUD; C. G. JUNG, *Correspondência completa*. Organização de W. McGuire. Rio de Janeiro: Imago, 1976, p. 86.
21 E. BLEULER (1911) *Dementia praecox ou groupe des schizophénies*. Paris: EPEL, 1993, p. 112.
22 L. KANNER, "Os distúrbios autísticos do contato afetivo", *op. cit.*, p. 168. [N. T.]

> *do a si mesma*"; "*como em uma concha*"; "*mais contente sozinha*"; "*agindo como se os outros não estivessem lá*"; "*totalmente inconsciente de tudo o que a rodeia*"; "*dando a impressão de uma sabedoria silenciosa*"; "*fracassando em desenvolver uma sociabilidade normal*"; "*agindo quase como sob hipnose*". [...] *Existe, inicialmente, um fechamento autístico extremo que, sempre que possível, faz com que a criança negligencie, ignore ou recuse tudo o que lhe vem do exterior. Um contato físico direto, um movimento ou ruído que ameaçam interromper este isolamento são tratados* "*como se não existissem*"; *se isto não for mais suficiente, são, então, sentidos como intrusões perturbadoras* [...] *Há nelas uma necessidade poderosa de não serem perturbadas. Tudo o que é trazido para a criança do exterior, tudo o que altera seu meio externo ou interno, representa uma intrusão assustadora.*[23]

A relação da criança autista com as outras é muito particular. Ela não lança sobre elas nenhum olhar interessado, passa ao lado sem tentar entrar em contato; as relações que ela, às vezes, pode estabelecer são fragmentárias – escolhe a outra, mas não espera por ela, nem compartilha, nem interage. Não mostra reação alguma ao desaparecimento dos pais e parece ignorá-los. Não participa de nenhum jogo coletivo com as outras crianças.

Por outro lado, o comportamento da criança é governado por uma vontade ansiosa e obsedante de imutabilidade, a qual ninguém além da própria criança, em raras ocasiões, pode romper. As mudanças de rotina, de disposição dos móveis, de conduta, de

---

23 Ibid., p. 156; 160.

ordem nas quais os atos são executados todos os dias podem levá-la ao desespero. O mundo exterior é, assim, fixado pela criança numa permanência imóvel – em que tudo deve estar no mesmo lugar, em que as mesmas ações devem decorrer na mesma ordem que aquela com a qual a criança se deparou pela primeira vez.

> *A totalidade da experiência que chega, do exterior, até a criança deve ser reiterada frequentemente, com todos os seus constituintes em detalhe, numa completa identidade fotográfica e fonográfica. Nenhuma parte dessa totalidade pode ser alterada em termos de forma, sequência ou espaço – a menor mudança de arranjo, por alguns minutos que seja, dificilmente perceptível para outras pessoas, faz com que ela entre numa violenta crise de raiva.*[24]

A síndrome descrita por Asperger é muito próxima da de Kanner. Manifesta-se muito cedo e se caracteriza por um contato perturbado, mas superficialmente possível, em crianças inteligentes que não aceitam nada dos outros e que se consagram naturalmente a atividades estereotipadas. Asperger considera que o transtorno fundamental reside numa limitação das relações sociais que persiste durante toda a existência. "Elas seguem suas próprias preocupações; estão longe das coisas ordinárias; não se deixam perturbar; não deixam com que os outros penetrem."[25] Em resumo, a criança

---

24 L. KANNER, "The conception of wholes and parts in early infantile autism", *American journal of psychiatry*, 1951, 108, p. 26-6. In: G. BERQUEZ, *L'autisme infantile*. Paris: PUF, 1983, p. 71.
25 H. ASPERGER, "Die autistischen Psychopathen im Kindesalter", *Archiv für Psychiatrie und Nervenkrankheiten*, 1944, 117, p. 76-136. Tradução francesa: *Les psychopathes autistiques pendant l'enfance, op. cit.*, p. 119.

se comporta "como se ela estivesse sozinha no mundo"; entretanto, sublinha Asperger, e isso surpreende a ele próprio, "constata-se o quanto ela se apercebeu e se inteirou daquilo que se passa em torno dela". A solidão dessas crianças é, para os dois, o que domina o quadro clínico. Decerto Asperger não faz da imutabilidade um sintoma importante da psicopatia autística, mas descreve esse comportamento em várias crianças. Ernst, escreve ele, "é muito tinhoso: determinadas coisas devem sempre estar no mesmo lugar, ocorrer da mesma forma, senão ele faz disso toda uma questão". Quando pequeno, Helmut "fazia grandes cenas se algo não estivesse no lugar de costume". Ademais, Asperger e Kanner notam a importância que alguns objetos assumem para essas crianças. Algumas dentre elas, nota o vienense, "têm uma relação anormal muito forte com certos objetos. Elas não conseguem viver, por exemplo, sem uma baqueta, um pedaço de madeira, uma boneca de pano; não conseguem nem comer nem dormir se não os têm com elas e se defendem com vigor caso se queira separá-las deles". Kanner constata que a criança autista "tem boas relações com os objetos; ela se interessa por eles e pode brincar com eles, empolgadamente, durante horas".

Asperger observou durante dez anos mais de cem crianças; ele dispõe de um recuo mais importante do que Kanner, cujas observações incidem em não mais que onze crianças estudadas num período de cinco anos. Ademais, os sujeitos de Asperger são em média mais velhos – Fritz V. tem onze anos em 1944, Helmut L. tem dezessete –; os de Kanner têm todos menos de onze. A diferença maior entre as duas síndromes, segundo o discurso da psiquiatria, incidiria nos transtornos da linguagem. Eles são certamente mais acentuados nas crianças de Kanner: três delas são caladas; as outras oito não utilizam a linguagem para "conversar com os outros". Todas as de Asperger falam, decerto sem se endereçar ao interlocutor, mas "são capazes de expressar o que vivenciaram e observaram numa língua muito original". A diferença tende um pouco a se atenuar com a evolução da patologia, visto que o próprio Kanner nota que as crianças descritas em seu artigo tendem a se abrir para o mundo e que "a linguagem delas vai se tornando mais comunicativa". Não obstante, Asperger seguramente se mostra bem mais otimista do que Kanner quanto à evolução. Aponta que ele próprio se surpreendeu ao constatar que, se as crianças "estivessem intactas intelectualmente", sempre conseguiam arranjar uma profissão. "A maioria", precisa ele, "nos meios intelectuais especializados, muitas delas em postos bastante elevados. Elas preferem as ciências abstratas. Há muitas em que o talento matemático ditou a profissão. Há matemáticos puros, técnicos especializados, químicos e também funcionários públicos". Quando Kanner se debruçar, em 1971, sobre o devir das onze crianças do seu artigo de 1943, os resultados serão menos comprobatórios: apenas duas delas terão chegado a exercer um ofício na idade adulta.

A descoberta de Asperger permaneceu pouco conhecida durante muito tempo. Os raros psiquiatras que se interessaram por ela – como Van Krevelen[26], em 1971, ou Wolff e Chick[27], em 1980 – foram sobretudo levados a considerar que se tratava de uma patologia independente do autismo. Eles sublinhavam que a síndrome de Asperger manifestava-se mais tardiamente, compreendia crianças menos encerradas em sua solidão e apresentava melhor prognóstico.

---

26 D. A. VAN KREVELEN, "Early infantile autism and autistic psychopathy", *Journal of autism and childhood schizophrenia*, 1971, 1, pp. 82-6.
27 S. WOLFF; J. CHICK, "Schizoid personality in childhood: a controlled follow-up study", *Psychological medicine*, 1980, 10, pp. 85-100.

A abordagem psicanalítica do autismo

Margaret Mahler é uma psicanalista formada em Viena que se interessa, de longa data, pela esquizofrenia infantil e que trabalha, desde os anos 1940, no serviço de crianças do Instituto Psiquiátrico de Nova York e da Universidade de Colúmbia. No início dos anos 1950, apodera-se da descoberta de Kanner para integrá-la numa teoria geral do desenvolvimento da criança. Distingue nele três momentos: a fase autística normal ou pré-simbiótica; a fase simbiótica; e a fase de separação-individuação. Esse processo se desenrola nos três primeiros anos da vida e se consuma na eclosão de um indivíduo que fala, munido de um objeto permanente. M. Mahler situa-se na corrente genética annafreudiana. Ela toma o bebê a partir da ficção de um narcisismo primário, ao longo do qual o organismo estaria fechado em si mesmo, autossuficiente, satisfazendo suas necessidades num modo alucinatório. O objeto materno só seria descoberto em torno do terceiro mês, princípio da fase simbiótica, quando a criança e a sua mãe formariam uma unidade dual num mesmo lugar. Uma falha no processo de individuação estaria no princípio da psicose infantil. A respeito desta, sua teoria sugere duas grandes formas, relacionadas aos dois níveis de desenvolvimento do *self*. Ela se vê, então, incitada a completar a descoberta da psicose de Kanner, psicose autística, descrevendo uma psicose que testemunha um nível superior de desenvolvimento, a psicose simbiótica – cujo conceito ela introduz em 1952.

Nessa última, a criança regride ou permanece fixada no estágio da relação fusional mãe-bebê, o que lhe dá uma ilusão de onipotência, de modo que suas defesas são respostas à angústia de separação. O autismo testemunharia um modo de funcionamento anterior ao da fase simbiótica. Ele é considerado uma fixação, ou uma regressão à primeira fase da vida extrauterina, a mais primitiva, a fase autística normal. A solidão da criança autista insere-se bastante bem no genetismo mahleriano. O sintoma mais evidente, afirma a psicanalista, reside no "fato de que a mãe, como representante do mundo exterior, não parece de modo algum ser percebida pela criança. Ela não parece ter existência alguma enquanto polo vivo de orientação no universo da realidade".[28] Nessa perspectiva, o autismo é considerado "uma tentativa de desdiferenciação e de perda da dimensão animada. Pode-se enxergar aí", acrescenta M. Mahler, "o mecanismo pelo qual pacientes assim tentam se atalhar e se apartar alucinatoriamente das fontes possíveis de percepção sensorial, e particularmente daquelas, muito variadas, do universo *vivo* que convoca respostas emocionais sociais". A lógica da sua teoria a conduz a acentuações discretas do fechamento do autista no seu mundo com relação à descrição de Kanner. Ela postula "uma recusa alucinatória da percepção" que incita propor a seguinte experiência, a fim de estabelecer o diagnóstico: deixar cair um objeto metálico qualquer perto da criança, a fim de produzir um som percuciente. Segundo ela, "a criança autista se comporta, nesse momento, como se nada ouvisse". Kanner sem dúvida não teria abonado o valor desse teste. Uma intrusão, escreve ele, "tem origem nos ruídos fortes e nos objetos em movimento, que desencadeiam uma reação de horror. Triciclos, balanços, elevadores, aspiradores, água corrente, bicos de gás, brinquedos mecânicos, batedeiras elétricas e mesmo o vento puderam, em um determinado momento, desencadear grandes crises de pânico."[29] Ademais, Mahler considera que a maioria das crianças autistas apresenta "uma sensibilidade bem baixa à dor", indicação que decerto se encontra em Bettelheim, mas para a qual Kanner não chama a atenção. Notemos, ainda, que a observação mais precisa e mais comentada, relatada por M. Mahler em sua obra *A psicose infantil*, é a de Stanley – segundo ela, ele ilustra a forma simbiótica. Porém,

---

28 M. MAHLER (1968) *Psychose infantile*. Paris: Payot, 1973, p. 70.
29 L. KANNER, "Os distúrbios autísticos do contato afetivo", *op. cit.*, p. 161.

todo mundo concorda em considerar, hoje em dia, que se trata de uma descrição notável do funcionamento de um sujeito autista. Resumindo, a hipótese do narcisismo primário incita a acentuar o fechamento do autista num mundo cerrado e autossuficiente.

A partir de então, e por muito tempo, o autismo vai ser considerado pelos psicanalistas como sendo a patologia mais primitiva, aquela que testemunharia a regressão mais profunda. Mesmo para os que se distanciarão do genetismo, persistirá a ideia de que se trata da psicose precocíssima, ao que habitualmente se associa a noção de extrema gravidade.

O autista comporta-se como se estivesse sozinho no mundo, notava Asperger, mas este se surpreende ao constatar o quanto aquele se apercebeu e se inteirou daquilo que se passa ao seu redor. O autista de Asperger não está fixado no narcisismo primário, ele não tem lugar na teoria de Mahler. Ela não o menciona.

Em 1967 é publicada nos Estados Unidos uma obra que ganha rapidamente uma grande repercussão: *A fortaleza vazia* – subtitulada *O autismo infantil e o nascimento do si-mesmo*. O autor é diretor da Escola Ortogênica de Chicago, onde são acolhidas crianças "com problemas". Ali Bettelheim preconiza uma terapia comunitária que se assenta no fato de pôr em ação conceitos freudianos tomados numa perspectiva original, influenciada pelos trabalhos de Kohut e da psicologia do eu. Sua análise, iniciada em Viena em 1937, foi interrompida em razão dos acontecimentos políticos. Ele foi detido em 1938 pela simples razão de que era judeu e coproprietário de um negócio bem-sucedido. Passou um pouco mais de dez meses em Dachau e em Buchenwald. Sua abordagem do autismo foi profundamente tributária da sua experiência nos campos de concentração. Ele considera, desde 1956, que toda criança psicótica padece por ter sido submetida a condições extremas de vida. Condições que ele mesmo experimentara. O que caracterizava a situação extrema, precisa ele, "era sua inevitabilidade; sua duração incerta, potencialmente por toda a vida; o fato de nada ser nela previsível – de a vida, a todo momento, correr perigo e nada se poder fazer a respeito".[30] Uma criança confrontada muito cedo com tais condições torna-se autista se sua reação espontânea transforma-se em doença crônica e se o entorno não chega a *serenar* os seus medos. Bettelheim está de acordo com Rodrigué, por considerar que "a intensidade da angústia da criança autista é similar à que a morte iminente provoca".[31]

O autista de M. Mahler, encerrado num mundo autossuficiente, não é o de Bettelheim, demasiado aberto a angústias intensas. A hipótese da confrontação com uma situação extrema é radicalmente incompatível com a da fixação ao narcisismo primário. Bettelheim sublinha a divergência: "É lamentável", escreve ele, "[constatar] que Mahler [...], um dos primeiros a estudar o autismo infantil segundo o ponto de vista psicanalítico, abstivesse-se de reconhecê-lo como uma resposta autônoma por parte da criança, acreditando que a criança pequena 'é apenas metade de um indivíduo' [...]. Sendo assim, encara a maneira com que a criança experimenta a vida como sendo condicionada pela mãe, em vez de encará-la como a maneira de ela reagir autonomamente a toda a experiência que tem da vida, incluindo a mãe". Mahler, convencida da importância primordial da relação simbiótica da criança com sua mãe, considera que a ferramenta essencial do tratamento é "reconstruir a simbiose mãe-filho da unidade original".[32] Bettelheim

---

30 B. BETTELHEIM (1967) *A fortaleza vazia*. Traduzido por Livraria Martins Fontes Ed.; revisado por M. E. H. Cavalheiro. São Paulo: Martins Fontes, 1987, p. 70; tradução modificada.
31 Ibid., p. 69; tradução modificada. [N. T.]
32 Ibid., p. 439; tradução modificada.

afirma completamente o contrário: que são as insuficiências na relação com a mãe e com o entorno que se acham na origem do autismo, de modo que o tratamento é fundamentado na vontade de procurar permanentemente para a criança um entorno favorável.

O autista de Bettelheim não é uma mônada narcísica, e sim um sujeito engajado num trabalho para atenuar a sua angústia. A notável observação de Joey, a criança-máquina, revela detalhadamente quais são as fontes que as crianças podem, por vezes, mobilizar para tornar a realidade habitável. *A fortaleza vazia* é um trabalho que, afirma Bettelheim, "baseia-se na convicção de que, na realidade, elas [as crianças autistas] se relacionam com pessoas".[33] Ele parece não ter tido conhecimento dos trabalhos de Asperger, mas não está longe de compartilhar da opinião deste, para quem "uma hipertrofia compensatória" seria inerente ao modo de funcionamento do sujeito autista.

Os diagnósticos e os resultados terapêuticos de Bettelheim foram contestados. Suas teses ficaram marginais no campo da psicanálise freudiana. É paradoxal, aliás, que esse franco-atirador seja hoje em dia sempre citado pelos detratores da psicanálise como o mais representativo desta.

Na mesma época, em Londres, os kleinianos também se apoderavam do enigma do autismo infantil. Os pressupostos de Mahler e de Bettelheim não são os deles. Por um lado, o kleinismo situa a criança, de início, numa relação de objeto, e não num narcisismo primário; por outro, Meltzer não considera de modo algum que o autista esteja confrontado com uma situação de angústia extrema. Entretanto, a precocidade do aparecimento do transtorno sugere a hipótese de que se trataria de uma patologia gravíssima. Mas como

---

33 Ibid., p. 97; tradução modificada.

conceber um modo de funcionamento ainda mais arcaico do que aquele dos primeiros meses da fase esquizoparanoide? Para isso é preciso proceder a um forçamento da teoria kleiniana, inventando um estado que não autorizaria sequer o recurso aos mecanismos de defesa psicóticos. O autista de Meltzer não opera nem clivagem de objeto, nem identificação projetiva. Seria o desmantelamento que dominaria o seu modo de funcionamento. Uma operação passiva consistindo em deixar errarem os diferentes sentidos, internos e externos, de modo que ele vai ater-se aos objetos mais estimulantes no momento. A suspensão da atenção desembocará numa dissociação das componentes sensoriais do *self*, induzindo uma queda em pedaços da organização mental. O autista desmantelado estaria num "estado primitivo essencialmente sem atividade mental",[34] por isso, "parece completamente certo", escreve Meltzer, "que nenhuma angústia persecutória, nenhum desespero resulte desse modo de retraimento do mundo" – ao passo que a "suspensão das interações na transferência" constituiria a chave da compreensão do fenômeno. A relação de objeto do autista, bidimensional, iria se estabelecer num mundo sem profundidade: seria uma relação de superfície com superfície, de colagem com um objeto não sentido como tendo um interior; ao passo que suas identificações adesivas resultariam da bidimensionalidade: o *self* se identificaria ao objeto com toda a superfície e – não mais que o objeto – ele não teria espaço interno, o que impediria a comunicação psíquica necessária ao desenvolvimento do pensamento. Sua ausência de atividade mental equivaleria a um "déficit cerebral orgânico".[35]

Resumindo: o autista de Meltzer não é angustiado; ele não está se defendendo; ele não tem atividade mental; ele funciona na

---

[34] D. MELTZER et col., (1975) *Explorations dans le monde de l'autisme*. Paris: Payot, 1980, p. 33.
[35] Ibid, p. 253.

bidimensionalidade; e ele se situa no grau zero da transferência. O ser arcaico por excelência.

A maioria dos clínicos concorda, hoje em dia, em reconhecer que o caso Dick – relatado em 1930 por Melanie Klein – deve ser considerado o de um autista, e não o de um esquizofrênico.[36] Ela mesma notava que se tratava de uma esquizofrenia atípica caracterizada por uma inibição do desenvolvimento, e não por uma regressão sobrevinda depois que um estádio determinado do desenvolvimento tenha sido normalmente atingido. Porém, o tratamento logo mobilizou uma angústia latente;[37] ele desenvolveu defesas fantasísticas e relações de objeto, de modo que Dick manifestou um apego transferencial persistente a M. Klein – visto que o tratamento prosseguiu de 1929 até 1946.[38] Para Meltzer, assim como para outros kleinianos, tratar-se-ia de uma saída do autismo. Quando Beryl Stanford encontra Dick em 1946, a ela enviado para continuar seu tratamento, considerou que ele não era autista, "mas um tagarela terrível". "Seu QI havia sido avaliado por Ruth Thomas como estando em torno de 100 e ele era, sim, visivelmente clivado, mas, ao mesmo tempo, possuía uma memória extraordinária, lia Dickens e tinha uma soma de conhecimentos técnicos bastante consideráveis sobre música, que havia aprendido com um professor de piano. Um dia, ele levou Beryl a um concerto e explicou-lhe todos os detalhes técnicos sobre transposições de tons etc.". Quando Phyllis Grosskurth encontrou Dick – ele tinha então cinquenta

---

36   Tustin escreve, em 1990, que Dick era "evidentemente uma criança que hoje reconheceríamos como autista" (F. TUSTIN [1990]. *Autisme et protection*. Paris: Seuil, 1992, p. 28).
37   M. KLEIN (1930) "A importância da formação de símbolos no desenvolvimento do ego". In: *Amor, culpa e reparação e outros trabalhos (1921-1945)*. Traduzido por A. Cardoso. Rio de Janeiro: Imago, 1996, p. 257.
38   O tratamento foi interrompido pela guerra entre 1941 e 1944. Em 1946, Dick foi enviado a outra analista, Beryl Stanford, com quem ficou três anos.

anos –, ela o achou "extremamente amistoso num registro infantil, bem informado e capaz de conservar um emprego que não implicasse uma tensão excessiva".[39] Essas descrições parecem corresponder totalmente ao devir de um sujeito que apresenta em sua infância a síndrome de Kanner e atinge um funcionamento autístico dito "de alto funcionamento" na idade adulta – contudo, para os kleinianos, seria preciso considerar que o seu tratamento fez com que ele emergisse do autismo muito rapidamente, ao passo que as suas capacidades verbais e intelectuais ulteriores seguramente não são compatíveis com o mito forjado por Meltzer do autista sem angústia, sem violência, sem mentalização e sem relação de objeto.

Formada em Londres por um discípulo legítimo de M. Klein – W. R. Bion –, Frances Tustin descreve o autista de uma maneira aparentada, em princípio, à de Meltzer. Ela considera que a criança autista está fechada numa cápsula protetora, no interior da qual a atenção está concentrada em sensações autogeradas. "Esse emprego idiossincrático e perverso", escreve ela, "de suas sensações corporais produz uma ilusão de proteção".[40] Nesse mundo de autossensualidade, "a vida psíquica do sujeito praticamente para".[41] Logo, o autista de Tustin é, como o de Meltzer, sem mentalização. Entretanto, dele se diferencia profundamente, pois ativa mecanismos de proteção contra uma experiência dolorosa. Tustin a designa como depressão primitiva, ou traumatismo oral precoce, e a correlaciona a um impensável sentimento de separação, suscitando uma angústia arcaica — não de castração, mas de aniquilação.[42] Essa experiência traumática, que seria recoberta pela cápsula

---

39 P. GROSSKURTH, *Melanie Klein, son monde et son œuvre*. Paris: PUF, 1989, p. 247.
40 F. TUSTIN, *Autisme et protection, op. cit.*, p. 13.
41 Ibid., p. 258.
42 F. TUSTIN (1981) *Les états autistiques chez l'enfant*. Paris: Seuil, 1986, pp. 14-5.

protetora do autismo, seria a de um "buraco negro", gerado pela sensação de que o sujeito perdera uma parte vital do seu corpo. Ele teria tido demasiado precocemente a experiência da separação no que se refere ao objeto da sua satisfação pulsional, de modo que provaria uma catastrófica sensação de mutilação. Esta se traduziria pela fantasia do seio com o mamilo arrancado, abrindo na boca um buraco negro povoado por objetos persecutórios. "Se a criança toma consciência da perda do mamilo antes de ser capaz de uma representação interior dos objetos ausentes", escreve Tustin, "ela terá a impressão de que esse ponto foi rompido. É o que parece se produzir na criança autista, que quer evitar a repetição dessa experiência dolorosa". Com isso, ela considera os autistas como sendo "prematuros psicológicos", pois tiveram a experiência da separação corporal antes de estarem prontos para suportá-la.[43] Ela sublinha a riqueza do trabalho de proteção desenvolvido pelos autistas; em particular, chama a atenção para a função do objeto autístico utilizado, segundo ela, para tapar o buraco negro. Na falta desse objeto, a criança autista teria a impressão de estar exposta, escancarada.

As quatro grandes abordagens psicanalíticas clássicas do autismo infantil têm um ponto em comum: a intuição de que se trata da patologia mais arcaica. Para Mahler, a regressão libidinal mais profunda; para Meltzer, o funcionamento mais problemático do *self*; para Bettelheim, a angústia mais extrema; e, para Tustin, a fantasia mais catastrófica. Tais abordagens sugerem implicitamente que o autismo é a patologia mais grave e que o seu prognóstico é sombrio. Durante muito tempo, no imaginário de muitos clínicos, o autismo vai beirar o retardamento mental. Em 1956, Leon Eisenberg publica um artigo na *American Journal of Psychiatry* [Revista americana de psiquiatria] que trata da "Criança autista na adolescência"; seus estudos estatísticos o conduzem a conclusões muito

---

43 F. F. TUSTIN, *Autisme et protection, op. cit.*, p. 82.

pessimistas – bastante reveladoras das opiniões da época – que o levam a considerar que todas as abordagens terapêuticas são praticamente vãs: ele encontra apenas 5% de bons resultados.[44]

A virada dos anos 1970

Uma virada se produziu na abordagem do autismo nos Estados Unidos nos anos 1970. Parece estar ligada à descoberta, nesses sujeitos, de capacidades pouco compatíveis com a imagem deficitária da sua patologia sugerida pelas primeiras descrições de Kanner e pelas teorias psicanalíticas. Por que essa nova abordagem sucede nesse período? Os anos 1970 constituem o apogeu do público das teses psicanalíticas, mas é também a época em que os idealizadores do *DSM-III* se põem a trabalhar para remedicalizar a psiquiatria, preconizando uma abordagem ateórica quanto à etiologia, da qual uma das maiores consequências consiste em fazer *tabula rasa* de toda hipótese psicodinâmica.[45] Vários são os clínicos desiludidos com a psicanálise norte-americana que então se voltam para outras conceituações. Porém, é também a época em que as ciências cognitivas começam a se afirmar. Elas procuram levar em conta aquilo que o behaviorismo havia rejeitado metodologicamente na "caixa preta" do psiquismo – por isso interessam-se pelos métodos de tratamento da informação pelo cérebro.

Por outro lado, os autistas de Kanner envelheceram. Começa-se a dispor de elementos quanto ao seu devir. Em 1971, Kanner se interessa pelo que haviam se tornado as onze crianças descritas no

---

44 L. EISENBERG, "The autistic child in adolescence", *American journal of psychiatry*, 1956, 112, p. 607.
45 J.-C. MALEVAL, "*DSM*, un manuel pour quelle science?", *Raison présente*. Nouvelles éditions rationnalistes, 2003, 144, pp. 37-55.

seu artigo de 1943. Sem surpresa, nove delas não chegaram a uma vida social autônoma. Contudo, uma obteve um diploma universitário e trabalha como caixa num banco; a outra se adaptou a um trabalho rotineiro e é considerada por seu diretor como um empregado inteiramente satisfatório.[46] A proporção dos que atingiram uma boa adaptação social não se mostra, pois, negligenciável.

Logo em 1964, Rimland dá notícia de algumas curas espontâneas do autismo em crianças com uma grande inteligência: um virou matemático "depois de ter terminado sua formação, em três anos, numa das melhores universidades do país"; o outro virou meteorologista; um outro, compositor.[47]

No fim dos anos 1960, Bettelheim publica *A fortaleza vazia*, obra que conhece uma grande repercussão. Ele afirma que um tratamento intensivo, tal como aquele dispensado na Escola Ortogênica de Chicago, permite obter 42% de bons resultados com autistas.[48] Relata ali, ademais, a notável terapia de Joey, a criança-máquina, que chega a obter um diploma e a exercer uma profissão. Em 1964, nos Estados Unidos, publica-se outra obra que atinge uma grande difusão internacional e nela se encontra relatado o sucesso do tratamento de uma criança "estranha", graças a uma ludoterapia de inspiração rogeriana. Será que é psicótica essa criança solitária, chamada Dibs, descrita como "recolhida em sua concha", que não responde quando falam com ela? Axline, sua

---

[46] L. KANNER, "Étude de l'évolution de onze enfants autistes initialement rapportée en 1943", *Journal of autism and childhood schizophrenia*, 1971, 1-2, p. 119-45. Tradução francesa em *La psychiatrie de l'enfant*, 1995, XXXVIII, 2, pp. 421-61.

[47] B. RIMLAND, *Infantile autism. The syndrome and its implications for a neural theory of behavior*. Englewood Cliffs: Prentice Hall, 1964, p. 1.

[48] B. BETTELHEIM, *A fortaleza vazia*, op. cit., p. 445.

terapeuta, hesita no diagnóstico. Cogita ser ele "um autista",[49] mas, naqueles anos, era difícil afirmá-lo perante uma criança tão inteligente: o QI, ao término do tratamento, mostrou-se de 168.

Em 1978, Rimland lança uma enquete que abrange 5.400 autistas. O estudo de questionários dirigidos aos pais leva-o a frisar que 9,8% das crianças autistas testemunham capacidades surpreendentes, a maior parte do tempo ligadas a aptidões mnemônicas excepcionais:[50] algumas são calculadoras fenomenais; outras, desenhistas admiráveis – o que domina na amostragem são os talentos musicais. Nos anos 1970, começam a se multiplicar nos Estados Unidos as publicações sobre os autistas-prodígio. Tustin nota, em 1972, que "muitos dos pesquisadores em psicologia pensam que o caso de idiotas-prodígio é constituído por crianças autistas curadas."[51]

Em 1976, na Suíça, acontece um colóquio internacional que suscitará a publicação – por Michael Rutter e Eric Schopler –, dois anos mais tarde, em Nova York, de um importante volume que procura reavaliar os conceitos e o tratamento do autismo. Entre as impressões gerais que se destacam da obra, está a de que o autismo pode se apresentar "em diferentes graus de gravidade".[52] A solidão não parece tão radical quanto Kanner pôde sugerir. "A análise detalhada das suas reações", constata P. Howlin, "revela que, numa proporção de 30% do tempo, eles adotam comportamentos de aproximação e, durante 50%, entregam-se às suas atividades". Por outro lado, ainda que "raramente tenham a iniciativa de encontros

---

49 V. AXLINE (1964) *Dibs: Em busca de si mesmo*, 7. ed. Traduzido por C. S. Linhares. São Paulo: Círculo do Livro, 1982, p. 22.
50 D. A. TREFFERT, *Extraordinary people*. Londres: Black Swan, 1990, p. 32.
51 F. TUSTIN (1972) *Autisme et psychose de l'enfant*. Paris: Seuil, 1977, p. 132.
52 L. WING, "Approche épidémiologique des caractéristiques sociales comportamentales et cognitives". In: M. RUTTER; E. SCHOPLER, (1978) *L'autisme. Une réévaluation du concept et du traitement*. Paris: PUF, 1991, p. 41.

com os outros, uma vez estabelecido o contato, toleram frequentemente um maior grau de proximidade com o adulto, bem como contatos físicos mais estreitos, do que as outras crianças."[53] Rutter considera que a síndrome de Asperger não seja distinta de um "autismo infantil moderado".[54]

Em 1978, Schopler sucede a Kanner como diretor da *Journal of autism and childhood schizophrenia* [Revista do autismo e da esquizofrenia infantil]. Suas pesquisas levam-no a se interessar pelos tratamentos comportamentais do autismo e a recusar a abordagem psicodinâmica. O título da revista torna-se *Journal of autism and developmental disorders* [Revista do autismo e dos transtornos do desenvolvimento]. Indica-se aí nitidamente que a aproximação do autismo com a psicose não é mais pertinente, e que as pesquisas devem se orientar agora pelos transtornos cognitivos. Logo se repreendem os psicanalistas por não fazerem diagnóstico preciso do autismo (testes), por interromperem as pesquisas empíricas e por maltratarem os pais, acusando-os de maus-tratos nos filhos autistas. Remoída inúmeras vezes, essa última crítica tem sua origem na leitura sumária de Bettelheim – decerto ele descartava os pais do tratamento, mas ao mesmo tempo mantinha-os muito informados. Ele próprio não duvidava nada de que a "situação extrema" na qual vivem as crianças autistas resulte essencialmente de sua apreensão do mundo, e não de um ambiente familiar inóspito.

Em 1980, o *DSM-III* ratifica a mudança de orientação, ao inserir o autismo nos "distúrbios globais do desenvolvimento", dentre os quais ele constituiria um subtipo, considerado a forma mais

---

53 P. HOWLIN, "L'évaluation du comportement social". In: M. RUTTER; E. SCHOPLER, *L'autisme, op. cit.*, p. 75.
54 M. RUTTER, "Diagnostic et définition". In: M. RUTTER; E. SCHOPLER, *L'autisme, op. cit.*, p. 9.

típica e mais severa deles. Em 1987, segundo o *DSM-III-R*, a característica principal do que vêm a ser os "transtornos invasivos do desenvolvimento" é o fato de que "o transtorno dominante" situa-se na dificuldade de aquisições de aptidões cognitivas, linguísticas, motoras e sociais. O conceito de "invasivo" significa que a pessoa é afetada no que há de mais profundo nela mesma. A implicação maior dessas mudanças de denominação encontra-se nas consequências quanto ao tratamento: elas sugerem fortemente que o autismo é menos do foro da psiquiatria do que da educação especializada. De resto, a partir de 1972, uma estratégia pedagógica estruturada foi sendo elaborada na Carolina do Norte, voltada para crianças autistas. Ela inclui a participação dos pais, a fim de transferir para casa os métodos utilizados em sala de aula. Foi, a partir de então, largamente difundida sob o nome de método TEACCH[55] (*Treatment and Education of Autistic and related Communication handicapped Children*).[56]

Nesse contexto que se interessa pelas capacidades dos autistas e pelo seu devir, a imagem do transtorno torna-se menos negativa, possibilitando uma leitura diferente da descoberta de Asperger. Esta não é ignorada, mas a opinião dominante vinha sendo, até então, a de que se tratava de uma síndrome original, independente do autismo. Nada predispunha os psicanalistas a se interessarem por ela: sua intuição da psicose precocíssima, sem mentalização, é pouco compatível com "a riqueza da vida interior" das crianças de Asperger. Nem Mahler, nem Meltzer, nem Bettelheim fazem referência aos "psicopatas autísticos". Apenas Tustin faz menção a

---

55 Estabelecido por Eric Schopler, emprega técnicas que se valem das habilidades visuais para que as crianças mantenham a atenção e, então, interajam com outras crianças (cf. <www.teacch.com>). [N. T.]
56 M. LANSING; E. SCHOPLER, "L'éducation individualisée: une école publique pilote". In: M. RUTTER; E. SCHOPLER, *L'autisme, op. cit.*, pp. 542-59.

eles em suas últimas pesquisas, sem deixar de considerá-los uma síndrome independente.[57] Porém, os estudos dos psicólogos experimentais e cognitivos sobre o devir dos autistas impõem uma apreensão menos deficitária da síndrome de Kanner, testemunhada pela conclusão de Rutter na obra de 1978: "Com o tempo", escreve ele, "atingem a idade adulta e a maioria deles tem boas capacidades verbais. Têm um nível normal de inteligência, não têm transtornos do pensamento nem perturbações psicóticas; *querem* relações sociais e, no entanto, manifestamente, suas dificuldades sociais persistem".[58]

Nesse período vai se impondo pouco a pouco a noção de que a síndrome isolada por Kanner descreve apenas uma das formas clínicas de um transtorno complexo, com manifestações diversas e mal delimitadas. É nas pesquisas de Folstein e Rutter – sobre pares de gêmeos autistas e seus parentes – que o conceito de "espectro autístico" se origina, na pendência de um suposto fenótipo.[59] Daí, sem ser definido com precisão, ele é utilizado geralmente para procurar delimitar o conjunto das manifestações clínicas de um processo autístico subjacente, cuja especificidade continua inapreensível.

Com isso, no final dos anos 1970, está dada a largada para a anexação do autismo de Asperger ao de Kanner. É Lorna Wing, psiquiatra inglesa, que reatualiza o trabalho de 1944, publicando em 1981 no *Psychological Medicine* [Medicina Psicológica] um relato de trabalhos anteriores e uma proposição para definir a síndrome

---

57 F. TUSTIN, *Autisme et protection*, op. cit., p. 39.
58 M. RUTTER, "Résultats thérapeutiques et pronostics". In: M. RUTTER; E. SCHOPLER, *L'autisme*, op. cit., p. 623.
59 S. FOLSTEIN; M. RUTTER, "Infantile autism: a genetic study of 21 twin pairs", *Journal of child psychology and psychiatry*, 1977, 18, pp. 291-321.

de Asperger.[60] Ela o ilustra com 34 casos, alguns dos quais mostram uma passagem progressiva do autismo infantil para a patologia descrita por Asperger. Contudo, é a importante obra, editada em 1991, *Autismo e síndrome de Asperger*, que impõe a aproximação e permite sua difusão graças à tradução inglesa, realizada por Uta Frith, do artigo dificilmente acessível de Asperger. "O argumento mais comprobatório em favor da existência de um contínuo se estendendo sem quebras do autismo de Kanner à síndrome de Asperger provém", afirma L. Wing, "de um material clínico segundo o qual um mesmo indivíduo, indubitavelmente autista em seus primeiros anos, fez progressos que o levaram, na adolescência, a desenvolver todas as características da síndrome de Asperger". Os termos "autista de alto funcionamento" e "síndrome de Asperger", acrescenta ela, são praticamente equivalentes.[61]

Teoria da mente

As numerosas pesquisas empreendidas pelos cognitivistas sobre o modo de tratamento da informação dos autistas desembocam, em 1985, no resgate de um problema fundamental: a debilidade maior residia numa incapacidade de se forjar uma teoria da mente. A tese aparece num artigo da revista *Cognition* [Cognição]: "A criança autista tem uma 'teoria da mente'?", redigido por S. Baron-Cohen, A. M. Leslie e U. Frith. Esses autores partem da constatação segundo a qual todos nós dispomos de uma capacidade de interpretar o que os outros fazem; e, às vezes, de predizer o que

---

60 L. WING, "Asperger's syndrome: a clinical account", *Psychological Medicine*, 1981, 11, pp. 115-29.
61 L. WING, "The relationship between Asperger's syndrome and Kanner's autism". In: U. FRITH, *Autism and Asperger syndrome*. Cambridge: Cambridge University Press, 1991, pp. 102-103.

farão em seguida. Toda pessoa é capaz de se colocar no lugar do outro para compreender como ele age. É essa faculdade de empatia que faltaria às crianças autistas.

O fenômeno foi inicialmente evidenciado a partir do que Frith chama de "experiência Sally-Anne". "Nós testamos crianças autistas, normais e mongoloides," relata ela, "todas com idade mental superior a três anos". O experimento consistia em colocar em cena duas bonecas, Sally e Anne, da seguinte maneira:

> *Sally tem um cesto e Anne tem uma caixa; Sally tem uma bola, que ela põe no cesto; em seguida Sally sai; na sua ausência, Anne pega a bola de Sally e a coloca na caixa, então Sally volta e quer brincar com a bola. É nesse momento que fazemos a pergunta crucial: "Onde é que a Sally vai procurar a bola?". A resposta é, claro, "no cesto". É a resposta certa, porque Sally colocou a bola no cesto e porque ela não viu Anne mudá-la de lugar. Então ela acredita que a bola ainda esteja ali onde ela deixou. Por conseguinte, ela irá procurar no cesto, ainda que a bola não se encontre mais lá. A maioria das crianças não autistas fornece a resposta correta – dito de outro modo, indicaram o cesto. Em contrapartida, com exceção de algumas, as crianças autistas se enganaram: indicaram a caixa. É lá que a bola encontra-se realmente, mas, é claro, Sally não sabia disso. Essas crianças não tinham se dado conta, pois, daquilo que Sally acreditava.*[62]

---

62 U. FRITH (1989) *L'énigme de l'autisme*. Paris: Odile Jacob, 1996, pp. 262-3.

Conclui-se disso que as crianças autistas têm uma teoria da mente defeituosa ou subdesenvolvida. Frith considera que elas funcionam como behavioristas: orientam-se essencialmente pelo comportamento, por aquilo que veem, e não por um sentido que poderia esclarecer o comportamento. De fato, no experimento Sally-Anne, o sujeito autista não manifesta nada além de um funcionamento transitivista: ele empresta a Sally o mesmo saber que ele próprio possui. A pregnância de uma relação imaginária com o outro, da qual o transitivismo é testemunha, não só não é típica do autismo – encontra-se regularmente na clínica da psicose – como, além disso, não é uma constante: já apontamos, com razão, que a maioria dos autistas de alto funcionamento é capaz de conceber que o pensamento do outro é diferente do seu.[63] Waterhouse e Fein bem estabeleceram, em 1997, que o sucesso nas tarefas da teoria da mente é correlato ao nível de linguagem, e não ao diagnóstico de autismo. Ademais, a maioria dos sujeitos que apresentam déficits sensoriais, tais como a cegueira, fracassa nessas provas: elas não isolam, pois, uma característica do autismo.[64] Acrescentemos que um sujeito que apresenta uma forma severa de autismo, tal como Sellin, mostra-se capaz de conceber que o outro apreende o mundo de uma maneira diferente da sua própria: "Minha percepção", escreve ele, "funciona diferentemente da dos outros".[65] A propósito dos adultos que dele se ocupam, observa: "Eles se acham verdadeiras competências perto da gente, e se desapontam".[66] Se a teoria

---

63 J.-M. VIDAL, "*Theory of mind* ou *theory of love*? Un éclairage à partir des symptômes autistiques". In: M. DELEAU, *Approches comparatives en psychologie du développement*. Paris: PUF, 1994, pp. 143-51.
64 L. WATERHOUSE; D. FEIN, "Perspective on social impairment". In: D. COHEN; F. VOLKMAR (Org.) *Handbook of autism and pervasive developmental disorders*. Hoboken (NJ): John Wiley and Sons, 1997, cap. 43, pp. 901-19.
65 B. SELLIN, *Une âme prisonnière*, op. cit., p. 163.
66 B. SELLIN, *La solitude du déserteur*, op. cit., p. 172.

da mente se alastrou rapidamente, decerto não é em razão de seus méritos clínicos, bastante mirrados, mas porque responde a uma expectativa: a de romper com as hipóteses psicanalíticas.

Desde então, em duas décadas, uma mudança radical de perspectiva não apenas foi se operando, mas se estruturando, chegando a propor uma teoria cognitivista do autismo seguida, a partir daí, de algumas outras – as quais, nas publicações de impacto internacional, suplantam hoje em dia as abordagens psicanalíticas. A esse respeito, notava Rutter já em 1974, a mudança mais impactante reside na "passagem de uma concepção do autismo compreendido como a manifestação de um *retraimento* do social e do afetivo a uma outra, em que é considerado um transtorno do desenvolvimento que comporta déficits *cognitivos* severos, devido provavelmente a diversas formas de uma disfunção cerebral".[67] Ele sublinha particularmente as duas palavras, *retraimento* e *cognitivo*, para indicar a passagem de um ao outro na abordagem dominante. O abandono da predominância do "retraimento" teve como consequência um alargamento da clínica do autismo, do qual são testemunhas a anexação da síndrome de Asperger e o uso doravante vulgarizado da noção de "espectro do autismo".

A nova clínica espectral do autismo

O avanço em idade dos autistas de Kanner e o abandono do critério do "retraimento" criam as condições de receptibilidade de um novo gênero literário: os testemunhos de "emergência" do autismo.

---

[67] M. RUTTER, "The development of infantile autism", *Psychological medicine*, 4, 1974, pp. 147-63, citado em M. RUTTER; E. SCHOPLER, *L'autisme, op. cit.*, p. 102.

Publicados nos anos 1970, os primeiros deles conhecem um público módico, apenas. *O Cerco* (1972)[68] e *Por amor a Ann* (1973),[69] sobretudo, chamam a atenção dos especialistas. Ao demonstrarem que métodos educativos improvisados pela família podem impetrar melhoras espetaculares da patologia autística, eles carregam – ainda que em germe – uma renovação radical da sua abordagem. Uma década mais tarde, a biografia de Temple Grandin – publicada nos Estados Unidos em 1986 –, centrada no relato de uma autoterapia realizada graças à construção de uma máquina de apertar,[70] atinge rapidamente um público internacional justificado. Desde a introdução, Temple Grandin já vai se referindo à nova clínica do autismo: "Dizer que uma criança autista não apresenta absolutamente nenhuma reação às outras pessoas", escreve ela, "é um equívoco". Lorna Wing, do Instituto de Psiquiatria de Londres, afirma que uma criança autista pode apresentar reações sociais numa determinada situação, mas não em outra."[71] Confrontados à novidade do testemunho, muitos clínicos são, de início, levados a colocar o diagnóstico em dúvida. Porém, Grandin incorpora em sua obra o formulário E2 do teste de Rimland, preenchido por seus pais quando ela tinha menos de três anos. A pontuação obtida situava-a nitidamente no campo do autismo, mas um autismo concebido de maneira extensa, como um espectro – visto que esse teste leva a crer que os autistas de Kanner constituiriam apenas 5 a 10% do conjunto dos autistas. Aliás, trabalhos indicando que a síndrome

---

68 C. C. PARK, *The siege*. Nova York: Harcourt, Brace & World, 1967. Tradução francesa: *Histoire d'Elly. Le siège*. Paris: Calmann-Lévy, 1972.
69 J. COPELAND, *For the love of Ann*. Londres: Arrow, 1973.
70 Esse aparelho desenvolvido por Grandin é uma espécie de brete para gado — baia estreita utilizada para se ter um determinado controle sobre a mobilidade do animal —, com dispositivos que se moldam em função do formato do corpo e que restringem o seu movimento. [N. T.]
71 T. GRANDIN [com a colaboração de M. Scariano] (1986) *Uma menina estranha*. Traduzido por S. Flaksman. São Paulo: Cia. das Letras, 1999, p. 20.

de Asperger é mais frequente que a de Kanner confirmam que a clínica do autismo não para de ganhar uma extensão crescente.

Grandin atenta os editores para a publicação de outros autistas. Barron[72] publica em 1992, em Nova York, *There's a boy in here* [Tem um garoto aqui].[73] No mesmo ano, em Londres, sai publicado – na pena da jovem australiana Donna Williams – um documento tão excepcional quanto o de Grandin, por sua penetração clínica: *Nobody nowhere* [Ninguém em lugar nenhum].

Esses textos vêm apoiar o novo conceito de autismo oriundo da abordagem cognitivista. Grandin se torna um de seus ardentes propagadores, ao passo que Williams permanece mais aberta a diferentes abordagens. Para os psicanalistas oriundos do movimento kleiniano, tais testemunhos – que invalidam as noções de desmantelamento e ausência de atividade mental – não criam, entretanto, dificuldade alguma. Decerto o retraimento, a solidão, a ausência de mentalização não são aí dominantes, mas é porque não se trata de autismo: os testemunhos de Grandin, Williams ou Barron ilustram o que eles chamam de personalidades pós-autísticas.

No entanto, uma australiana – Rosemary Crossley – inventa, nos anos 1980, uma técnica de comunicação facilitada, com base no computador, para ajudar crianças deficientes mentais. Alguns autistas se valeram dela. Um menino alemão que desde os dois anos de idade não fala mais – e vem apresentando um quadro de

---

72 Sean Barron (1961-) é jornalista do *The Youngstown Vindicator* de Ohio. Publicou dois livros a respeito do autismo: *There's a boy in here: emerging from the bonds of autism* ([Simon; Schuster, 1992] Future Horizons, 2002) — em coautoria com sua mãe, Judy Barron — e *Unwritten rules of social relationships: decoding social mysteries through the unique perspectives of autism* (Future Horizons, 2005) — em coautoria com Temple Grandin. [N. T.]
73 J. e S. BARRON (1992) *Moi, l'enfant autiste*. Paris: Plon, 1993.

autismo profundo, a partir de então –, descobre em 1990, aos sete, a escrita assistida por computador. Para a surpresa das pessoas próximas, ele desata a expressar por escrito a riqueza do seu mundo interior. Os textos de Birger Sellin são publicados em Colônia, em 1993.

> *Na idade de quase cinco anos, eu já sabia escrever e até mesmo calcular mas ninguém se deu conta porque eu era tão caótico mas eu era por medo dos seres humanos precisamente porque eu era incapaz de falar eu não tinha nenhuma dificuldade pra ler é por essa razão que eu procurava nos livros digamos importantes tudo o que eu pudesse encontrar...[74]*

A fortaleza autística revela, de uma só vez, não estar vazia. Se levado a sério, o testemunho de Sellin incita a rejeitar todas as teorias anteriores do autismo. Ele refuta as abordagens psicanalíticas, pois se trata de um autêntico autista de Kanner; porém, revela que nem o retraimento nem a ausência de mentalização caracterizam o seu mundo interior. O argumento da saída do autismo não pode ser invocado, no seu caso, para prestar contas da sua não conformidade com os saberes do autismo. O próprio título de sua primeira obra – *Já chega de estar fechado em copas: mensagens de uma prisão autística*[75] – testemunha um endereçamento ao outro totalmente apagado na tradução francesa: *Une âme prisonnière* [Uma alma prisioneira]. Sellin certamente expressa que seu enclausuramento constitui um sofrimento maior, mas

---

74 B. SELLIN, *Une âme prisonnière, op. cit.*, p. 85.
75 O título do original alemão é *Ich will kein Inmich mehr sein: Botschaften aus einem autistischen Kerker.* [N. T.]

> *eu estaria mentindo*
> *se descrevesse a solidão*
> *como se se tratasse de meu desejo intenso*
> *a solidão é minha inimiga*
> *e eu quero combatê-la como um excelente guerreiro*[76]

Por outro lado, de encontro a Grandin, Sellin não é um militante das ciências cognitivas – ele considera que a angústia não teria como se reduzir a problemas de raciocínio. Mas seu testemunho não deixa de dar razão nem à psicanálise, nem ao cognitivismo. A onipresença do afeto de angústia, que ele menciona, incita fortemente a situar os seus transtornos no campo da psicopatologia, e não no dos transtornos cognitivos. Ele explica que as estereotipias aliviam menos do que quando ele era pequeno.

> *Esses mecanismos infelizmente não funcionam mais é por isso que eu tenho urrado tanto nesses últimos tempos eu não posso viver pacificamente e tranquilamente com essa angústia eu tenho que urrar as mortificações pela angústia tomam conta e me sufocam eu sem mim sou o escravo da potência-milagre da angústia.*[77]

Os autistas que, à semelhança de Sellin, desatam a se expressar por meio da comunicação assistida incomodam. Eles não apenas recolocam em causa os saberes estabelecidos sobre a sua patologia como também alguns – em particular nos Estados Unidos

---

76 Ibid., p. 202.
77 Ibid., p. 64.

– acusam pessoas próximas de sevícias sexuais com eles.[78] Sellin não hesita em contestar abertamente os especialistas do autismo:

> *é absurdo fingir que não sinto nada*
> *essas afirmações incrivelmente estúpidas são cheias de frieza*
> *uma sensação em mim é mais profunda do que na maioria*
> *um pretenso especialista deveria saber isso*
> *eu quero dizer a um especialista desse tipo*
> *que nós somos completamente outros com relação ao que ele escreve*
> *nós somos seres humanos dotados dos mesmos sentimentos que as pessoas normais*[79]

Desde então, os especialistas reagem questionando a autenticidade dos textos de Sellin e a pertinência da comunicação assistida: tudo isso não passaria de trapaça dos pais e o método seria pernicioso, desestabilizante. Estabelecimentos que haviam começado a praticá-la interditaram-na formalmente. Decerto o apoio num "facilitador" para engrenar a escrita lança suspeita sobre a origem dos textos, mas mostraremos mais adiante que o escoramento num duplo para se animar é uma característica capital do sujeito autista, o que não leva de modo algum a questionar o testemunho de Sellin – muito pelo contrário. Ademais, ele conserva o mesmo estilo e os mesmos pensamentos com cada um dos seus assistentes, que são

---

78 D. BICKEN, "Questions and answers about facilitated communications", *Facilitated communication digest*, 1993, 2 (1).
79 B. SELLIN, *La solitude du déserteur, op. cit.*, p. 41.

mais de dez. A partir de 1993 chega, até mesmo, a só escrever determinadas frases. Além do mais, nas mesmas condições de escrita assistida, vários autistas pelo mundo vão se mostrando capazes de produções que confirmam a riqueza dos seus mundos interiores e os seus esforços em se comunicar. Muitos especialistas contestam a comunicação assistida, mas todos os autistas de alto funcionamento, tendo feito ou não uso dela, convergem para afirmar que o recurso ao computador pode lhes ser de grande ajuda – todos afirmam que a aprendizagem dos autistas se faz mais comodamente por intermédio de objetos. Antes mesmo do desenvolvimento da comunicação assistida, em 1986, Grandin já assinalava: "Máquinas de escrever e processadores de texto devem ser-lhes apresentados em tenra idade".[80] Em 1996, Williams escreve: "Os programas de atividade por computador seriam benéficos, a partir do momento em que as crianças tenham aprendido a se servir dele".[81] Por que deveriam, contra o parecer dos principais interessados, impedir que educadores ajudem as crianças autistas a se servirem dele para aprenderem a se comunicar?

Stork, psiquiatra infantil alemão – professor e diretor de uma policlínica, em Munique, para crianças e adolescentes –, transtornado com o testemunho de Sellin, toca a empreitada, desde 1993, de experimentar a comunicação assistida em seu serviço. Ele relata cinco observações, que certamente fazem Sellin parecer um autista excepcionalmente dotado, mas que parecem justamente confirmar, segundo ele, que as crianças autistas dispõem: "1°) de capacidades cognitivas e de simbolização; 2°) de uma gama de sentimentos totalmente matizados, dos quais não se tinha ideia alguma até então".[82] No que concerne à influência do facilitador, Stork afirma:

---

80 T. GRANDIN, *Uma menina estranha*, op. cit., p. 186.
81 D. WILLIAMS, *Si on me touche, je n'existe plus*, op. cit., p. 299.
82 J. STORK, "Remarques d'ordre psychanalytique sur les résultats de

> *Quando se considera a análise do conteúdo que testemunha sentimentos violentos nas crianças e a angústia delas ao estarem submetidas a uma influência – sabendo que exatamente a mesma coisa se produz na situação psicanalítica –, parece inconcebível que aquilo que se produz na reciprocidade da interação possa ser um cenário imaginado de modo inconsciente pelo acompanhante.*[83]

Daí ele conclui que o método de escrita assistida não deve ser idealizado enquanto terapêutica. Não constatou, com efeito, melhora significativa dos sujeitos envolvidos; em contrapartida, ele parece proporcionar uma abertura preciosa na psicodinâmica do autismo precoce. Esta revela, segundo ele, "componentes conflituais arcaicos e primários – bastante semelhantes, aliás, às de outras enfermidades psicóticas – e reforça, assim, as ideias que a psicanálise elaborou sobre as psicoses".[84]

Lógico que esses documentos poderiam fortalecer a clínica psicanalítica das psicoses; mas, ao afirmar isso, Stork deixa sub-repticiamente em silêncio que elas vêm invalidar as abordagens psicanalíticas anteriores do autismo. Isso não escapa a B. Golse e S. Lebovici, que, em 1996 – comentando o trabalho de Stork e o livro de Sellin –, constatam com razão que, se tudo isso deve ser levado a sério, "todas as nossas modelizações do autismo infantil precoce devem ser recolocadas em questão". Eles acrescentam que "as posições cognitivistas devem ser igualmente revisitadas, pois o sofrimento que emana do texto [de Sellin] interdita, então, que se

---

l'expérience d'écriture assistée", *Psychiatrie de l'enfant*, 1996, XXXIX, 2, p. 471.
83 Ibid., p. 483.
84 Ibid., p. 492.

reduza o autismo a um simples déficit (ou a uma simples deficiência) e advoga maciçamente em favor da sua função defensiva".[85]

A riqueza da vida interior dos autistas, afirmada desde 1944 por Asperger, revela-se concernir não somente a autistas de alto funcionamento, tais como Grandin ou Williams. A mudança radical engajada na compreensão do autismo nos anos 1970 amplifica-se nos anos 1990, em razão do surgimento de testemunhos novos (Barron, Sinclair, Medzianik[86], Willey[87]). Em seguida à publicação do artigo de Wing, em 1981, os trabalhos sobre a síndrome de Asperger multiplicam-se no campo anglo-saxão. Da mesma forma, na França, a visão muda. Depois da leitura de Sellin, notam Golse e Lebovici, "as discussões sobre o autismo infantil precoce nunca mais serão, sem dúvida, o que eram" – constatação que se pode também tirar das obras de Grandin e Williams. Entretanto, uma grande parte das pesquisas psicanalíticas atuais sobre o autismo persiste em se situar numa perspectiva pós-kleiniana. Assim, os trabalhos de Geneviève Haag desembocam na construção de uma grade de referência clínica das grandes etapas da formação do eu corporal que põe o sujeito tratado num cabresto pouco propício a dar lugar às suas invenções.[88] Henri Rey-Flaud não esboça um quadro tão restritivo, mas – em seu trabalho *A criança que se deteve no limiar da linguagem*,[89] ao articular os trabalhos de Meltzer e

---

[85] B. GOLSE; S. LEBOVICI, "Quelques réflexions à propos de l'article de Jochen Stork et aussi à propos d'un livre et d'un reportage télévisé sur la communication facilitée", *Psychiatrie de l'enfant*, XXXIX, 1996, pp. 494-5.
[86] D. C. MEDZIANIK, *My autobiography*. Nottingham: Child development research / University of Nottingham, 1986.
[87] L. H. WILLEY, *Pretending to be normal: living with Asperger's syndrome*. Londres / Nova York: Jessica Kingsley Publishers, 1999.
[88] G. HAAG et col., "Grille de repérage clinique des étapes évolutives de l'autisme infantile traité", *Psychiatrie de l'enfant*, XXXVIII, 2, 1995, pp. 495-527.
[89] H. REY-FLAUD, *L'enfant qui s'est arrêté au seuil du langage. Comprendre l'autisme*. Paris: Aubier-Flammarion, 2008.

Tustin à teoria freudiana dos registros de inscrição – situa a clínica do autismo numa perspectiva genética que tende a minimizar a diversidade dos modos de funcionamento encontrados no espectro dela. Decerto sua abordagem conduz à evidenciação de um ponto capital – a predominância do signo para o autista –, mas a hipótese genética lhe constitui obstáculo à apreensão das potencialidades terapêuticas encobertas pelo recurso ao duplo e ao objeto autístico. Muitos psicanalistas contemporâneos, preocupados em vincular o autismo "verdadeiro" a esse ou aquele estágio de desenvolvimento, são forçados a considerar que aqueles que se chamam "autistas de alto funcionamento" não são mais autistas quando uma determinada evolução se produziu. De fato, quer se trate de capacidades cognitivas ou da utilização da linguagem, não se pode reduzir o autismo a uma parada nesse ou naquele estágio de desenvolvimento, visto que aquilo que é característica sua reside na simultaneidade de modos de funcionamento correspondendo a níveis de desenvolvimento heterogêneos. Para embarcar numa abordagem genética do sujeito autista, chega-se necessariamente a forçar a clínica, afirmando, por exemplo, que "seus primeiros vocábulos nunca expressam um afeto em face de uma mudança no mundo"[90] – ao passo que Kanner havia notado que acontece de uma criança autista sair pela primeira vez de seu mutismo expressando, muito pelo contrário, frases carregadas de afetos, tais como "tira isso de mim" ou "vai pro inferno". A abordagem genética visa construir limites arbitrários entre autismo "verdadeiro" e "personalidades pós-autísticas", os quais tendem a excluir a síndrome de Asperger do autismo "verdadeiro" – de encontro à impressão dos próprios sujeitos que, mesmo socializados e estabilizados, continuam se sentindo e se dizendo autistas. Se todos percebem intuitivamente a persistência de constantes em seu funcionamento, é algo para se

---

[90] L. DANON-BOILEAU, *La parole est un jeu d'enfant fragile*. Paris: Odile Jacob, 2007, p. 124.

considerar com atenção. Nós partiremos mais dessa hipótese do que de procurar enquadrar seus testemunhos em grades preestabelecidas.

Quem leva a sério a clínica de Asperger não pode deixar de ser induzido a uma abordagem estrutural do autismo. Com efeito, Asperger constata a existência de uma unidade do tipo clínico que ele isola, em razão da constância de traços "muito reconhecíveis" a partir da idade de dois anos, e que "perduram por toda a vida". Os sintomas, sublinha ele, "não mostram nada de evolutivo, seguem estáveis por toda a vida", até mesmo quando os sujeitos chegam a uma melhor adaptação ao entorno e a uma melhor inserção social: "O essencial continua invariável".[91] A opinião dos autistas de alto funcionamento fortalece esse ponto de vista: por mais adaptados que estejam, todos não param de se considerar autistas – todos constatam que algo no seu funcionamento de infância perdura na idade adulta. Resta saber em que consiste esse essencial que persiste. A partir do fim dos anos 1990, algumas raras pesquisas psicanalíticas foram empreendidas na tentativa de isolá-lo.

As elaborações de Rosine e Robert Lefort sobre o autismo infantil precoce são antigas. Elas se baseiam no tratamento de Marie-Françoise, criança autista com trinta meses quando Rosine Lefort a encontra, no início dos anos 1950.[92] As bofetadas que Marie-Françoise lhe dá na primeira sessão testemunham que, para essa criança, "o mundo é para destruir, ou destruí-la",[93] o que conduz os Lefort a apreender a estrutura do autismo como sendo dominada por uma relação destrutiva com o Outro. O Outro do autista seria

---

91 H. ASPERGER, *Les psychopathes autistiques pendant l'enfance, op. cit.*, pp. 106 e 138.
92 R. e R. LEFORT, *Nascimento do Outro, op. cit.*
93 R. e R. LEFORT, "L'accès de l'enfant à la parole, condition du lien social", *Bulletin du Groupe petite enfance*, 10, 1997, p. 21.

um Outro real, sem furo, sem objeto dedutível, impossibilitando toda e qualquer relação transferencial. "Há", afirmam eles, "uma vontade de gozo que se dirige ao corpo real do Outro no modo da via sadiana: ela visa à divisão do Outro – e não à sua completude, como no caso da psicose".[94] Ademais, não haveria nem S1 nem objeto a. Nada de balbucio – apontam eles, em 1997 – e, assim, nada de gozo do balbucio. Mas o autista é sensível ao S2. "Esse S2, em ausência de S1, não representa o sujeito." Com isso, na falta de alienação significante e de objeto pulsional separável, a questão do duplo parece fundamental na estrutura autística. "A divisão do sujeito se faz no real do duplo, no real do mesmo."[95] As noções principais que se destacam das suas pesquisas são a pulsão de destruição, o primado do duplo e a ausência de alienação significante, cortando a possibilidade de produzir uma mutação do real ao significante. Eles são os primeiros a sustentar, em 1996, a tese da existência de uma estrutura autística. Nós mostraremos o quanto a abordagem deles instaura noções essenciais para depreender as constantes inerentes ao espectro. Em vários pontos, a genialidade clínica excepcional que a interpretação do material do tratamento de Marie-Françoise testemunha encontra-se notavelmente confirmada por nossa pesquisa sobre as características do autismo de alto funcionamento.

A partir de 1996, Rosine e Robert Lefort tentam levar em conta os novos dados oriundos de contribuições de autistas de alto funcionamento. Eles constatam existirem "graus no autismo" e orientam-se pela demarcação de um autismo adulto "com a noção de personalidades autísticas – em que não faltam suplências – e a

---

94 F. ANSERMET; R. E R. LEFORT, "Entretien sur l'autisme. XXe journée du CEREDA, 11 janvier 1997", *Bulletin du Groupe petite enfance*, 1997, p. 177.
95 R. e R. LEFORT, "O autismo, especificidade". In: *O sintoma charlatão*. Traduzido por A. Harari. Rio de Janeiro: Jorge Zahar, 1998, p. 223.

conservação, senão exacerbação, da inteligência". Para apreender o que há de constante no autismo, eles extrapolam um modelo certamente pertinente, mas oriundo de um tratamento inacabado, que só durou alguns meses, com uma criança com pouco mais de dois anos que não se comunicava por meio da linguagem. Por isso pode-se duvidar que eles estejam focados no essencial quando, para delimitar a estrutura autística, sublinham os dois traços seguintes: "O sujeito está aí submetido à alternância real entre pulsão de vida e pulsão de morte, o que o liga intimamente à questão do seu duplo, em que o real o disputa com o imaginário".[96]

A predominância do duplo e a da pulsão de destruição constituem noções demasiado amplas e demasiado insuficientes para captar a estrutura do autismo. Correm o risco de fazer dela uma noção vale-tudo. Mais decisiva mostra-se a referência a certa carência da alienação significante – evidenciada, igualmente, nos trabalhos deles. Em 2001, em um trabalho intitulado *L'autisme et le génie: Blaise Pascal* [O autismo e a genialidade: Blaise Pascal] – em que, pela primeira vez, encontram-se mencionados Grandin, Williams e Sellin –, Rosine e Robert Lefort consideram que estão em condições "de ampliar consideravelmente o problema do autismo", de modo que a abordagem deles conduz "à singularidade excepcional de gênios universalmente reconhecidos": Edgar Allan Poe, Lautréamont e Blaise Pascal. (Eles anunciam um trabalho sobre a estrutura autística no qual serão estudados Proust, Hitler e o presidente Wilson).[97] Com efeito, em 2003, publicam *La distinction de l'autisme* [A distinção do autismo]. A partir da hipótese de um

---

96 R. e R. LEFORT, "L'accès de l'enfant à la parole, condition du lien social", *op. cit.*, p. 21.
97 R. e R. LEFORT, "L'autisme et le génie: Blaise Pascal". In: *Liminaire des XXXes journées de l'École de la Cause freudienne*. Paris: EURL Huysmans, 2001, pp. 55-79.

primado da pulsão de destruição, tentam precisar aí a especificidade de uma estrutura autística, debruçando-se sobre Marie-Françoise, Temple Grandin, Donna Williams, Birger Sellin, Edgar Allan Poe, Fiódor Dostoiévski, Lautréamont, o presidente Wilson, Blaise Pascal e Marcel Proust. Introduzem, assim, uma abordagem original da noção de estrutura, cujo estatuto epistemológico permanece incerto. Afirmam que Dostoiévski não é autista, mencionam "o inconsciente neurótico" de Proust,[98] mas também consideram que a estrutura autística é operante nesses sujeitos. Com isso, ao forjar uma nova estrutura transestrutural, a tese deles leva ou a repensar a abordagem da tripartição 'neurótico, perverso e psicótico' dos funcionamentos subjetivos – à qual, aliás, eles se referem constantemente –, ou a achegar a estrutura autística disso que outros, como Tustin, chamam de "um núcleo autístico", que discerniriam em diferentes patologias.

No campo das abordagens cognitivas, em razão das incertezas no que concerne aos limites da síndrome, a nova clínica espectral do autismo pena para achar o seu enquadre, de modo que não oferece proteção o suficiente contra extensões muito amplas – comparáveis às dos Lefort em seus últimos trabalhos. Ao se apoiar em alguns critérios comportamentais, Grandin se vê, também ela, conduzida a aproximar autismo e genialidade, de modo que discerne traços autísticos em Albert Einstein, Ludwig Wittgenstein e Vincent van Gogh – que foram, todos os três, crianças solitárias. O mesmo no que concerne a Bill Gates que, criança, tinha habilidades notáveis – capaz de recitar longas passagens da Bíblia sem se enganar –, e que, adulto, balança durante as negociações e nos aviões, apresentando, ademais, transtornos do contato visual e competências medíocres nas interações

---

98 R. e R. LEFORT, *La distinction de l'autisme*. Paris: Seuil, 2003, p. 172.

sociais.[99] Para quem considera que a síndrome de Asperger pode ser diagnosticada ao se notar a presença de alguns traços de comportamento, para quem atribui uma confiança ingênua à clínica superficial dos *DSM*, sua extensão cai facilmente na desmesura. Desde 1998, Norm Ledgin afirma, numa obra que ganha certa repercussão, que Thomas Jefferson, o terceiro presidente dos Estados Unidos, satisfazia cinco dos critérios requeridos para o diagnóstico.[100] Ele afirma uma subavaliação histórica deste, a qual se aplica a compensar numa obra ulterior, encontrando certos traços de "autismo leve" em Mozart, Marie Curie, Orson Welles, Albert Einstein, Gregor Mendel, Béla Bartók, Carl Sagan, Glenn Gould etc.[101]

Ao estender assim o campo do autismo, Grandin, Ledgin e os Lefort, a partir de pressupostos diferentes, desembocam em concepções que os separam das descobertas de Kanner e de Asperger. Estas convergem para delimitar uma síndrome caracterizada por atitudes de retraimento com relação aos outros, por uma dificuldade em agenciar as mudanças no entorno, por uma atração excepcional pelos objetos, por persistentes transtornos da linguagem e por um aparecimento precoce desses fenômenos (antes da idade de 24 a 36 meses). Asperger decerto evoca níveis de personalidade muito diferentes entre os psicopatas autísticos, dos quais ele coloca, em primeiro lugar, "a genialidade", mas atenua a expressão com a fórmula "ou isso que é quase genial em sua originalidade".[102] Sem dúvida ele está pensando em um matemático superdotado, ou em um outro sujeito, que se tornou professor de astronomia

---

99 T. GRANDIN, *Penser en images*, p. 215.
100 N. LEDGIN, *Diagnosing Jefferson*. Arlington (Texas): Future Horizons, 1998.
101 N. LEDGIN (2002) *Asperger's and self-esteem. Insight and hope through famous role models*. Tradução francesa: *Ces autistes qui changent le monde*. Paris: Salvator, 2008.
102 H. ASPERGER, *Les psychopathes autistiques pendant l'enfance*, op. cit., p. 116.

– é duvidoso que o salto do autista, de engenhoso a gênio, estivesse em conformidade com o seu pensamento. Seja lá o que for, até onde tenho notícia, nenhuma das personagens célebres citadas acima – tanto por Grandin quanto por Ledgin, ou pelos Lefort – apresentou precocemente o conjunto de características principais da síndrome autística.

Daí a proposição de outra abordagem psicanalítica da estrutura do autismo, procurando ficar mais perto da nova clínica espectral. Ela é esboçada em 1998, num artigo intitulado "Do autismo de Kanner à síndrome de Asperger".[103] A tese que propúnhamos ali se esforçava para apreender a especificidade do autismo a partir de duas características capitais: de um lado, o transtorno da enunciação, na pendência de uma carência da identificação primordial; do outro, uma defesa específica com base num objeto extracorpóreo, próprio para constituir a matriz de um Outro de síntese. A primeira constitui uma convergência essencial com os Lefort; em contrapartida, o estudo das defesas e da transferência autísticas é abordado de maneira diferente. Os recursos que os sujeitos autistas podem extrair do duplo e do objeto parecem ter sido insuficientemente apercebidos por eles, ao passo que é difícil compartilhar das suas abordagens intrinsecamente negativas da transferência autística. A impossibilidade dessa última, em razão de um primado da pulsão de destruição, não teria como pretender constituir uma característica do funcionamento autístico. Os Lefort ficaram entravados em sua abordagem do autismo de alto funcionamento pelo fato de não conceberem saída do autismo infantil precoce para além da paranoia ou da morte![104] Vários tratamentos de crianças autistas

---

103 J.-C. MALEVAL, "De l'autisme de Kanner au syndrome d'Asperger", *L'évolution psychiatrique*, 3, 63, 1998, pp. 293-309.
104 R. e R. LEFORT, "Autisme et psychose. Deux signifiants: 'partie' et 'cassé'. In: *L'autisme et la psychanalyse*. Toulouse: Presses universitaires du Mirail, 1992,

mostraram que a transferência pode se estabelecer de modo duradouro sem cair na destrutividade. Basta evocar aí dois dos mais conhecidos, os de Dick e Dibs – inclusive os de Tustin. Ademais, Donna Williams menciona um tratamento freudiano com um psiquiatra – no qual ela procura agradá-lo – que funciona para ela "como um espelho", e que acaba numa amizade duradoura e persistente para além da terapia.[105] Em todo caso, a compreensão das diferentes posições assumidas pelo sujeito no espectro do autismo, ensaiadas no artigo de 1998, não é suficientemente isolada por uma análise unicamente centrada no objeto autístico. A esse respeito, Temple Grandin mostra-se uma exceção: num autista de alto funcionamento, a persistência de um objeto autístico complexo – sua máquina de apertar – continua rara.

No início do século XXI, a abordagem psicanalítica do autismo ainda parece não estar livre de dois entraves capitais. O primeiro é a ancoragem do próprio termo 'autismo' na esquizofrenia de Bleuler: para muitos, o autismo infantil precoce seria uma forma grave de esquizofrenia – essa intuição podia levar os próprios Lefort a considerar que a evolução do autismo se fazia rumo à psicose. O segundo entrave é a forte resistência à noção de "espectro do autismo": ela se revela dificilmente compatível com as abordagens genéticas forçadas a compreender os autistas de alto funcionamento como tendo saído do autismo. Entretanto, esse não é o parecer desses últimos, que testemunham uma persistência do seu funcionamento autístico – alguns tendo como descrevê-lo com um refinamento de análise impressionante, e revelando-se, nesse ponto, totalmente convincentes. O espectro do autismo é uma noção vaga, com limites tênues; ela se impõe, contudo, a partir da clínica, e não de uma hipótese etiológica; ela sugere a existência de um

---

pp. 237 e 246.
105 D. WILLIAMS, *Si on me touche, je n'existe plus, op. cit.*, p. 192.

mesmo modo de funcionamento subjetivo por trás de uma grande variedade de quadros clínicos; ela implica a tese segundo a qual a evolução do autismo se faz essencialmente rumo ao autismo, e ela fortalece a intuição de Asperger segundo a qual "o essencial continua invariável". A existência de uma estrutura autística parece decantar da constatação de um espectro clínico.

> *A persistência no tempo da personalidade autística típica* [escreve Asperger] *constitui um índice crucial que testemunha claramente que ela é uma entidade natural. A partir do segundo ano de vida, já se encontram os traços característicos que continuam indubitavelmente nítidos e constantes durante a vida inteira. É claro que a inteligência e a personalidade se desenvolvem e, no decorrer dessa evolução, certos traços se afirmam ou regridem, de tal modo que os problemas apresentados variam consideravelmente. Não obstante, seus aspectos essenciais continuam inalterados. Na primeira infância, eles encontram dificuldades na aquisição de competências simples no domínio da vida prática e da adaptação social. Essas dificuldades provêm de um mesmo transtorno que provoca, na idade escolar, problemas de aprendizagem e de comportamento; na adolescência, problemas relativos ao trabalho e aos desempenhos; depois, na idade adulta, conflitos sociais e conjugais. Assim, afora sua sintomatologia própria, é sua constância que faz do autismo uma entidade particularmente reconhecível.*[106]

---

106 H. ASPERGER, "Die autistischen Psychopathen im Kindersalter", *Archiv für Psychiatrie und Nerverkrankheiten*, 117, 1994, p. 76-136. Tradução inglesa em U. Frith, *Autism and Asperger syndrome, op. cit.*, p. 68.

Falta isolar as constantes essenciais que constituem essa estrutura original de funcionamento subjetivo.

Essa não é a opinião, porém, do legislador que decidiu, na França, com a lei de 11 de dezembro de 1996, que o autismo não é um modo de funcionamento específico, mas uma deficiência – tomando imprudentemente um partido, assim, nos complexos debates científicos. Seria preciso concluir que o presente trabalho está fora da lei? E submetê-lo à censura? Entretanto, mesmo alguns especialistas partidários de uma abordagem cognitiva se erguem contra a redução do autismo a uma deficiência. Ele constitui uma "diferença que caracteriza uma minoria constitutiva da diversidade do humano", segundo Mottron – que se recusa a considerá-lo uma doença ou, até mesmo, uma deficiência. Apenas, precisa ele, a componente "deficiência intelectual", quando existe de modo estabilizado no autista, representa uma deficiência.[107] Os autistas de alto funcionamento que interagem na internet – e que, por vezes, agrupam-se em associações – compartilham hoje, em sua maioria, dessa opinião. Jerry Newport ecoa isso afirmando aos seus compatriotas: *Your life is not a label* [Sua vida não é um rótulo]. A sua vida profissional e familiar não lhe parece em nada diferente da de tantos outros americanos, de modo que dificilmente suporta ser designado como "deficiente", uma vez que ele próprio sempre se considerou "diferentemente capaz": não *disabled*, escreve ele, mas *differently-abled*.[108]

A abordagem psicanalítica recusa a hipótese do homem normal: Freud preferia supor que a maioria dos mecanismos

---

[107] L. MOTTRON, *L'autisme: une autre intelligence. Diagnostic, cognition et support des personnes autistes sans déficience intellectuelle.* Sprimont (Bélgica): Mardaga, 2004, p. 148.
[108] J. NEWPORT, *Your life is not a label.* Arlington (Texas): Future Horizons, 2001, p. IX.

patológicos eram inerentes a todo ser humano. O homem normal é uma ficção estatística que constrói um ser abstrato, que supostamente se desenvolve em etapas predefinidas, das quais nenhuma teria como faltar – graças ao que estaria isento de angústias e de sintomas. Ninguém jamais o encontrou.

> *Quando ouço falar em homem comum, em pesquisa doxa, em fenômenos de massa e em coisas desse gênero, penso em todos os pacientes que vi passar no divã em 40 anos de escuta. Não há um, em nenhuma medida, que seja parecido com outro; nenhum tem as mesmas fobias, as mesmas angústias, a mesma forma de contar, o mesmo medo de não compreender. O homem médio, quem é esse? Eu, vocês, meu porteiro, o presidente da república?*[109]

A especificidade da abordagem psicanalítica consiste em considerar que o sujeito possui um saber essencial sobre o seu modo de funcionamento, por isso deve ser levado a sério aquilo que os autistas dizem sobre eles mesmos.

---

109 J. LACAN, "Il ne peut y avoir de crise de la psychanalyse", palavras recolhidas por Emilio Grazotto, *Le magazine littéraire*, fevereiro de 2004, 428, p. 28.

2. "Sobretudo verborrágicos", os autistas[1]

A representação mais corrente da criança autista faz dela um ser mudo, de modo que Lacan surpreende, em 1975, na ocasião de uma de suas raras indicações concernentes a esses sujeitos, qualificando-os como "verborrágicos": "Que vocês tenham dificuldade de ouvir, de dar alcance ao que eles dizem, isso não impede que eles sejam personagens sobretudo verborrágicos".[2] Alguns anos mais tarde, incita novamente que se dirija a atenção à especificidade da enunciação deles, mais do que se centrar nas conotações de retraimento inerentes ao empréstimo do termo de Bleuler:

---

1 Este capítulo fora publicado com o título "'Plutôt verbeux' les autistes" em *La cause freudienne*, 66. Paris: Navarin, maio de 2007, pp. 127-40 ["'Sobretudo verbosos', os autistas". *Latusa*. Rio de Janeiro: Escola Brasileira de Psicanálise, 2007, pp. 69-91. Embora tenha se consagrado no Brasil a utilização do vocábulo *verbosos*, opto aqui por *verborrágicos* — termo menos obscuro em língua portuguesa e que me parece mais adequado ao excerto lacaniano em questão [N. T.]]. Ele foi revisto e ampliado.
2 J. LACAN, "Conférence à Genève sur 'Le symptôme' du 4 octobre 1975", *Bloc-notes de la psychanalyse*. Genebra, 1985, 5, p. 20.

> *Há pessoas para quem dizer algumas palavras não é tão fácil. Chama-se isso de autismo. Como se fosse simples! Não é necessariamente isso, de jeito nenhum. São meramente pessoas para quem o peso das palavras é muito sério, e que não estão facilmente dispostas a ficar numa boa com essas palavras.*[3]

É verdade que mais da metade das crianças autistas fala, e que suas verbalizações são originais: elas sugerem a Kanner, logo de início, as noções de "linguagem de papagaio" ou de "ecolalia de efeito retardado". Os pais notam, às vezes, que elas adquirem palavras novas com facilidade, sem, contudo, aprenderem a falar – no sentido em que a fala testemunhe uma expressividade do sujeito. Eles descrevem o fenômeno apontando que a criança pronuncia palavras, mas não as utiliza. Sabe-se, ademais, que o emprego correto do "Eu" é sempre tardio e, às vezes, não chega a acontecer. No outro extremo do espectro clínico, encontramos regularmente – nos autistas de alto funcionamento – uma voz artificial, particular, sem expressividade. Além disso, as palavras são "mais emitidas do que faladas"; elas provêm de um "repertório mental memorizado", e nada é mais difícil para esses sujeitos do que uma "expressão pessoal"[4]. De modo geral, os especialistas em síndrome de Asperger notam que a dificuldade em falar de si e em expressar sentimentos íntimos é uma das suas características, ao passo que aqueles que apresentam essa síndrome frequentemente exasperam aqueles que os cercam com conversas unilaterais e perguntas incessantes.[5] "Em se tratando

---

3   J. LACAN, "Conférences nord-américaines", *Scilicet*. Paris: Seuil, 6/7, 1976, p. 46.
4   D. WILLIAMS (1994) *Quelqu'un, quelque part*. Paris: J'ai lu. 1996, p. 73.
5   T. ATTWOOD (1999) *Le syndrome d'Asperger et l'autisme de haut niveau*. Paris: Dunod, 2003, pp. 41 e 46.

de seu assunto predileto," escreve Attwood, "o entusiasmo lhes inspira um discurso verborrágico, chegando a uma verborreia incessante".[6] Uma autista de alto funcionamento como Temple Grandin apresentou um retardo importante com relação à aquisição da fala; mas, quando a adquiriu, foi apelidada de "gralha": ela fazia repetidamente a mesma pergunta e esperava, com prazer, a mesma resposta; sustentava discursos sem fim sobre assuntos que detinham a sua curiosidade; adorava brincar com jogos de associação de palavras. Mais tarde, no secundário, seus colegas deram a ela o nome de "vitrola",[7] enquanto outros a chamaram de "gravador" etc. Donna Williams descreve uma outra forma de verborreia, sublinhando sua inexpressividade intrínseca: "As asserções que não tinham relação comigo e que não suscitavam minhas preocupações me despencavam da boca como as gozações de um comediante de *music-hall*".[8] Ela conhece um outro autista que lhe parece funcionar como ela, pois "tinha dominado a arte de 'falar atirando palavras', sendo ele próprio completamente surdo ao sentido".[9] Joffrey Bouissac[10] revela que chegou a lhe acontecer de falar

> completamente só durante dias inteiros, como um disco riscado [...] Eu falo completamente só, sobretudo quando me fixo em alguma coisa, como quando tínhamos um cachorro, Cannelle, e que eu não parava de falar sozinho

---

6   Ibid., p. 64.
7   T. GRANDIN (1983) *Uma menina estranha*. São Paulo: Cia. das Letras, 1999, pp. 41 e 87.
8   D. WILLIAMS, *Si on me touche, je n'existe plus*. Paris: Robert Laffont, 1992, p. 89. *Music-hall*: espetáculo de variedades. [N. T.]
9   D. WILLIAMS, *Quelqu'un, quelque part, op. cit.*, p. 252.
10 Joffrey Bouissac tem um *blog* em que, todos os dias, faz comentários diversos e dá informações meteorológicas — um de seus assuntos prediletos. Cf. <http://joffrey.bouissac.fr/>. [N. T.]

> *dizendo, por exemplo: "A cachorra vai comer". Na época bancava o papagaio, pois durante dias inteiros eu repetia "o gato"; em outra época, "a Suíça"; em outra, "o mar". Também teve outro período em que eu falava sozinho, foi quando aconteceu o incêndio em Sermersheim – pois vi um enorme fogaréu e isso me deixou em pânico. Depois fiquei fixado na casa queimada, não parava de cantar a mesma frase, "a parede da barraca está pegando fogo", e eu falava completamente só, sem parar.[11]*

O fato de a representação mais comum da criança autista fazer dela um ser mudo repousa numa certa presciência da carência enunciativa que determina essa patologia: ela não teria como ser mais evidente do que nesse silêncio obstinado. Quando o sujeito autista procura comunicar, ele o faz tanto quanto possível de uma maneira que não coloque em jogo nem o seu gozo vocal, nem a sua presença, nem os seus afetos. Se há uma constante discernível em todos os níveis do espectro do autismo, ela reside na dificuldade do sujeito em tomar uma posição de enunciador. Ele fala sem problemas, contanto que não diga.

De encontro a trabalhos contemporâneos que se norteiam por transtornos precoces da percepção da voz materna,[12] ou por transtornos que revelariam por meio de imagens cerebrais uma incapacidade de ativar áreas de reconhecimento da voz humana,[13] nosso trabalho incide na voz do sujeito autista enquanto algo que

---

11 J. BOUISSAC, *Journal d'un adolescent autiste. Qui j'aurai été...* Colmar: Les Editions d'Alsace, 2002, p. 44-5.
12 S. MAIELLO, "Traumatisme prénatal". In: J. AIN (Org.) *Survivances: de la destructivité à la créativité*. Ramonville-Saint-Agne: Érès, 1999, pp. 49-65.
13 H. GERVAIS et al., "Abnormal cortical voice processing in autism", *Nature Neuroscience*, 2004, 7, 8, pp. 801-2.

constitui um objeto de gozo, cuja importância decisiva no funcionamento pulsional Lacan colocou em evidência. Com relação aos outros três objetos pulsionais – oral, anal e escópico –, a voz tem o privilégio de ser o que comanda o investimento da linguagem, esse "aparelho do gozo" que permite estruturar o mundo das imagens e das sensações do *infans*.

A verborreia do autista não é essencialmente gozo solitário da voz; muito pelo contrário, ela opera para apartá-lo, pois ele aterroriza o sujeito. Na infância, assim como fala apagando a voz, o autista geralmente tapa os ouvidos. A voz enquanto objeto pulsional não é a sonoridade da palavra, mas aquilo que carrega a presença de um sujeito em seu dizer. É uma constante capital do funcionamento autístico proteger-se de toda e qualquer emergência angustiante do objeto voz. Da sua própria, pela verborreia ou pelo mutismo; da do Outro, pela evitação da interlocução. A verborreia autística é um exercício tranquilizador de fala no qual a voz é apagada, não colocada no lugar do Outro, de um modo que ela não divide o sujeito – e que ele pode, sobre ela, conservar o controle.

A voz do autista, não falicizada, causa-lhe horror; é por isso que ele consagra tantos esforços para soterrá-la. Um fenômeno – registrado por vários clínicos, e que sempre lhes parece muito enigmático – manifesta isso claramente. Sempre se constatou que, de vez em quando, autistas calados saem por um instante do seu silêncio – pronunciando uma frase perfeitamente construída, antes de retornarem ao seu retiro mudo. Porém, é característico que isso se produza quase sempre em situações críticas que extravasam as estratégias protetoras do sujeito, fazendo-o abandonar, por um instante, a sua recusa em convocar o Outro e a sua recusa em inscrever a voz na fala. O que eles dizem, com efeito, nesses momentos? A primeira frase pronunciada por Birger Sellin é "me dá a minha bola", dirigida a seu pai, que havia acabado de lhe tomar um de seus objetos autísticos.[14] Um garoto de cinco anos, relata Berquez,

> que ninguém nunca ouvira pronunciar uma palavra sequer em toda a sua vida, incomodou-se quando a pele de uma ameixa colou em seu palato; ele exclamou, então, claramente: "Tira isso de mim", depois retornou ao seu mutismo anterior. Uma outra criança calada, de quatro anos, ao ser examinada por um pediatra, gritou: "Quero ir pra casa"; e, um ano mais tarde, quando de uma hospitalização por uma bronquite, berrou: "Quero voltar".[15]

Com dez anos, Jonny falava durante o sono – parecia conversar com seu cachorro e seu panda –, mas só tinha pronunciado duas frases: "Vai pro inferno" e "Não consigo".[16] Ainda um outro, também ele calado, posto numa instituição, "ao se recusar a comer no refeitório, suscitou a exasperação do seu educador que, perdendo a paciência, lhe disse: 'Come isso daí!' – e foi surpreendido ao receber como resposta instantânea, e sem mais: 'Eu não gosto de salame'".[17] Fala jamais ouvida, comenta Rey-Flaud, "que toda vez deixa as testemunhas desconcertadas diante dessa subjetividade plena e realizada, parecendo ter surgido apenas para desaparecer tão logo se abata um perigo inefável, inapreensível para o entorno".

---

14 B. SELLIN, *Une âme prisonnière*, op. cit., p. 24.
15 G. BERQUEZ, *L'autisme infantile*, op. cit., p. 107.
16 M. ROTHENBERG (1977) *Des enfants au regard de pierre*. Paris: Seuil, 1979, p. 37.
17 H. REY-FLAUD, *L'enfant qui s'est arrêté au seuil du langage. Comprendre l'autisme*. Paris: Aubier-Flammarion, 2008, p. 17.

Todas essas frases têm um ponto em comum: a presença do sujeito da enunciação encontra-se ali claramente marcada, o endereçamento ao Outro ali se afirma, seu caráter assertivo – até mesmo imperativo – testemunha o gozo vocal que as suporta. Porém, nada é mais maçante que isso para a criança autista. É só no cúmulo da angústia que ela pode deixar escapar um enunciado desses, ele próprio extraordinariamente angustiante, vivido como uma mutilação, uma vez que coloca em jogo não somente a alteridade, mas uma cessão do objeto do gozo vocal ao gozo do Outro. Bem longe de reiterar essa experiência angustiante, o sujeito procura se proteger da sua repetição, refugiando-se num silêncio ainda mais profundo. É justamente assim que uma grande clínica, como é o caso de Mira Rothenberg,[18] explica intuitivamente as razões do mutismo de Jonny – tão radical que ele fora considerado, durante muito tempo, como sendo surdo. Ao olhá-lo e ouvi-lo, relata ela, "compreendi que ele queria escapar do som da sua própria voz, do mesmo jeito que anteriormente havia tentado fugir das vozes do seu entorno. Falar ou ouvir eram, para ele, responsabilidades pesadas demais".[19] Quando uma criança autista começa a falar, acontece de as pessoas próximas particularmente atentas fazerem constatações semelhantes. T. Morar escreve a propósito do filho:

Ele falava como quem estivesse preso num tipo de armadilha: contra a vontade. Surpreendido por uma pergunta ou uma afirmação falsa, a resposta vinha a despeito dele.

---

18 Psicóloga clínica com mais de quarenta anos de experiência em distúrbios infantis, Mira Rothenberg é cofundadora e diretora do Blueberry Treatment Centers, Inc. — a primeira agência terapêutica reconhecida internacionalmente para o tratamento de crianças autistas e esquizofrênicas — e autora de *Children with emerald eyes: histories of extraordinary boys and girls* (North Atlantic Books, 1960/2003). [N. T.]
19 M. ROTHENBERG, *Des enfants au regard de pierre*, op. cit., p. 36.

Censurava-se imediatamente, como se dissesse: "Putz, falei!". Sentíamos que tinha vontade de engolir de volta a sua resposta. Como se houvesse um perigo em falar.[20]

Porém, não se trata de uma recusa em se comunicar, pois T. Morar havia observado anteriormente – quando seu filho Paul permanecia mudo, apesar dos esforços dela – que, quando ela lhe fazia perguntas, ele encontrava outro meio de responder que não a fala. "Nós nos perguntávamos", escreve ela, "se não era de propósito que ele não falava".[21] As suas intuições no que concerne às causas dessa recusa não deixam de ter pertinência. "Aceitar falar é também aceitar as coerções da linguagem: ser obrigado a responder e a obedecer é muito mais enfastiante do que fazer de conta [*faire semblant*] que não está ouvindo ou não está compreendendo e, assim, conservar uma total liberdade".[22] Ninguém mais que o autista é um sujeito livre, dolorosamente livre – com uma liberdade potencial que um engajamento deterioraria. Ele rejeita toda e qualquer dependência com relação ao Outro: recusa ceder o objeto do seu gozo vocal, de modo que resiste radicalmente à alienação do seu ser na linguagem. Suas estratégias de saída do isolamento – que funcionam por cissiparidade,[23] tomando apoio num duplo – não desmentem isso. Elas podem chegar a dar a Joey a ilusão de ter

---

20 T. MORAR, *Ma victoire sur l'autisme*. Paris: Odile Jacob, 2004, p. 103.
21 Uma outra mãe de criança autista sublinha que as dificuldades da sua filha parecem se ancorar numa "fraqueza proposital". Ela dá diversos exemplos de situações que sugerem fortemente que "suas inaptidões parecem não apenas propositais, mas ainda resguardadas ciosamente" (C. C. PARK, *Histoire d'Elly. Le siège, op. cit.*, p. 65).
22 T. MORAR, *Ma victoire sur l'autisme*, op. cit., p. 101.
23 Conforme o *Houaiss*: 'Divisão binária': processo de reprodução assexuada que consiste na divisão de um organismo unicelular em dois organismos semelhantes. [N. T.]

botado e chocado um ovo, e se feito nascer.[24] O controle importa mais do que tudo, afirma Williams; ela discerne que "a sensibilidade própria à sensação de viver [deve] ser repelida",[25] pois introduz no mundo caótico e misterioso das emoções – daí a defesa primeira que poda a possibilidade de conectar o gozo à fala.

A posição do sujeito autista parece se caracterizar, assim, por não querer abrir mão do gozo vocal. Disso resulta que a incorporação do Outro da linguagem não se opera. O autista não situa a sua voz no vazio do Outro, o que lhe permitiria inscrever-se sob o significante unário da identificação primordial. É preciso esclarecer que a voz, no sentido do objeto pulsional, não é a entonação: ela não é do registro sonoro; ela está fora do sentido. Do mesmo modo que o olhar suporta o que falta no campo da visão, a voz encarna o que falta no campo verbal. "A voz", precisa Jacques-Alain Miller, "é a parte da cadeia significante que não pode ser assumida pelo sujeito como 'eu' e que é subjetivamente atribuída ao Outro".[26] A castração simbólica apaga a presença da voz no real, torna o sujeito surdo a ela, ao passo que ele fica apto a conectá-la ao dizer. Em contrapartida, às vezes a voz pode se fazer ouvir para o sujeito psicótico, em particular nas alucinações – sabe-se que, aí, ela expressa essencialmente insultos. O autista não é nada alucinado, mas não há o que o angustie mais do que o objeto vocal; daí o seu horror quando ele o ouve se manifestando num imperativo que lhe escapa, ou quando o outro lhe fala, afirmando sua presença enunciativa.

---

24 B. BETTELHEIM, *A fortaleza vazia*, op. cit., p. 350
25 D. WILLIAMS, *Quelqu'un, quelque part*, op. cit., p. 180.
26 J.-A. MILLER (1989) "Jacques Lacan e a voz" [Traduzido por L. A. de Moraes e R. Ceccheti], *Opção lacaniana online*, 4(11), julho de 2013, p. 11.

A verborreia do autista parece, então, ter como função sufocar e conter uma voz cuja manifestação ele teme. O ouvido do autista não está fechado para a voz: conhece-se a sua sensibilidade aos ruídos que nenhuma afecção nos aparelhos sensoriais explica. Ele não dispõe desse objeto equilibrante – análogo aos grãos de areia que certas dáfnias introduzem no utrículo – a fim de regular o seu aparelho estatoacústico. Lacan utiliza essa analogia para ilustrar a incorporação da voz do Outro; ela se opera pelo viés da inscrição do sujeito e do seu gozo vocal sob o significante unário. "Uma voz", comenta Lacan, "não é assimilada, mas incorporada".[27] Quando ela cai do órgão da fala, permite modelar o vazio do Outro, fazendo dele um lugar apto a receber um significante portador da enunciação. Porém, para o autista, não é esse o caso; a falta do Outro não está pacificada: ele recusa situar aí a sua voz. Na falta de incorporá-la, ele a retém.

A voz é um objeto pulsional que apresenta a especificidade de comandar a identificação primordial, de modo que a recusa em ceder o gozo vocal afeta a inscrição do sujeito no campo do Outro. "O que me prende ao Outro", sublinha Jacques-Alain Miller, "é a voz no campo do Outro".[28] Quando essa amarração não se produz, o significante não cifra o gozo, de modo que o significante unário – próprio para representar o sujeito perante os outros significantes – não desempenha sua função.

Entretanto, os autistas sofrem com a solidão; muitos procuram embarcar na comunicação. Mas como fazer isso sem colocar o gozo vocal em jogo? Alguns encontram a solução numa linguagem de gestos, ou de signos, e até mesmo passam pela escrita ou pela

---

27 J. LACAN (1962-63) *O seminário, livro 10: A angústia*. Traduzido por V. Ribeiro. Rio de Janeiro: Jorge Zahar, 2005.
28 J.-A. MILLER, "Jacques Lacan e a voz", *op. cit.*, p. 12.

comunicação facilitada. A maioria dos autistas de alto funcionamento fala corretamente, mas sem dizer. Eles se mostram verborrágicos com bastante frequência.

A extraordinária descrição dos mecanismos autísticos realizada pela sutil Donna Williams, quando ela introduz ao entendimento desse fenômeno, merece ser citada bem longamente: "Na melhor das hipóteses", escreve ela em 1992, em *Nobody nowhere* [Ninguém em lugar nenhum], "a pessoa que sofre de autismo não pode falar fluentemente, contanto que engane e iluda a sua mente, fazendo com que ela acredite:

> *1º) que o que ela tem a dizer não tem importância emocional alguma – isto é, que ela está tagarelando como se nada fosse;*
> *2º) que aquele que a escuta não poderá alcançá-la, nem detectar suas intenções por meio das palavras que ela emprega – isto é, que deverá se expressar por intermédio de um jargão ou da "linguagem de poeta";*
> *3º) que seu discurso não é destinado diretamente ao interlocutor – o que quer dizer que ela falará por intermédio de objetos, ou seja, com os próprios objetos (compreendida aí a escrita, que é uma forma de falar por intermédio do papel);*
> *4º) que não se trata verdadeiramente de um discurso – ela poderá muito bem cantar, então, uma ária apropriada;*
> *5º) que, por fim, a conversa não tem nenhum conteúdo afetivo – o que quer dizer contentar-se em relatar fatos simples, ou em dizer banalidades ou futilidades.*[29]

---

29 D. WILLIAMS, *Si on me touche, je n'existe plus*, op. cit., p. 298.

As cinco possibilidades consideradas aqui por Williams, para permitir ao autista tomar a palavra sem despertar demais a angústia, podem finalmente ser relacionadas à rápida, porém essencial, indicação de Lacan: o autista pode falar, contanto que se mantenha verborrágico. Williams especifica diversas maneiras de se expressar de forma verborrágica efetivamente utilizadas pelos sujeitos autistas: 1º) falar para não dizer nada; 2º) falar para não ser compreendido; 3º) falar sem se dirigir ao interlocutor; 4º) cantar não é falar (cantar não convém à comunicação séria; a presença enunciativa encontra-se reduzida); 5º) dizer apenas coisas sem importância. Menciona ainda outra possibilidade, utilizada por Willie, um dos seus duplos: "Ele tinha aprendido", diz-nos ela, "a argumentar todos os pontos de vista; mas, particularmente, nunca adotava nenhum. Para mim isso não passa de uma forma de brincar com as palavras, mas era tremendamente divertido". Falta nessa enumeração uma das formas mais corriqueiras: a reiteração de palavras sabidas de cor. O ponto comum de todos esses modos de não expressão reside na recusa em engajar aí o que quer que seja de íntimo: que nada atinente ao gozo do sujeito transpareça.

Se acreditamos em Williams, ser verborrágico está no princípio da maioria das tomadas de palavra do autista. Ela sugere, com isso, que a indicação de Lacan incide bem além de uma simples notação descritiva, mas visa ao essencial: o autista encontra-se situado como o sujeito que recusa que o objeto do gozo vocal seja posto em funcionamento. "Como várias crianças inicialmente mudas mais tarde nos disseram," relata Bettelheim, "não falavam porque isso lhes deixaria o cérebro totalmente vazio".[30] O ato de fala teria engajado na interação o objeto maior do seu gozo, o que a voz constitui para elas, e teria sido sentido como uma mutilação, até mesmo como um cataclismo. Quando o autista sai do seu

---

30   B. BETTELHEIM, A fortaleza vazia, p. 65.

mutismo, ele persiste no esforço de não engajar a sua voz num apelo ao Outro. Na escola primária, relata Williams, "eu falava alto sem parar, incomodando todo mundo. Diziam que eu simplesmente adorava o som da minha própria voz. Era bem isso, provavelmente". Talvez a achassem inteligente, comenta, mas nem um pouco sensata. "Eu menos falava para as pessoas do que monologava, deixando-as pelas tampas – como se toda conversa devesse se resumir a isso".[31] O solilóquio tenta solucionar a dificuldade com a qual o autista se confronta, para quem a solidão se torna dolorosa: ele permite ir em direção ao outro, arremedando o esboço de uma conversa, sem engajar a voz.

Há tempos a clínica mais manifesta do autismo tem sublinhado a importância de dificuldades inerentes à enunciação. Pode-se, invariavelmente, assinalar anomalias de linguagem, afirma Asperger. Porém, aquelas que ele coloca como epígrafe concernem essencialmente a características da enunciação. Elas diferem de um caso a outro, evidentemente:

> *Às vezes, a voz é fraca e distante; às vezes, ela é afetada e fanha; mas, às vezes, demasiado aguda, chegando a ser estridente. Em outros casos, ainda, a voz é um murmúrio melodioso e monótono, cujo tom não desce nem no final das frases. Às vezes, a dicção é modulada em excesso, a ponto de parecer recitar versos, declamando-os com ênfase. Por mais diversas que sejam as possibilidades, todas elas têm um ponto em comum: essa linguagem parece artificial, e até caricatural; chega mesmo a suscitar no ouvinte inocente uma sensação de ridículo. Outra das características da linguagem autística reside no fato de*

---

[31] D. WILLIAMS, *Si on me touche, je n'existe plus*, op. cit., pp. 44 e 50.

> que ela não é endereçada, e o indivíduo parece falar no vazio.³²

Em resumo, mesmo os autistas de alto funcionamento conservam dificuldades no manejo de características prosódicas da linguagem, tais como entonação, altura da voz, ritmo, fluidez e ênfase dada às palavras.

> Para eles, um murmúrio pode, de repente, transformar-se num grito; ou subitamente uma voz grave, dar lugar a uma voz aguda. Tudo acontece como se não chegassem a avaliar o volume sonoro necessário para atingir o seu interlocutor – e pecassem, então, quer por excesso, quer por falta. O ritmo também coloca problemas semelhantes. Assim, a mãe de uma criança autista me dizia recentemente: "Se eu conseguisse fazer só com que ele falasse mais devagar, talvez as pessoas já o compreendessem". Por outro lado, para alguns indivíduos autistas falta totalmente a entonação; seu discurso é, então, percebido como uma salmodia pedante. Do contrário, acontece também de, com uma voz aparentemente bem modulada, o indivíduo autista fazer um comentário absurdo ou repetir sempre a mesma coisa.³³

Resumindo, a maioria dos autistas verborrágicos poderia prestar contas, assim como Williams, do seu "correio de voz meio abafado".³⁴

---

32 Ibid., p. 70.
33 U. FRITH, L'énigme de l'autisme, op. cit., p. 218.
34 D. WILLIAMS, Everyday heaven. Journeys beyond the stereotypes of autism.

Desde as primeiras observações, Kanner sabe ir ao essencial, apontando que a linguagem não lhes serve para a comunicação.

> *Durante anos, em nenhuma das oito crianças "falantes" a linguagem servia para transmitir mensagens aos outros [...]. A excelência da sua capacidade de memorização decorada, associada à sua incapacidade de utilizar de uma outra maneira a linguagem, com frequência conduziram os pais a entupi-las com poesia, termos zoológicos e botânicos, títulos e compositores de músicas de vitrola e outras coisas semelhantes. Dessa maneira, a linguagem – que não era utilizada por estas crianças para se comunicar –, desde o início, foi consideravelmente desviada para se tornar um exercício de memória independente, sem nenhum valor semântico nem conversacional, ou comportando graves distorções. Todas essas palavras, números e poemas ("perguntas e respostas do catecismo presbiteriano"; "concerto para violino de Mendelssohn", "o Salmo 23", uma canção de ninar em francês, a página do índice de uma enciclopédia) dificilmente fariam mais sentido para uma criança de 2 ou 3 anos do que um conjunto de sílabas sem significação para os adultos.*[35]

Quando, no entanto, o autista aceita que a sua linguagem sirva à comunicação, não paramos de observar que subsiste uma

---

Londres e Nova York: Jessica Kingsley Publishers, 2004, p. 35.
35 L. KANNER, "Os distúrbios autísticos do contato afetivo", *op. cit.*, p. 157-158; trad. modificada.

carência intrínseca da enunciação: "Não posso fazer isso oralmente", relata um dos sujeitos de Asperger, "só de cabeça".[36]

Em todos os níveis de evolução do autismo persiste, em graus diversos, um mesmo transtorno: a extrema dificuldade, não de adquirir a linguagem, mas de tomar uma posição de enunciação. Uma vez que a linguagem não é investida pelo gozo vocal, ela é inicialmente vivenciada por esses sujeitos como um objeto sonoro que eles não percebem que serve para a comunicação. "Não usei a linguagem para fins comunicativos antes dos doze anos de idade," um deles confessa, "não porque não fosse capaz, mas eu simplesmente não sabia para que é que ela servia. Para aprender a falar, é preciso saber, de antemão, por que se fala".[37] Um outro explica:

> *Antes que eu me conscientizasse de que as pessoas falam comigo e que eu me desse conta de que sou um ser humano – mesmo que seja um pouco diferente dos outros –, isso levou bastante tempo. Jamais pensei que pertencesse à categoria dos seres humanos, porque eu não via que eles eram diferentes dos objetos.*[38]

Na falta de conceber que as palavras servem para comunicar e para expressar seus sentimentos, os autistas efetuam uma apreensão objetal dos outros, bem como deles próprios. Conceber o

---

36 Ibid., p. 71.
37 J. SINCLAIR, "Bridging the gaps: an inside-out view of autism". In: E. SCHOPLER; G. MESIBOV, *High functioning individuals with autism*. Nova York: Plenum Press, 1992, citado por T. PEETERS, *L'autisme*. Paris: Dunod, 1996, p. 85.
38 T. JOLIFFE; R. LANDSDOWN; C. ROBINSON, "Autism, a personal account". *Communication*, vol. 26, 3, citado por T. PEETERS, *L'autisme*. Paris: Dunod, 1996, p. 107.

Outro como um objeto sonoro, e não como um sujeito expressivo, constitui uma das maneiras autísticas de se proteger das manifestações do seu desejo.

A dissociação entre a voz e a linguagem está no princípio do autismo. Trata-se de um transtorno que geralmente envolve deficiências cognitivas, mas não encontra nelas aquilo que o determina. Recusar apelo ao Outro e recusar a alienação do ser de gozo na linguagem constituem estratégias inconscientes do sujeito para se proteger da angustiante presença de um Outro demasiado real. A cisão entre voz e linguagem é sentida como enigmática e dolorosa, mas ela se impõe à vontade.

Uma criança autista de doze anos, Georges, que pronuncia apenas algumas palavras ininteligíveis, testemunha – por intermédio da comunicação facilitada – que não lhe falta vontade de falar: "Eu vou me apedrejar até morrer", escreve ele, "porque quero falar com a minha voz. O fato de falar é indescritível".[39]

> *Eu também desejo simplesmente*
> *que nem você*
> *investir*
> *meus instrumentos bucais na linguagem*
> *mas ainda zanzo muito longe da linguagem.*[40]

Ele constata que lhe acontece de pronunciar algumas palavras, mas não está em condições de precisar aquilo que determina o seu mutismo:

---

39 A.-M. VEXIAU, *J'ai choisis ta main pour parler*. Paris: Robert Laffont, 1996, p. 99.
40 B. SELLIN, *La solitude du déserteur*, op. cit., p. 130.

*... às vezes eu posso do nada dizer uma coisa
daí eu mesmo fico muito estupefato com aquilo que pôde se
produzir não tenho explicação
só acho que é uma prova de que a
faculdade de falar existe*[41]

Contudo, Sellin pôde testemunhar sua vivência redigindo duas obras notáveis, graças à comunicação assistida por computador. Williams já havia sublinhado: quando a voz não é ativada, o autista pode se expressar fluentemente, de modo que consegue "falar por intermédio de objetos". Ainda que os autistas tenham uma grande dificuldade de falar deles próprios, alguns conseguem se expressar com eloquência e, até mesmo, descrever com precisão a sua vivência – mas, então, precisam chegar a não engajar o gozo vocal nos seus testemunhos; daí a predileção deles pela passagem pelo escrito. Depreendemos, então, que eles têm "sentimentos e sensações, mas que se desenvolveram no isolamento", de modo que "não podem verbalizá-los de forma normal"[42] e encontram-se inundados por suas "próprias emoções anônimas"[43].

---

41 Ibid., p. 25.
42 D. WILLIAMS, *Quelqu'un, quelque part, op. cit.*, p. 301.
43 Ibid., p. 179.

Deficiência do balbucio e de lalíngua[44]

A reticência em abrir mão do gozo vocal suscita um déficit de investimento da linguagem próprio para engendrar o mutismo e, além do mais, discernível nas especificidades da balbuciação das crianças autistas. Todos os estudos convergem para constatar que ela não possui a riqueza da balbuciação das outras crianças. Nada é mais importante para compreender o autismo do que sublinhar que se trata de um sujeito que não se introduziu na linguagem passando pelo balbucio. Este é ausente, pobre ou estranho. Quando está presente, surge monótono na maioria das vezes (comparável ao de um bebê caindo de sono), sem vigor, sem inflexão intencional.[45] Ora, qual é a função do balbucio? Diferentemente dos gritos ou dos choros, ele não se presta à comunicação. Ele parece atrelado a experiências de satisfação e sensações agradáveis. Quando se opera, no balbucio, a alienação primeira pela qual o gozo do sujeito se prende na linguagem, ele se identifica com o que Lacan chamou de "lalíngua" – vocábulo forjado em derivação do termo "lalação", a fim de designar uma materialidade significante destacada de toda e qualquer significação e de toda e qualquer intenção de comunicação. Ela "nos afeta primeiro", afirma ele, "por tudo que comporta como efeitos que são afetos".[46] A entrada no significante se faz quando da cifração do gozo na lalíngua. Esta é constituída de

---

44 A *lalíngua*, termo que Lacan quis fazer o mais próximo possível da palavra "lalação", é, segundo ele, "solidária da realidade dos sentimentos que ela significa", ao passo que "a animação do gozo do corpo" procede disso (J. Lacan [1973-74] *Le séminaire*, livre XXI: *Les non-dupes errent* [inédito], sessão de 11 de junho de 1974).
45 D. M. RICKS; L. WING, "Language, communication and the use of symbols". In: WING, L. *Early childhood autism: clinical, educational and social aspects*. Oxford: Pergamon Press, 1976, p. 133.
46 J. LACAN (1973) *O seminário*, livro 20: *Mais, ainda*. Traduzido por M. D. Magno. Rio de Janeiro: Jorge Zahar, 1985. p. 149.

significantes que não fazem apelo a nada, de S1 sem S2. Os estudos linguísticos atestam que a balbuciação já testemunha uma captura do sujeito numa relação com o Outro da linguagem.

> *A partir do oitavo mês, o tipo de fonação – constatam os linguistas –, a organização rítmica e os contornos entoacionais das balbuciações refletem características da língua do entorno. Além disso, a balbuciação marca uma já grande variabilidade entre as crianças. Ainda não é a linguagem, mas é uma linguagem que fornece um enquadramento para o desenvolvimento da fala.*[47]

A alienação primeira no Outro da linguagem produz uma separação traumática, uma cessão do objeto do gozo primordial, permitindo localizá-lo fora do corpo. Para que a enunciação se ancore na lalíngua, é preciso que o sujeito tenha aceitado abrir mão do gozo vocal; é a condição da "incorporação" da voz do Outro,[48] pela qual a identificação primordial se opera. Para que a voz responda, precisa Lacan, "devemos incorporar a voz como a alteridade do que é dito. É por isso mesmo, e não por outra coisa, que, separada de nós, nossa voz nos soa com um som estranho".[49] O autista não é estranho à sua voz, o que lhe constitui um obstáculo para tomar a palavra.[50]

---

47 B. BOYSSON-BARDIES, *Comment la parole vient aux enfants*. Paris: Odile Jacob, 1996, p. 60.
48 "A identificação da voz nos fornece ao menos o primeiro modelo. Em certos casos, com efeito, não falamos da mesma identificação que em outros, ou seja, falamos de *Einverleibung*, incorporação" (J. LACAN, *A angústia, op. cit.*, pp. 300-1).
49 J. LACAN, *A angústia, op. cit.*, p. 300.
50 Quando Dibs, no final do seu tratamento, aceita que sua voz seja capturada por um gravador, ele não manifesta nenhuma surpresa ao ouvi-la, tudo

Com isso ele é não somente levado ao mutismo, ao solilóquio, à verborreia, à cantiga ou à música, mas também se encontra, às vezes, sobrecarregado por um gozo vocal desregulado, vivido como uma energia em excesso. Num autista mudo ela se manifesta, frequentemente sem que ele faça ideia, por meio de gritos intempestivos. Sellin descreve isso assim:

> *tem uma energia aqui*
> *mas eu não posso realizá-la*
> *os gritos doidos são acessos sobre os quais eu não tenho influência*
> *nada me dá mais ódio do que esses repugnantes*
> *urros de raiva que vão crescendo e mugindo*[51]

Quando a voz do Outro se impõe a um autista de alto funcionamento, em razão "de uma mensagem demasiado direta, ou repleta de carga emocional", ele se mostra incapaz de conectar esse gozo à linguagem – a significação fálica não advém, os elementos enunciados se desconectam. Ele não apenas não compreende mais a mensagem, mas a sua própria voz, cujas bases são frágeis, encontra-se comprometida – às vezes chegando a uma liberação do gozo vocal, que extravasa as molduras imaginárias custosamente elaboradas. Nessas circunstâncias, afirma Williams, quando a articulação entre as palavras não se faz mais, "o traumatismo é tamanho que pode conduzir [...] a um grito 'ensurdecedor' que sai ou que não sai da boca".[52]

---

    indica que ela lhe permaneça familiar; mas, regulada pelo compartilhamento com sua terapeuta e confiada a um objeto, torna-se possível para ele fazer uso dela. (V. AXLINE, *Dibs: em busca de si mesmo*, op. cit., p. 234).
51 B. SELLIN, *La solitude du déserteur*, op. cit., p. 20.
52 D. WILLIAMS, *Si on me touche, je n'existe plus*, op. cit., p. 298.

Hoje em dia parece difícil depreender a característica capital do autismo na ausência de toda e qualquer referência à teoria lacaniana do sujeito. O autismo é uma entidade com limites bastante tênues, escapando incessantemente das rédeas de uma clínica comportamental sem princípio organizador,[53] que, com relação a isso, deposita suas esperanças apenas na descoberta hipotética de um fenótipo – de modo que os estudos epidemiológicos testemunham variações importantes quanto à sua extensão, impotentes naquilo que se refere à compreensão do que subsiste de constante no cerne do "espectro do autismo". É fácil constatar a permanência de uma afecção intrínseca da enunciação, mas é difícil tirar as consequências disso quando se limita a um estudo dos comportamentos: este último não permite conceber que a enunciação encontra o seu alicerce na mortificação do gozo vocal. A cessão deste ao Outro condiciona a sua cifração pelo significante unário. A identificação primordial resulta disso. Ela cerze o gozo à linguagem. Dá ao sujeito a aptidão para se contar como Um. Desde os anos 50, a propósito de Dick, Lacan notava que essa criança autista, tratada por Melanie Klein, não havia chegado "à primeira espécie de identificação, que seria já um esboço de simbolismo".[54] Essa identificação permite que se desprenda de capturas imaginárias que deixam o sujeito numa dependência transitivista de duplos mais ou menos invasivos. Concebe-se que esses últimos estejam no primeiro plano na clínica do autismo.

A pobreza ou a ausência de balbucio dos sujeitos autistas atestam certa carência na mortificação do gozo do vivo operada pela linguagem, o que eles experimentam como uma dificuldade intrínseca de enlaçar os afetos e a fala. Asperger constata, logo de

---

53 J.-C. MALEVAL, *Limites et dangers des DSM*. *L'évolution psychiatrique*, 2003, 68, pp. 39-61.
54 J. LACAN, *Os escritos técnicos de Freud*, op. cit., p. 85.

início, o essencial de que aí se trata: falta-lhes, "antes de mais nada", sublinha ele, "harmonia entre o afeto e o intelecto".[55] Williams sublinha que ela não podia expressar simultaneamente emoções e palavras,[56] e relata ter ouvido uma voz interior lhe dizendo: "As emoções são ilegais".[57] Para Sellin, o autismo é "o corte do homem das primeiras experiências simples como experiências essenciais e importantes, por exemplo, chorar".[58] Williams acredita poder precisar que, "no caso do autismo, é o mecanismo que controla a afetividade que não funciona corretamente. O corpo não é afetado e as capacidades intelectuais permanecem normais, ainda que não possam se expressar com a almejada profundidade".[59] Grandin confirma que carece dessa "profundidade" conferida pela captura do gozo no significante. "Minhas decisões", afirma ela, "não são comandadas pelas minhas emoções, elas nascem do cálculo".[60] Lacan chamava a atenção para o mesmo fenômeno em Dick, apontando o seguinte: ele "já tem uma certa apreensão dos vocábulos, mas desses vocábulos não fez a *Bejahung* – não os assume".[61]

A dificuldade em expressar o que sente incita Grandin a comparar sua maneira de pensar à de um computador. Ela relata em 1995:

> *Assisti recentemente a uma conferência em que uma socióloga afirmou que os seres humanos não falariam como computadores. Na mesma noite, durante o jantar,*

---

[55] H. ASPERGER, *Les psychopathes autistiques pendant l'enfance*, op. cit., p. 58.
[56] D. WILLIAMS, *Quelqu'un, quelque part*, op. cit., p. 121.
[57] Ibid., p. 46.
[58] Ibid., p. 102.
[59] D. WILLIAMS, *Si on me touche, je n'existe plus*, op. cit., p. 292.
[60] T. GRANDIN, *Penser en images*, op. cit., p. 120.
[61] J. LACAN, *Os escritos técnicos de Freud*, op. cit., p. 86.

> *contei a essa socióloga e a seus amigos que minha forma de pensar se parecia com o funcionamento de um computador – e que eu podia explicar o seu processo, etapa por etapa. Fiquei um pouco transtornada quando ela me respondeu que ela, particularmente, era incapaz de dizer como os seus pensamentos e as suas emoções se vinculavam. Quando ela pensava em alguma coisa, os dados objetivos e as emoções formavam um todo. [...] Na minha mente, [eles] sempre estão separados.*[62]

A aproximação efetuada por Grandin entre o seu pensamento e o funcionamento de um computador não deixa de ter pertinência se concebemos que aquilo que caracteriza o "pensamento" de um computador reside na sua ausência de afetos. "Que um computador pense," aponta Lacan, "quanto a mim, estou de acordo. Mas que ele saiba, quem é que vai dizer isso? Pois a fundação de um saber é que o gozo do seu exercício é o mesmo do da sua aquisição".[63] Ora, é precisamente de uma aquisição de saber como essa – produzida quando da cifração do gozo pela lalíngua – que carecem os autistas. O "pensamento" do computador se desenvolve num deserto absoluto de gozo; ele constitui um ideal autístico.

Com isso, não está dado à criança autista, de início, saber que os sons pronunciados pelas pessoas que a rodeiam estão em conexão com uma apreciação emocional. Ela não sabe porque não experimentou isso. A maioria dos transtornos de compreensão da linguagem alheia próprios ao sujeito autista – a literalidade, a ausência de humor, a dificuldade de leitura da entonação e das mímicas etc. – remete, em espelho, a um desconhecimento, no

---

[62] T. GRANDIN, *Penser en images*, op. cit., p. 162.
[63] J. LACAN, *Mais, ainda*, op. cit., p. 104; tradução modificada.

interlocutor, do enunciador presente para além dos seus enunciados. É impressionante o fato de que muitos autistas afirmam ter descoberto tardiamente que a fala servia para se expressar. Persistir em não sabê-lo é uma maneira de se proteger do desejo enigmático do Outro. Em contrapartida, certos autistas têm bastante cedo a intuição da correlação das palavras com a vontade do Outro, vontade incompreensível, angustiante – esses geralmente tapam os ouvidos. As práticas educativas que não levam em consideração essa estratégia protetora arriscam não surtir nenhum efeito: "A fonoaudiologia", relata Sinclair, "é apenas uma série de exercícios em que se fica repetindo sons sem significação, tudo isso por razões totalmente misteriosas. Eu ignorava completamente que isso era um meio de trocar ideias com os outros".[64] Em contrapartida, quando o clínico sabe apagar sua presença e sua enunciação – com uma indiferença calculada, com palavras indiretas, cantaroladas, murmuradas, faladas ao vento, registradas em gravador etc. –, é mais fácil entrar em contato com os autistas. Por outro lado, muitos deles sabem ler antes de falar. Em função da carência do balbucio e da lalíngua, a entrada deles na linguagem se faz por assimilação de signos.[65] Estes primeiramente constituem objetos aos quais certos autistas se agarram, entre outros, para tentar ordenar seu mundo. "Era no mundo dos objetos que eu estava emergindo," nota Williams, "quando começava a tomar gosto pela vida. Vi-me tomada por uma paixão pelas palavras e pelos livros, e me meti a compensar meu caos interior por meio de uma ordenação maníaca

---

64 J. SINCLAIR, "Bridging the gaps: an inside-out view af autism". In: SCHOPLER, E.; MESIBOV, G. *High functioning individuals with autism*. Nova York: Plenum Press, 1992, citado por GRANDIN, T. *Penser en images, op. cit.*, p. 81.
65 J.-C. MALEVAL, "De l'objet autistique à la machine. Les suppléances du signe". In: F. HULAK (Org.) *Pensée psychotique et création de systèmes*. Ramonville-Saint-Agne: Erès, 2003, pp. 197-217.

do mundo ao redor".[66] Em algumas linhas ela indica muitíssimo bem a articulação entre o trabalho de imutabilidade do autista de Kanner e as elaborações mais complexas daqueles que apresentam a síndrome de Asperger, de modo que não teríamos como duvidar da existência de um *continuum* entre um e o outro.

Trabalhar pela manutenção da sua solidão – separando-se do Outro, frequentemente por intermédio de objetos superinvestidos – e trabalhar pela imutabilidade do seu entorno – esforçando-se por manter referências fixas – são, segundo Kanner, as duas principais preocupações da criança autista. A solidão testemunha de maneira manifesta uma recusa em convocar o Outro relacionada a uma dificuldade fundamental do autista em se situar em posição de enunciador. Quanto à imutabilidade, ela revela um sujeito trabalhando para colocar ordem num mundo caótico. Na idade adulta, alguns chegam a acirrar essas estratégias defensivas, chegando até mesmo a criar objetos autísticos complexos – que tentam, por vezes, restaurar uma posição de enunciação, por intermédio de um duplo – e a construir Outros de síntese, mais ou menos elaborados, forjados por um extraordinário trabalho de memorização de signos.[67] Esses dois desfechos do trabalho do sujeito autista para se estabilizar dão indicações capitais disso de que ele sofre, e disso que ele tenta remediar. Logo, parece possível elevar o autismo a um tipo clínico original e complexo. Num primeiro momento, a recusa em abrir mão do gozo vocal, a vontade inicial de controle de toda e qualquer perda barram a alienação do sujeito no significante. Disso resulta uma ausência de regulação do gozo do vivo, clinicamente manifesta na cisão entre as emoções e o intelecto. Essa primeira

---

66 D. WILLIAMS, *Si on me touche, je n'existe plus*, op. cit., p. 73.
67 Cf., por exemplo, os amigos imaginários de Williams, a máquina de apertar de Grandin, os sensores de eletricidade de Joey no capítulo seguinte: "O retorno do gozo na borda autística".

defesa separa o sujeito da sua vida emocional. Contudo, num segundo momento, para sair da sua dolorosa solidão, ele tenta compor com a rejeição inicial, procedendo a uma localização do gozo desvairado na formação protetora da borda – o que a onipresença do objeto autístico revela.

A primeira defesa domina o quadro do autismo infantil precoce: a recusa à alienação no significante é manifesta no mutismo e na solidão; ao passo que a segunda, o retorno do gozo na borda – que precisaremos adiante – encontra seus desenvolvimentos na síndrome de Asperger, com as estupendas utilizações do duplo e do objeto, ou as notáveis construções do Outro de síntese.

Acaso é legítimo supor uma recusa inicial do apelo ao Outro obstaculizando a alienação no significante? A hipótese de uma etiologia neurológica sugeriria mais a noção de "incapacidade". Alguns, como se sabe, consideram o autismo uma deficiência. A abordagem freudiana orienta, em contrapartida, postular que se trata do trabalho de um sujeito – trabalho voluntário ou involuntário. A clínica parece confirmar fortemente a hipótese psicanalítica. Com efeito, mesmo as três crianças autistas que permaneceram mudas, entre as onze de Kanner, parecem compreender perfeitamente a linguagem. O mutismo delas não se ancora numa incapacidade fisiológica, mas numa escolha do sujeito – provavelmente inconsciente. O fenômeno relatado acima, concernindo a autistas mudos – que, num momento de angústia intensa, saem do silêncio por um instante para pronunciar uma frase imperativa –, confirma que um mutismo desses não está na pendência de uma deficiência orgânica.

Sem dúvida, às vezes a recusa na criança autista em falar é consciente, mas ela emana de uma escolha mais radical, comandada por um gozo imperioso – de modo que a maioria dos autistas mudos parece experimentar dolorosamente a sua falta de aptidão. Grandin confirma que a recusa é vivida como algo imposto. Chegou a lhe acontecer, na infância, de ela surpreender o seu entorno ao pronunciar distintamente a palavra "gelo", na ocasião de um acidente de carro.

> *Na qualidade de criança autista, a dificuldade em falar era um dos meus maiores problemas. Embora eu entendesse tudo o que as pessoas diziam, minhas respostas eram muito limitadas. Eu tentava, mas na maior parte das vezes não saía nada. Era parecido com o que ocorre na gagueira: as palavras simplesmente não saíam. No entanto, havia ocasiões em que eu conseguia pronunciar palavras como gelo com toda clareza. Isso geralmente ocorria em momentos como no acidente de carro, quando a tensão foi mais forte que a barreira que geralmente me impedia de falar. Esse é apenas um dos aspectos enigmáticos, frustrantes e desconcertantes do autismo infantil que tanto perturbam os adultos.*[68]

Em 1994, escrevendo com a ajuda de um computador e de um facilitador, Birger Sellin sublinha de igual maneira o quanto essa barreira, ancorada num gozo de si ignorado, é experimentada como sendo dolorosamente imposta:

> *todo o meu desejo tende ao controle da fala*
> *busco constantemente essas condições*
> *mas eu não sei o que me falta*

---

[68] T. GRANDIN, *Uma menina estranha*, op. cit., p. 24.

> *sinto todo dia que não é de vontade que*
> *careço*
> *e possibilidades de expressão como a linguagem*
> *existe de forma onipotente num birger mudo*
> *mas interiormente eu falo com abundância como*
> *todos os terraqueozinhos*[69]

As últimas linhas confirmam que, mesmo mudo, o autista é um sujeito verborrágico. Não abrir mão do gozo vocal, para não se confrontar com o desejo do Outro, está no princípio do ser autístico. É por isso que burlar essa estratégia protetora é vivido, segundo Williams – quando ela reconhece "uma necessidade de comunicação" –, como "uma traição" contra ela própria.[70] Os autistas de alto funcionamento são exploradores do misterioso enlace do gozo do vivo à linguagem, em relação ao qual eles não cessam de se manter nos limites; de modo que Birger Sellin sabe que "falar de verdade faria com certeza esquecer um monte de preocupações do autismo",[71] mas não para de entender "a linguagem como uma coisa terrível"[72] – pois convoca a uma mortificação do gozo vocal.

As consequências da recusa em abrir mão do gozo vocal são capitais para a estruturação do sujeito autista. Disso resulta uma recusa em convocar o Outro que não permite que a alienação no significante se opere plenamente. Entretanto, o autista é um sujeito que não está fora da linguagem. Ele é até mesmo capaz de expressar os seus sentimentos por intermédio da linguagem. Mas isso sob determinadas condições.

---

69 B. SELLIN, *La solitude du déserteur*, op. cit., p. 180.
70 D. WILLIAMS, *Si on me touche, je n'existe plus*, op. cit., p. 293.
71 B. SELLIN, *op. cit.*, p. 130.
72 Ibid, p. 177.

Nesse sentido, um notável estudo – efetuado por D. M. Ricks – sobre as vocalizações de crianças autistas não verborrágicas, com idades entre três e cinco anos, comparadas às vocalizações de crianças normais, de seis a dezoito meses, isola conclusões importantes. Foi pedido para as mães, tanto de umas quanto de outras, que identificassem, a partir de gravações, quatro vocalizações específicas: uma exprimindo uma pergunta; a segunda, uma frustração; a terceira, uma saudação; a quarta, uma surpresa. Constatou-se que as mães de autistas não conseguiam identificar as respostas de uma criança autista, a não ser a do seu filho, mas que conseguiam facilmente discernir esta última a partir de um único signo. As mães de crianças normais, a despeito da confiança que podiam ter – fundamentada na suposição de conhecer bem a prole –, tiveram mais dificuldades em identificar o próprio filho, particularmente a partir de um só signo. Segundo Ricks, prestar contas desse contraste entre os desempenhos das mães de crianças normais e autistas parece muito simples. As quatro vocalizações de uma criança normal são muito semelhantes às das outras crianças, mas as das crianças autistas são totalmente idiossincráticas. Os sinais só são compreendidos pelos próprios pais, que podem tranquilamente identificá-los, então, bem como podem reconhecer a mensagem transmitida por esses sinais – simplesmente porque cada criança autista transmite a mesma mensagem de uma maneira totalmente singular.[73]

Um dos modos possíveis de inserção do sujeito autista na linguagem parece da ordem da criação de uma língua privada, não deduzida do Outro do significante. Isso é confirmado pela propensão de certos autistas mais velhos a criar neologismos. Há mesmo

---

73 D. M. RICKS, "Vocal comunication in pre-verbal normal and autistic children". In: N. O'CONNOR (Org.) *Language, cognitive deficits and retardation*. Londres: Butterworths, 1975, pp. 75-85.

os que, como Tammet, forçam o fenômeno até construírem uma nova língua.

> *Durante muitos anos quando criança, acalentei a ideia de criar minha própria língua, como uma forma de aliviar a solidão que costumava sentir e de explorar o prazer que as palavras me proporcionavam. Às vezes, quando sentia uma emoção particularmente forte ou experimentava algo que achava especialmente bonito, uma palavra nova se formava espontaneamente na minha mente para expressar aquilo, sem que eu tivesse a menor ideia de onde surgiam aquelas palavras. Em contraste, a língua de meus colegas muitas vezes me parecia desagradável e confusa. [...] Quando eu tentava empregar numa conversa uma das palavras de minha criação, para tentar expressar algo que estava sentindo em meu interior, raramente alguém entendia. Meus pais me desencorajavam de "falar de maneira engraçada".*
>
> *Eu continuava sonhando que um dia falaria uma língua criada por mim, sem que as pessoas me criticassem ou zombassem de mim, e que expressaria parte da sensação de como me sentia em meu interior. Depois de terminar a escola, percebi que dispunha de tempo para começar a realizar aquela ideia. Anotei em folhas de papel as palavras que me ocorriam e experimentei diferentes métodos de pronúncia e construção de frases. Chamei minha língua de Mänti (pronuncia-se 'mên-ti'), devido à palavra finlandesa mänty, que significa pinheiro. [...]*
>
> *O Mänti é um trabalho em desenvolvimento, com uma gramática elaborada e um vocabulário de mais de mil palavras. [...]*

Uma das coisas que mais aprecio ao brincar com a língua é a criação de palavras e ideias novas.[74]

É digno de nota que os termos da língua privada de Tammet possam, às vezes, parecer emanar espontaneamente de emoções particularmente fortes. Isso indica a natureza estreita do laço com o referente deles: de encontro aos significantes, não apagam a coisa designada. Aparentam-se, assim, com índices, no sentido de Peirce, ou com signos, na acepção dada por Lacan a esse termo. Os signos do *Mänti* não dividem Tammet – eles não vêm do Outro, são invenção sua. Com isso, o gozo vocal permanece privado, controlado, sem perigo. Ele decerto permite ao sujeito expressar seus sentimentos, mas eles não lhe escapam: permanecem inaudíveis para os outros.

Para o sujeito autista existem, por conseguinte, duas grandes maneiras de fazer com a linguagem: ou uma língua do intelecto, constituída por signos sem afetos, partilhável com os outros; ou uma língua privada, atrelada aos sentimentos, opaca para os outros. Nos dois casos, o sujeito recusa abrir mão do gozo vocal: quando comunica utilizando os signos do Outro, eles estão separados da enunciação; quando expressa seus sentimentos, recorre a signos neológicos que ele inventa. Ao não situar a sua voz no campo do Outro, ao não aliená-la na língua compartilhada pelos seus semelhantes, ele persiste no seu trabalho de mantê-la sob controle. Williams evoca um duplo corte aparentado, quando relata ter experimentado dois tipos de alienação: "Desde que me lembro de mim," escreve ela, "sempre estive separada do mundo; e, mais tarde, separada de mim mesma – quando me foi preciso reagir ao mundo". Ela se refugiou, primeiro, num mundo de sensações – incluindo os

---

[74] D. TAMMET (2006) *Nascido em um dia azul*. Traduzido por I. Korytowski. Rio de Janeiro: Editora Intrínseca, 2007, pp. 145-146; tradução modificada.

"sons" e os "ritmos", nos quais se sustenta a língua privada – para se proteger do mundo caótico e angustiante; ao passo que, mais tarde, para "reagir ao mundo", ela procurou se comunicar, apropriando-se dos signos linguísticos, mas falando uma língua separada dos afetos. Essa segunda estratégia de proteção com relação à voz do outro lhe parece tão alienante quanto a primeira. "Aprendi", continua ela, "que o mundo podia, também ele, transformar as pessoas em 'alienados', isto é, estritamente falando, em estrangeiros de si mesmos."[75] Sustentar que a recusa em assumir plenamente essa última alienação – não alojando o gozo vocal no campo do Outro – constitui uma das características capitais do autismo é ficar o mais perto possível disso que os sujeitos testemunham.

Todos os autistas de Kanner compreendem a linguagem, ainda que nem todos façam uso dela, de modo que não se teria como duvidar que tenham adentrado o mundo dos signos. O autista é afetado pela negatividade da linguagem. Testemunha disso é a angústia do "buraco negro" aberto pelo hiato entre a coisa e sua representação. E a produção de um objeto que produz um corte no seu modo de gozo, instaurando uma borda entre o seu corpo e o mundo exterior, também atesta isso. Contudo, o sujeito autista esforça-se para não se engajar no mundo dos significantes – que faria dele estrangeiro de si mesmo. As frases irruptivas, endereçadas, perfeitamente formadas, revelam que o autista não passa totalmente ileso pela captura no significante, mas ela é insuportável para ele. Com isso, a estruturação do sujeito autista mostra-se complexa, mesclando provavelmente relações heterogêneas à linguagem, as quais não a tornam situável em etapas de desenvolvimento.

Os signos que ele utiliza não o dividem: ora não vêm do Outro, são invenção do próprio sujeito e carregam apenas uma expressão

---

75 D. WILLIAMS, *Si on me touche, je n'existe plus*, op. cit., p. 296.

alusiva ou incerta; ora estão separados da enunciação para transmitir informações rígidas e desprovidas de afetos. O essencial continua sendo, para ele, manter o controle do gozo vocal – não cedendo à perda. Com isso, o autista não responde à definição do sujeito dada por Lacan: ele não é representado por um significante junto a outro significante. O autista resiste ao advento do sujeito dividido pelo significante, que implicaria uma perda do controle da linguagem, abrindo a possibilidade de uma enunciação surpreendente, não controlada – tal como ela se produz, no entanto, quando das frases irruptivas suscitadas por uma situação angustiante. É manifesto que tais frases não são assumidas: o sujeito não toma distância alguma com relação a elas. Ele não parece capaz de reflexividade no que concerne a elas, pois jamais as comenta. Em contrapartida, quando a divisão é assumida, o sujeito se encontra em *fading* sob a cadeia significante, de modo que sua posição resta indeterminada e distanciada dos enunciados – daí a capacidade de mentir, ou de dizer a verdade para sugerir o falso. Todo mundo concorda em constatar que é muito característico do sujeito autista provar grandes tormentos para depreender, e mais ainda para utilizar, tais rodeios ambíguos da comunicação. Não há quem duvide, contudo, que ele chegue ao menos a construir o que Lacan chama de "a forma mais elementar da subjetividade, a saber, um alguém que é acessível ao signo",[76] visto que Kanner já notava que a maioria dos autistas assimila a linguagem e é capaz de comportamentos singulares de imutabilidade. O autista não somente é acessível ao signo, mas seu ser se estrutura por meio dele e sofre os seus recortes – testemunha disso é o objeto autístico. Portanto, como Lacan indicava em 1975, há "certamente algo a lhes dizer".[77] Tem uma

---

76 J. LACAN, *Le séminaire*, livre IX: *L'identification* [inédito], sessão de 6 de dezembro de 1961.
77 J. LACAN, "Conférence à Genève sur 'Le symptôme' du 4 octobre 1975", *op. cit*, p. 20.

condição prévia para isso: saber apagar a sua própria enunciação ao se dirigir a eles. O objeto vocal lhes causa horror, quer habite a fala deles ou a do outro, de modo que lhes é preciso mantê-lo permanentemente sob controle.

3. O retorno do gozo na borda autística

Impõe-se, com a clínica, que o sujeito autista se mostra cindido entre as suas emoções e o seu intelecto. Para ele, o gozo do vivo não se prende ao significante – de modo que suas sensações e suas imagens carecem de elementos reguladores. A sua percepção do mundo permanece caótica. Para a criança autista, a compreensão do fato de que a linguagem possa servir à comunicação é frequentemente tardia. Os outros lhe parecem imprevisíveis e inquietantes; a realidade na qual transitam é um caos incompreensível. É por isso que ela se refugia num mundo assegurado, povoado por objetos amistosos aos quais dá vida, feito animais domésticos, simpáticos e previsíveis. Nesse mundo organizado por suas próprias regras, o que se chama 'imutabilidade', ela deve reinar como mestra – daí o seu apreço pela solidão. As intrusões colocam-na em perigo e são angustiantes para ela.

O gozo do sujeito autista não é regulado pelo simbólico, de modo que praticamente não se investe na realidade social. Ele se encontra, portanto, emperrado nisso: hiperatividade do sistema nervoso, nota Grandin; pronunciadas alterações de humor, observa Williams; "energia demais", constata Sellin – a criança autista se apresenta, às vezes, como "hiperativa" etc. Williams sublinha que a vida emocional do autista sempre ameaça transbordar: nele, escreve ela, "o termostato afetivo é demasiado sensível, ou, como queiram, seu limite de sensibilidade é demasiado baixo e o disjuntor cai rápido demais. Nas pessoas normais, o disjuntor só é acionado em situações que provocam um choque muito grande, por um curto período de tempo".[1] Na falta desse disjuntor, a angústia surge muito prontamente; é por isso que o autista se dedica a controlar o gozo desvairado, não interligado, desprovido de cifração significante. Ele se esforça por desviá-lo do corpo para fazer com que sirva à sua segurança e às suas defesas. Com esse fim, dedica-se à criação de uma borda que separe seu mundo tranquilizante e controlado do mundo caótico e incompreensível. A partir de 1992, ao se referir à insistente metáfora da "carapaça" defensiva, utilizada pelos clínicos anglo-saxões, Éric Laurent faria desse "retorno do gozo numa borda" uma das características capitais da estrutura autística.[2]

Ainda que o autista seja um sujeito para quem a mutação do real no significante não tenha operado plenamente – como Marie-Françoise ensinou aos Lefort –, ainda que ele recuse a dor da perda inerente à alienação significante – como discerne Williams[3] –, lembremos que ele não é um sujeito fora da linguagem. Lacan nota, a propósito de Dick, que convém não confundir a linguagem e a fala.[4] Essa criança não fala, mas "é mestra da linguagem", tem sobre ela o controle por meio da sua recusa em arriscar a fala. No

---

1 D. WILLIAMS, *Si on me touche, je n'existe plus*, op. cit., p. 293.
2 É. LAURENT, "Discussion". In: *L'autisme et la psychanalyse*. Toulouse: Presses universitaires du Mirail, 1992, p. 156.
3 Cf. adiante: *Qual o tratamento para o sujeito autista?*
4 J. LACAN, *Os escritos técnicos de Freud*, op. cit., p. 102.

autismo, o sistema da linguagem pode estar interrompido no nível da fala, mas nem por isso deixou de impor a sua presença ao vivente. Ainda que o sujeito autista se defenda da linguagem, ele está imerso, desde antes do seu nascimento, num banho verbal que o afeta. Prova disso é a produção dos objetos pulsionais, oriundos do recorte da linguagem no corpo. Ainda que permaneçam reais, não integrados ao circuito pulsional, o sujeito autista deve se haver com eles. Sabe-se o quanto ele se protege da voz, tapando os ouvidos, e do olhar, escondendo-se, ao passo que os seus transtornos alimentares mostram as inquietudes associadas ao objeto oral e a sua difícil aquisição do asseio revela os temores suscitados pela cessão do objeto anal. Todos esses objetos reais são, para ele, angustiantes – sua presença desperta o risco de uma perda insuportável. É por isso que a construção de uma realidade compatível com a dos outros passa pela integração deles com a sua borda autística.

O que Bettelheim chamou de "comportamento de limite" de algumas crianças autistas é uma concretização dessa borda. Dentro dessa fronteira – como, por exemplo, aquela que Laurie havia traçado com uma tira – havia suas posses preferidas unidas umas às outras: nenhuma criança ou adulto tinha o direito de penetrar nesse espaço.[5] Ela construiu uma fronteira mais complexa, relata Bettelheim, formando "de material tão inadequado, como casca de árvore, [...] uma fileira de curvas senoides quase perfeitas num rebordo de cerca de 70 pés (20 m) de comprimento, que separava um dos nossos pátios de recreio de um passeio. [...] Permanecia invariavelmente dentro desses limites; separavam sempre seu mundo privado do resto".[6] Ele nota, com razão, que o comportamento de fronteira está associado à manutenção da imutabilidade: a borda delimita o mundo no qual ela, a imutabilidade, deve ser preservada.

---

5   B. BETTELHEIM, *La forteresse vide*, op. cit., p. 150.
6   Ibid., p. 156.

Sublinhemos desde já as excepcionais capacidades intelectuais por vezes desenvolvidas pelo sujeito autista para construir a sua borda. "O mais espantoso", continua Bettelheim, "foi o fato de resolver com grande perícia o difícil problema de contornar um canto do rebordo sem quebrar a continuidade do desenho".[7] Por via de regra, é valendo-se da sua borda que o autista desenvolve ilhas de competência. Laurie parece indicar que essas últimas são outra coisa que não "obsessões", mostrando como o estímulo das suas capacidades intelectuais está implicado na sua elaboração de uma fronteira.

A borda da criança autista pode ser uma barreira autossensual, gerada por estímulos corporais,- tais como movimentos rítmicos, sacudidas, pressões sobre os olhos etc. – que separa sua realidade perceptiva do mundo exterior, quando este se faz demasiado insistente. A noção de desmantelamento descreve bastante bem esse fenômeno, mas ele só é permanente caso não se permita que a criança autista construa o seu mundo assegurado: quando se lhes tiram os objetos, quando não se autoriza a imutabilidade, quando se adentra o seu campo à força. A borda autística é uma formação protetora contra o Outro real ameaçador. Quando ela é débil, malformada ou destruída pelo entorno, o sujeito tem a sensação de ser objeto de um gozo maligno, que leva à automutilação, ao despedaçamento e aos urros.

Quando a criança autista está em condições que lhe permitam desenvolver as potencialidades defensivas da borda autística, ela dispõe de três componentes essenciais – mais ou menos independentes – para fazê-la evoluir: a imagem do duplo, a ilha de competência e o objeto autístico. Aí estão os "pseudópodos" que os sujeitos autistas vão estender cuidadosamente, como notava Kanner, e graças aos quais chegarão, por vezes, a elaborar

---

7   Idem. [N. T.]

"compromissos" que lhes permitirão se abrir para um mundo no qual eles eram, inicialmente, estrangeiros.

> *nosso mundo não desabou para sempre no desatino como se supõe nosso mundo pelo contrário é igual a um sistema de antenas de segurança essenciais nascido de fabulosas ilhas*[8]

Dessas fabulosas ilhas constituídas pela jaula dourada do autismo inicial, quando o sujeito vegeta com satisfação no seu mundo assegurado, o autista às vezes procura escapar por intermédio de um sistema de "antenas de segurança" constituído pelas três componentes da borda. Examinaremos mais precisamente os recursos que alguns chegam a extrair de cada uma delas.

A – O duplo e a enunciação artificial

Muitas crianças autistas, a fim de evitarem o engajamento que um apelo constitui – implicando sempre o risco de uma recusa –, preferem segurar a mão de um adulto para conduzi-lo a efetuar uma ação pela qual estão esperando. Essa conduta é muito característica da relação mantida pelo autista com um duplo. Ela se observa de maneira mais enigmática na comunicação facilitada, quando se constata que os autistas revelam-se inexplicavelmente de acordo em não estarem em condições de praticá-la, pelo menos num primeiro momento, a não ser por meio de um contato com um facilitador. No início, trata-se de lhes segurar o braço que

---

[8] B. SELLIN, *La solitude du déserteur*, op. cit., p. 62.

parece sem força; mas, pouco a pouco, a sustentação diminui – até por vezes se reduzir a uma mão posta sobre o ombro. Aquilo de que precisam nessas circunstâncias reside numa sintonia com o ponto de inserção da sua libido, ali onde ela se encontra localizada, isto é, na sua borda, e não lá onde ela é caótica – no seu corpo. Quando uma terapeuta chega a se fazer aceitar como duplo no mundo de uma criança autista, ela situa nela o essencial do gozo do sujeito. No início do seu trabalho com Peter, relata Mira Rothenberg, "eu era sua força, sua saúde, seu contato com a realidade, sua criadora e sua salvadora". A criança aceitou até mesmo colocar em suas mãos todo o controle do seu mundo assegurado: "Era eu", escreve ela, "que distribuía as permissões e os interditos. Eu acossava o medo e o sofrimento; protegia-o dos seus demônios; eu montava guarda. Ele ficava, em frente a mim, num estado de profunda e total dependência; não porque acreditasse que isso era bom, mas porque era a única coisa que ele sabia fazer". O duplo, com efeito, impõe-se para o autista como uma estrutura privilegiada para sair da sua solidão – tranquilizante por sua conformidade com ele próprio e apta a receber um gozo delimitado – na qual ele pode se apoiar. Rothenberg constata, enquanto aquele cuja mão o autista segura, ou como o facilitador, que ela lhe "concedia toda [a sua] energia" e que deixava que ele sorvesse a sua força. Ela era o lugar de uma transformação da libido. Graças ao tratamento do gozo pelo desvio do seu duplo, Peter pode mobilizar sem angústia o gozo disponibilizado. "Mira deve decidir por Peter", afirmava ele. "Isso faz bem a ele. Isso deixa mais à vontade". Ele recusava toda e qualquer responsabilidade. "Quando eu pedia que escolhesse, ele respondia sempre: 'O que é que Mira prefere?'. Era Mira que devia 'preferir' e dizer se Peter estava doente ou não, se 'o ônibus estava atolado ou não', se Peter desenhava ou pintava etc."[9] Notemos que

---

9   M. ROTHENBERG, *Des enfants au regard de pierre*, op. cit., pp. 277-9.

as sensações que emanavam do seu corpo eram para ele tão pouco interpretáveis que devia se remeter ao outro para dar sentido a elas, decidindo se se tratava, ou não, de uma doença.

De encontro ao que se observa nas psicoses, o duplo autístico não é fundamentalmente persecutório, muito pelo contrário: o sujeito encontra nele, com frequência, um elemento próprio para apaziguar os seus transtornos. No autismo, o duplo está no real, constatavam os Lefort, "mas pode fazer separação com o Outro".[10] Não é um objeto estranho e maléfico que testemunha uma deslocalização do gozo; é um objeto familiar, sempre controlado, ou considerado como um "amigo" inerente ao mundo assegurado, e do qual o sujeito se vale de bom grado para tratar o gozo pulsional. Ademais, e conjuntamente, ele pode ser utilizado como suporte para uma enunciação artificial, cujos ganhos em expressividade podem ser apreciáveis, mesmo que se deparem com um limite.

O artifício da enunciação suportada por um duplo se atenua quando este, em alguns autistas de alto funcionamento, se integra ao eu do sujeito – ainda que nessas circunstâncias a voz frequentemente conserve traços de inautenticidade. Em contrapartida, esse artifício é bastante manifesto em determinadas crianças autistas quando o duplo é um objeto, e não uma pessoa ou uma figura humana.

Um aparelho como a televisão emite palavras acopladas a imagens; logo, separadas da presença concreta do enunciador – de modo que os enunciados que dela emanam podem ser bastante facilmente recebidos pelos autistas. Observa-se, com isso, que eles habitualmente se atêm a esse objeto. Quando o consideram um ser vivo, acontece de o aparelho virar um duplo. A mãe de Idir relata que a televisão tinha se tornado, para o seu filho de quatro anos, o

---

10   R. e R. LEFORT, *La distinction de l'autisme, op. cit.*, p. 61.

equivalente a uma pessoa. "Quando levanta pela manhã", diz ela, "o seu primeiro gesto é o de ir 'cumprimentar a tevê' e de botá-la pra funcionar. Quando volta para casa, faz o mesmo, e quando vai se deitar ou sair, ele vai se despedir dela". A linguista que estuda a criança constata que ela foi tomada "pelo que se pode chamar de um substituto de locutor: a imagem humana e a voz humana. Nesse sentido", escreve ela, "pode-se dizer que ele se fixou à televisão não enquanto substituto da mãe maternante, e sim enquanto substituto da mãe falante – isto é, enquanto modelo e parceiro preferencial de linguagem".[11] Porém, conforme a situação, o lugar e a pessoa, o linguajar de Idir mostra-se diferente: "Ora ele fala um francês totalmente correto, ora se expressa num jargão incompreensível; às vezes não fala coisa alguma". Essencialmente, "na escola se cala; em casa, canta; no terapeuta, fala em jargão" – ao passo que é digno de nota que não formule nem perguntas, nem demandas de informação. Quando ele fala, suas frases são compostas essencialmente de fragmentos de linguagem oriundos de emissões televisionadas: "O Jacky Show[12]... às dez pras nove!... de giz... de moças bonitas... e depois, éeee... Sanvie e Virginie às vinte pras oito... e aí está Riki... e depois, éeee... [...] Pâté chaud o croissant! Kiboudou às dez pras nove, éeee... e depois, éeee... Riki ou a vida bela, éee... e depois os Compagnons de l'Aventure[13] às oito e quinze da noite! [...] Então é terr'rádio... é a derr'à wir... então tá minado de tá terminado... fiquem com Niki Nelson... até daqui a pouco!"[14] A linguista se interroga: seu jargão teria como função "não comunicar tudo, fazendo pose de comunicar"? Em todo caso, ela constata que ele invalida o

---

11 A. VAN DER STRATEN, *Un enfant troublant*. Paris: L'Harmattan, 1994, p. 146.
12 Programa de televisão francês transmitido entre os anos de 1987 e 1995 no qual o anfitrião, Jacky, recebia cantores de sucesso na época. [N. T.]
13 "Les Compagnons de l'Aventure" foi uma série televisionada, entre 1989 e 1991, no programa *Club Dorothée*. [N. T.]
14 Ibid., pp. 66-7.

interlocutor. Os enunciados que ele produz não servem para a comunicação. Sua responsabilidade não está implicada naquilo que ele diz. É manifesto a todo ouvinte que é a televisão que se expressa por meio do palavrório de Idir. Ela funciona para ele como um duplo, no qual ele encontra o suporte de ecolalias de efeito retardado.

Outros autistas lastram sua enunciação atrelando-a a uma personagem encontrada na telinha ou num espetáculo. Trata-se frequentemente de um cantor. Põem-se, então, a imitar os seus comportamentos, as suas palavras e os seus modos de vestir. Williams tomou conhecimento de um autista de alto funcionamento, Olivier, que criou "uma personalidade de substituição" para si, chamada Bettina – "reproduzida, originalmente, com base em Boy George".[15] Uma das funções desse duplo era dar consistência a um eu ideal factício. Boy George, comenta Williams, "era uma pessoa bem conhecida, provida de garantias de popularidade. Pegando seus traços, Olivier escapava de sua própria personalidade inexpressiva e atrofiada". Ele tinha uma função de proteção: "Sob a maquiagem e o vestuário chocantes, [Olivier] vencia o medo de lugares e pessoas desconhecidos". Bettina se projetava no espelho dos outros: "Todos os seus movimentos, seus gostos e suas aversões, todas as suas reações mentais eram reações refletidas no que os outros ansiavam ou pareciam ansiar". Além disso, Bettina fornecia um suporte para uma enunciação artificial: "Sendo o cantor, dispunha enfim de um sujeito 'do mundo' para falar e fazer amigos [...]. Depositando toda a sua energia em ser Bettina, ele podia ser o que quer que fosse, que não ele mesmo [...] Bettina tinha uma expressão verbal à custa da própria expressão de Olivier. Ela se implicava à custa da implicação do seu eu. Era aceita à custa de um empobrecimento das suas emoções. Ela lhe trazia uma identidade e um

---

15 George Alan O'Dowd [1961-], compositor e DJ britânico, foi um dos cantores mais famosos e excêntricos da década de 1980. [N. T.]

jogo de convicções que ele carregava como malas, esperando que um dia as suas aparecessem".[16] O fenômeno difere nitidamente do transtorno de múltiplas personalidades, no qual autonomizações mnêmicas da consciência são mais ou menos sofridas pelo sujeito. Para o autista, é essencial guardar um controle total da sintonia com o duplo que foi escolhido e que ele pode convocar à vontade. Acontece de os esquizofrênicos, de maneira semelhante, tentarem aplacar os seus transtornos encarnando uma personagem extravagante. Diferentemente do autista, parece que nem sempre conservam a capacidade de se distanciar dela. O duplo autístico é pacificador: o sujeito aceita sintonizar-se com essa imagem protetora, da qual ele tira benefícios imediatos – ele não se impõe ao sujeito: não tem nada de um aparelho de influenciar.[17] Tampouco se teria como aparentá-lo com as personalidades "como se",[18] que dão testemunho de um apoio obtido pelo sujeito nos ideais de um outro alguém do seu entorno.

As marionetes de André

O domínio do duplo autístico pode fazer com que alguns cheguem, eles próprios, a concebê-lo inteiramente e, inclusive, incitá-los a fazê-lo com as próprias mãos. Assim, André, fã de informática, deu um jeito de superar as suas dificuldades em conversar que não para de surpreender os seus interlocutores. Treinou para ser bonequeiro e fabricou suas próprias marionetes com

---

16 D. WILLIAMS, *Quelqu'un, quelque part, op. cit.*, p. 264.
17 V. TAUSK, "Da gênese do 'aparelho de influenciar' no curso da esquizofrenia". In: J. BIRMAN, *Tausk e o aparelho de influenciar na psicose*. São Paulo: Editora Escuta, 1990, pp. 37-78. [N. T.]
18 H. DEUTSCH, "Some forms of emotional disturbance and their relationship to schizophrenia. *Psychoanalytic Quarterly*, 11, 1942, pp. 301-21. [N. T.]

madeira e barbante. Ele tem muitas delas, as quais utiliza em diferentes situações. Elas têm nome ("Boo, Ben Gurion...") e são bem individualizadas. Vêm acudi-lo particularmente quando a conversa se torna difícil ou quando se solicita a sua opinião. Um observador do fenômeno, ele próprio autista, que está passando alguns dias com André, procura compreender a função das marionetes. Repara que André é "incapaz de entrar totalmente numa discussão normal".[19] Ele acrescenta que parece

> *difícil para ele, mesmo agora, gerar um sistema dinâmico – o da linguagem ou da conversação. E então, pelas marionetes, talvez visasse a multiplicar os papéis que poderia assumir [...] Quando não depreendia por completo o que se dizia, quando não podia se expressar corretamente – ou quando encontrar o meio de chegar a isso fosse se mostrar demorado demais –, ele deixava de ser ele mesmo, deixava pra trás as obrigações desse papel e assumia um novo.*

Muitos autistas utilizam esse procedimento, que consiste em se apagar para falar por procuração – desobrigando-se, assim, de toda e qualquer asserção que lhes seja própria. É o duplo que fala, e não eles mesmos. Com isso, as palavras são afetadas por uma certa derrisão, e o crédito que convém atribuir a elas torna-se incerto para o interlocutor. "Pelo viés das marionetes", constata o visitante, "ele podia ser, por exemplo, irônico. Desse modo, não estava dizendo nada que não fosse literalmente verdadeiro ou que contradissesse o que havia dito antes: a marionete é que era o responsável".[20] Para que

---
19 K. NAZEER, *Laissez entrer les idiots*, Paris: Oh ! Éditions, 2006, p. 31.
20 Ibid., pp. 27-8.

não haja nenhuma dúvida sobre o fato de que não é André quem fala, a marionete tem uma voz que lhe é própria. "Não era a de um ventríloquo – não havia nem trejeito, nem entonação de falsete –, mas a voz de Boo era diferente da de André, mais monocórdia ou parecendo vir mais de baixo na garganta". Entretanto, não se trata de um simples divertimento, muito pelo contrário. As palavras ditas pela marionete são superinvestidas por André; elas só puderam ser pronunciadas por meio da implementação de um procedimento complexo, resultando de um importante trabalho subjetivo, de modo que uma regra imperiosa se inflige aos interlocutores: nunca interromper as marionetes. Não respeitá-la é romper a imutabilidade, o que suscita cenas de cólera muito violentas. Ademais, a fala das marionetes guarda, para André, vestígios da deficiência enunciativa que elas tentam suprir. Kamran tem a impressão de que André "não pode despontar. Nem com suas marionetes. Elas oferecem mais uma defesa suplementar contra a ruptura de sua coerência local do que um meio de emancipação". Interrompê-las é erguer um obstáculo contra a sua vontade de tornar a conversa "uma permanência metódica".[21] Controlar a interação protegendo o sujeito, que dela permanece distante: essa é a função do duplo quando sustenta uma enunciação artificial. No entanto, para André, isso parece não bastar: a vontade de controle se estende, em espelho, até um controle da enunciação do interlocutor, prendendo-a numa regra muito severa – a marionete não deve ser interrompida, caso contrário surge um real que rompe a fala.

Fazer assim, de um duplo, o suporte de uma enunciação artificial – por intermédio de um objeto, de um amigo imaginário ou de um semelhante – constitui uma das defesas características do autista. Trata-se ainda de um modo de falar, ausentando-se, que permite proteger-se do desejo do Outro. Mas o apoio obtido de um

---

21 Ibid., p. 49.

suporte, que é simultaneamente um captador de gozo e uma forma consistente, emplaca uma enunciação artificial. Um ganho pode então ser obtido com relação aos dizeres verborrágicos: graças ao duplo, o sujeito chega, de vez em quando, a expressar por procuração aquilo em que está pensando. Um limite subsiste, no entanto: o duplo não permite vincular a linguagem ao gozo, de modo que, mesmo com o seu intermédio, o sujeito não tem a sensação de chegar a se sintonizar com seu sentimento. Uma vivência de mutilação psíquica subsiste, uma vez que o duplo não é integrado ao eu.

São diversos os métodos utilizados pelo sujeito autista para não habitar a sua fala. Sem delongas aqui, assinalemos que a enunciação descompassada, sustentada pelo duplo, é apenas um deles. Obviamente, a enunciação morta, imersa no mutismo, constitui a mais radical. Williams, aliás, descreveu bastante bem diversas maneiras de apagar a enunciação – não falar nada com nada, usar jargão, cantar etc. Grandin utiliza um método mais complexo: a enunciação técnica. Ela pode fazer conferências sobre assuntos técnicos, tais como bretes elaborados para conduzir os animais ao abatedouro, nos quais ela é uma especialista, e sobre o autismo, fazendo-se propagandista de uma concepção científica deste. Todos esses métodos se servem de uma cisão entre o gozo vocal e a linguagem.

Os amigos imaginários de Donna Williams

Donna Williams presta, sobre esses fenômenos, um testemunho de uma precisão incomparável. À semelhança de André, ocorria-lhe confeccionar uma marionete, chamada Moggin, na esperança de "reatar com a sua intimidade" graças a essa "parte dela mesma". Mas, para dar consistência ao seu eu e à sua fala na presença dos outros, ela desenvolveu, sobretudo, duas "personagens" – chamando-as às vezes de suas "marionetes".[22] Ninguém, esclarece ela, devia entrar diretamente em contato com ela; a relação só era possível com as duas personagens, que ela "aceitava atirar aos leões". Uma, Willie, encarnava todo o seu furor e a sua combatividade; a outra, Carol, era uma "concha vazia de emoções" que figurava sua sociabilidade e sua aptidão para assumir diferentes papéis.

Willie apareceu muito cedo na existência de Williams: desde a idade de dois ou três anos. Sua nomeação, sem dúvida, teve origem no patronímico.[23] Tratava-se de uma "encarnação exterior", forjada a partir de um enquadramento do objeto olhar. "O Willie", escreve ela, "era apenas um par de olhos verdes reluzindo na escuridão. Mas que olhos! Esses olhos, eles bem que me davam um pouco de medo, mas eu dizia para mim mesma que, em troca, eu lhes inspirava o mesmo temor". Por um lado, ele também fora forjado "nas zombarias provocadoras" da mãe de Donna. Willie incorporava o pulsional: sempre estava com raiva, tinha ideias fortes, ficava raciocinando, analisando e procurando arrasar o interlocutor com o peso dos seus argumentos. Era uma "criatura com olhar flamejante de ódio, de boca cerrada, mãos em punho, alçando uma postura de cadavérica rigidez. Willie batia o pé e escarrava diante da menor das contrariedades". Williams sublinha a sua função defensiva no que se refere ao desejo de um Outro não mediado pela função paterna, quando ela nota que o comportamento de Willie "replicava exatamente o do seu inimigo confesso: [a sua] mãe". Com o tempo, o duplo ganhou certa autonomia. Williams considera que ele lhe serviu para desenvolver a inteligência, que a ajudou a se tornar independente e que a protegeu do mundo exterior quando este lhe

---

22 D. WILLIAMS, *Quelqu'un, quelque part, op. cit.*, p. 119.
23 D. WILLIAMS, *Si on me touche, je n'existe plus, op. cit.*, p. 29.

causava medo. Willie não foi, de maneira alguma, um porta-voz: "Willie", escreve ela, "reproduzia as palavras no meu lugar. Mas, incapaz de se valer delas para comunicar, ele as ia estocando para delas se servir como armas ofensivas no momento devido".[24] É um duplo que permite a ela certa adaptação social: ele é brilhante, inteligente, um universitário nato; ele vai adquirindo, aos poucos, um senso de responsabilidade. Não tem, contudo, nenhuma opinião própria: "Ele havia aprendido a argumentar todos os pontos de vista, mas, particularmente, nunca adotava um". A enunciação decerto encontra um suporte que garante a Donna um ganho de sociabilidade, mas ela permanece claramente sem o menor acesso à sua verdade.

Carol apresenta a mesma estrutura que Willie, mas invertida – eles cresceram como "a antítese" um do outro.[25] Carol é uma imagem ideal, oriunda de um encontro passageiro com uma moça que "reunia tudo o que é possível amar: ela amava rir, ela tinha amigos, ela contava um monte de coisas em casa e, por fim, ela tinha uma mãe". Carol é um duplo que parecia, traço por traço, com Donna – de modo que a imagem de Carol se confunde com o reflexo de Donna. Com cinco anos de idade, ela o observa por longas horas no espelho, falando com ele, procurando em vão alcançá-lo. Ela o percebe como uma pessoa viva, não como uma imagem, não encontrando falta alguma no espelho. Carol é construída, como Willie, a partir de significantes da mãe; mas, dessa vez, em conformidade com eles, e não mais em oposição. Sorridente, sociável, frívola, rindo sempre pelos cotovelos, Carol encarna a perfeita boneca bailarina dos sonhos da mãe. Esse duplo ajuda Donna a sair do seu retraimento, mas com a condição de que ele não diga nada dela, nem das suas emoções.

---

24 D. WILLIAMS, *Si on me touche, je n'existe plus, op. cit.*, p. 119.
25 Ibid., p. 170.

> *Esse frágil apoio no mundo era a única evasão possível da minha prisão interior. Eu tinha me criado um eu diferente daquele que estava paralisado e atulhado pelas emoções. Isso virou mais que um jogo, mais que uma comédia. Era a minha vida, na qual era preciso que eu eliminasse o que aparentava emoções pessoais e, ao mesmo tempo, fizesse com que Donna desaparecesse.*[26]

Carol tagarela. Willie argumenta. A primeira era "dotada de uma linguagem emprestada de histórias gravadas, de anúncios televisivos e de recordações de conversas",[27] o segundo sustenta uma opinião tanto quanto o seu contrário, com a principal finalidade de arrasar o interlocutor – isto é, fazer com que ele se cale. Esses duplos só representam Donna de um modo factício: eles nunca expressam seu pensamento. Encontram sua maior fonte nos ideais da sua mãe, de forma direta ou invertida. "Sem a hostilidade da minha mãe", escreve Williams, "acho que não teria desenvolvido minha inteligência, por meio da personagem de Willie, nem minha capacidade de comunicar, por meio da de Carol [...]. Graças a Deus, minha mãe foi uma mãe ruim!"[28] Esses duplos testemunham, no entanto, o esboço de um trabalho criativo do sujeito, nem que fosse minimamente pela inversão dos valores maternos sofrida por intermédio de Willie – mas também porque permitem o desenvolvimento de determinadas capacidades. Acontece de Donna chegar a dizer algo dela mesma por intermédio de Carol; com a condição, todavia, de fazer com que a sua história autêntica passe por uma ficção teatral. Notemos que, quando consegue fazer

---

26 Ibid., pp. 41-2.
27 D. WILLIAMS, *Quelqu'un, quelque part, op. cit.*, p. 18.
28 D. WILLIAMS, *Si on me touche, je n'existe plus, op. cit.*, p. 289.

rir numa cena de teatro, considera que não está atuando: ela está expondo nua e cruamente um dos seus modos de funcionamento.

> *O espetáculo refletia de um jeito flagrante e cruel a minha própria realidade [...] O público, é claro, não via nada além de gozações e gracinhas, enquanto que, tanto na forma quanto no conteúdo, os mínimos detalhes do meu número estavam de mãos dadas com os acontecimentos da minha vida real.*[29]

Nenhum faz de conta [*semblant*], então, nessa comédia. Ela não tenta brincar com a divisão artificial produzida entre Carol e o seu ser. O duplo não cessa de proteger e de manter à distância a sua verdade.

Se Carol e Willie "tinham participação" no mundo, afirma Williams, "era a preço de uma verdadeira mutilação psíquica."[30] Quando ela engrena uma psicoterapia com uma psiquiatra chamada Mary, o seu comportamento se pacifica um pouco, ao passo que um dos efeitos do trabalho a direciona para uma tentativa de se desgarrar dos seus amigos imaginários. Ela mata Willie simbolicamente, enfiando num caixão uma boneca que o personificava; mais tarde, renuncia a encarnar Carol em cena, apesar do sucesso obtido. Eles ainda persistirão, no entanto, por inúmeros anos depois do tratamento com Mary.

---

29 Ibid., p. 243.
30 Ibid., p. 169.

O reflexo

A escrita do primeiro livro de Donna Williams parece ter tido incidências terapêuticas, marcando um giro em sua relação com o duplo. "Durante quatro semanas maçantes," confessa ela, "Willie, Carol e eu vivemos numa simultaneidade que jamais havíamos conhecido em vinte e cinco anos".[31] Apesar da proteção dada por seus duplos, ela se conscientiza de que eles contribuem conjuntamente para manter o seu ser à distância. Procura, então, um jeito de funcionar sem estar mais apartada dele. "Desde o livro, impus-me não me mutilar mais".[32] Como tomar a palavra quando a identificação simbólica é débil? É essa a principal dificuldade com a qual o sujeito autista se vê confrontado. Não dispondo da função do significante unário, que cerze o gozo à linguagem e que possibilita a representação do ser no simbólico, apenas referenciais imaginários podem, então, ser convocados para tentar fundamentar a sua enunciação. Williams afirma que, para ela, aquilo que ela vê é fundamentalmente tudo o que há.[33] Com os recursos de que dispõe, força o engenho do autismo ao mais alto grau.

Ela conserva alguns objetos protetores (Cão Viajante, Urso Orsi, a marionete Moggin). Eles são encarregados de determinadas funções anteriormente atribuídas a Carol e a Willie, mas não são mais suportes da enunciação – de modo que perdem, assim, a sua dimensão mutiladora.

O "Cão Viajante", primeiro. Trata-se de um brinquedo constituído de um cruzamento de carneiro, coelho e cachorro, que deve ter de quinze a trinta anos, e que lhe custou vinte *pence*. Ela

---
31 D. WILLIAMS, *Quelqu'un, quelque part, op. cit.*, p. 25.
32 Ibid., p. 98.
33 Ibid., p. 189.

o comprou na Inglaterra, depois de ter deixado a Austrália, num período em que estava visitando a Europa. Era uma parte dela mesma. Ela concebia esse duplo como uma companhia reconfortante: "Eu calculava levá-lo comigo pra todo canto, todos os dias, do mesmo jeito que as minhas personagens. Ele estava destinado a servir de ponte entre mim e os outros viventes, para além do muro do meu próprio corpo". Um pouco mais tarde ela utilizou outro bicho de pelúcia, o Urso Orsi, com as mesmas finalidades. Porém, sublinha que "o Urso Orsi nunca havia grunhido e o Cão Viajante nunca havia latido. Eles não tinham pensamentos imaginários, não pronunciavam frases imaginárias. Eu falava pra eles. Daí eu gritava com eles. Eu implorava pra eles. Mas não tinham nada a dizer. Eles simplesmente eram".[34] A marionete Moggin também não falava. Era um gato preto de pelúcia, confeccionado por Williams, que ela tinha claramente como uma parte dela mesma. Considerava, aliás, que os gatinhos eram uma antiga "representação simbólica" do seu ser.[35] Moggin tinha "um focinho rosa, bigodes, olhos felinos brancos e orelhas de plástico". Na sua mão, escreve Williams,

> *ele fazia como um gato de verdade. Escondia-se das pessoas que eu não queria ver, mesmo se eu continuasse a olhar para elas. Ele se deixava tocar e acolher por pessoas de quem eu gostava de um jeito que eu não conseguia fazer. Colocava suas patas no meu pescoço e me arranhava de um jeito que eu não conseguia pedir, nem tolerar. Moggin me reatava ao tato e à intimidade, assim como o Cão Viajante havia me permitido resguardar o meu eu na presença de outra pessoa.[36]*

---

34 Ibid., p. 99.
35 D. WILLIAMS, *Si on me touche, je n'existe plus*, op. cit., p. 277.
36 D. WILLIAMS, *Quelqu'un, quelque part*, op. cit., p. 182.

Moggin permitiu que ela se familiarizasse com o tato – ato angustiante, visto que conectado à intimidade do sujeito e à do outro –, mas constituiu um modo de conhecimento das formas tão precioso quanto a visão, para a qual só dispõe de referências imaginárias.

Como se expressar, então, sem que isso seja angustiante demais, quando os duplos silenciaram? Williams recorre temporariamente a um novo procedimento: aprende uma língua estrangeira. Ela não escolhe o alemão por gosto, mas por recusa ao inglês. Não faz isso num projeto deliberado de melhorar a sua interlocução, pois essa língua lhe parecia "melhor que qualquer outra notadamente pelo fato de que era raro encontrar falantes de alemão na Austrália". Com isso, ao passo que principia uma formação de professora, descobre sobretudo um benefício secundário quando constata o seguinte: "Seria muito mais fácil ensinar numa língua que não fosse a minha e que não fosse uma expressão direta de mim mesma".[37] Não desenvolve, no entanto, aquela modalidade de enunciação artificial – sem dúvida porque ela aspira mais. Um procedimento como esse continua situado ao lado de certa mutilação, ao passo que ela procura uma maneira de se expressar autenticamente.

Que fim levaram Carol e Willie, que durante uns vinte anos foram os principais suportes de uma enunciação? "Não os rejeitei", afirma ela, "eles se desintegraram (ou se reintegraram?)". A pergunta é pertinente: eles se desintegraram ou se reintegraram? Donna Williams responde por contra própria: ela "aceitou suas capacidades", a antiga Carol "se integrou" na "autêntica Donna".[38] Não há nada de surpreendente nisso, dado que o eu é constituído de integrações sucessivas de identificações imaginárias. É por isso que Freud o considerava estruturado em "peles de cebola". A

---

37 Ibid., p. 102.
38 Ibid., p. 167.

afeição que Donna tinha por essas partes dela mesma se desvia para as pelúcias silenciosas.

Ela, no entanto, permanece confrontada com o problema da fundação de uma enunciação assumida como própria. Para onde ela pode se voltar quando busca uma identificação fundadora no campo do imaginário? Que pessoa poderia ajudá-la? "Meu reflexo no espelho", escreve ela, "perfeitamente previsível e familiar, era o único candidato possível. Eu o olhava nos olhos. Tentava tocar seus cabelos. Em seguida, falava com ele. Mas ele ficava sempre do outro lado, e lá eu não podia penetrar".[39] É essa, entretanto, a estratégia que ela se esforça para empregar depois do desaparecimento de Willie e Carol. Procura recobrar o seu ser, identificando-o à imagem no espelho: "Ao me perder na contemplação do meu reflexo", escreve ela um pouco mais tarde, "eu obtinha toda a intimidade que me era preciso".[40] Diferentemente de seus amigos imaginários, seu reflexo não tem opiniões próprias, o que o torna mais dificilmente apto a virar suporte de uma enunciação artificial.

Entretanto, esse reflexo tem para ela tamanha consistência que lhe é muito difícil conceber que não tenha uma existência autônoma. Na sua infância, ela já havia querido penetrar no universo de Carol, entrando bem concretamente no espelho: "Eu ia direto pra dentro e me perguntava, toda vez, por que é que eu nunca chegava a atravessar".[41] Vinte anos depois ela ainda alimenta sempre uma certa esperança de poder encontrar a sua imagem especular apreendida como uma "pessoa" tranquilizante:

---

39 Ibid., p. 16.
40 Ibid., p. 308.
41 D. WILLIAMS, *Si on me touche, je n'existe plus*, op. cit., p. 40.

> *Olhava essa pessoa previsível que conheci toda a minha vida e com a qual eu havia crescido. Torcia desesperadamente para que ela saísse do espelho e estivesse comigo ou virasse eu mesma, a fim de que eu pudesse partir. Minha imagem invertida era a única pessoa com a qual eu havia ensaiado o tato por vontade própria, e não por obediência. Ela me olhava com a mesma intensidade e com o mesmo pesar diante do impossível. Ela não podia sair; não ali, não agora, nunca.*[42]

Williams apresenta, portanto, uma compreensão intelectual da impossibilidade de se fundir com sua imagem especular; mas a sua sensação incita, sim, que o mundo do espelho se concretize: ela tem a impressão de que, com uma foto, nos apropriamos da pessoa; ela vive as suas roupas como parte de si mesma. De encontro ao que ela sabe, é levada a crer que o seu duplo é um autêntico ser escópico. Ela chega apenas a uma compreensão intelectual da evanescência do seu reflexo, enquanto que a sua sensação lhe indica, ao contrário, uma existência autônoma deste. Quando a identificação simbólica é débil, resta apenas a dimensão imaginária para compensá-la. O sujeito procura no espelho, então, um ponto de apoio que possa suprir o significante-mestre da identificação primordial. Porém, jamais uma imagem – apta a se duplicar indefinidamente – teria como integrar a propriedade unária, a da diferença absoluta, que livra a identidade das capturas transitivistas, ao fundá-la num traço simbólico não especularizável.

Com isso, forçando sua busca por si mesma aos limiares do possível, Donna concebe perfeitamente os limites dos seus esforços quando discerne que recorrer ao espelho continua sendo uma

---

[42] D. WILLIAMS, *Quelqu'un, quelque part, op. cit.*, p. 175.

variação – no que se refere à utilização do duplo – ainda aparentada demais com as suas personagens anteriores para satisfazê-la.

> *Eu entendia que, se o espelho tinha sido uma excelente estratégia para romper o retraimento, aprender a sociabilidade, lutar contra o isolamento, elaborar uma linguagem e tomar consciência do meu corpo, de agora em diante eu era dependente da segurança dele. Tinha ido longe demais. Eu não aprenderia verdadeiramente a permanência da intimidade, do tato, da consciência interna do corpo e do compartilhamento enquanto não abandonasse essa dependência.*

Seu notável trabalho subjetivo não chega a tamponar aquilo que ela sente como a persistência derradeira de uma estratégia de mutilação psíquica: "O mundo do espelho tinha sido o meu último reduto de fuga".[43]

O reflexo preserva a impenetrabilidade do seu ser, ao interpolar um terceiro em toda relação. Ele é um equivalente mais discreto dos amigos imaginários anteriores. A similitude é forçada até o ponto de tentar fundamentar a enunciação no espelho.

> *Descobri uma estratégia, dizer interiormente as frases dos outros. Assim eu podia dar um sentido a toda uma frase. Ao longo dos anos fui aprimorando essa arte a ponto de poder dialogar com um atraso praticamente imperceptível. Eu tentava imaginar o que gostaria de ter querido dizer caso houvesse pronunciado essas palavras*

---

43   Ibid., pp. 308-9.

antes dos meus próprios pensamentos. Tentava estabelecer imagens de palavras que me ocorriam como se fossem minhas, uma forma de pensamento invertido.[44]

As suas tentativas de falar e de compreender os outros, situando-se no lugar do duplo, são de uma engenhosidade notável. Elas infirmam a "teoria da mente", ao atestar que um autista de alto funcionamento pode desenvolver capacidades de empatia; ao mesmo tempo, confirmam-na, ao revelar que, no lugar do outro, é o seu duplo que o autista encontra. O procedimento tem limites: deixa o sujeito desarmado em situações para as quais ele não chega a convocar um referente imaginário, em razão de um acontecimento imprevisto ou incomparável, inclusive porque o entorno não é favorável. Williams sublinha, assim, o quanto lhe era "medonho falar com pessoas, sem ninguém para copiar ou espelhar".[45]

Graças à sua decisão de lutar contra o autismo, as suas estratégias defensivas se desenvolveram e se refinaram mediante um trabalho subjetivo constante. Elas permanecem, no entanto, fundamentalmente as mesmas desde a sua tenra infância. "Quando criança", escreve ela, "eu definia 'amigo' como 'alguém que se deixa copiar a ponto de se tornar essa pessoa'. Sem me concentrar diretamente nela ou nele, eu me unia a esse ser, fusionava com a sua voz, o seu estilo e o ritmo dos seus movimentos. Um amigo era um suporte de fuga de mim mesma".[46] O autismo é justamente um tipo clínico caracterizado por permanências estruturais em meio às quais a prevalência de um duplo pacificador ocupa uma posição capital.

---

44   Ibid., p. 136.
45   Ibid., p. 231.
46   Ibid., p. 155.

Apoiar-se no espelho do semelhante constitui a forma mais elevada de elaboração de uma enunciação artificial. Ela pode, sem dúvida, assumir formas tão discretas que a síndrome de Asperger se torna, por vezes, bastante difícil de discernir quando – sem apelar à vivência subjetiva – nos limitamos ao estudo do comportamento.

A integração do duplo que Williams parece começar a alcançar – conforme o que ela relata em suas últimas obras – permite que, de vez em quando, ela obtenha certo acesso ao gozo do corpo sem passar por um duplo externo. Quando de uma conferência sobre o autismo destinada a estudantes, ela chega "a tomar a palavra consciente do seu eu", bebendo do "seu eu e das suas emoções". A experiência, no entanto, vai ficando difícil. Sua fala tropeça em obstáculos.

> *Eu havia respondido todas as perguntas claramente, sem verborreia nem dispersão. Minha elocução havia sido lenta e entrecortada, como uma chafurdação na lama. Havia tido dificuldades para encontrar minhas palavras e havia me expressado por imagens, preferencialmente [...] Depois de mais de uma hora estava esgotada. Minhas palavras ainda estavam respondendo, mas eu me esquivava delas – como se elas fossem com o vento ao final de cada declaração. Minha cabeça perdeu a consciência das minhas falas. Meus olhos arregalaram em busca de sinais e indícios que provassem o sentido certo de palavras às quais eu me ensurdecia.*[47]

---

[47] Ibid., p. 200.

Constata-se que a assunção da enunciação se mostra frágil: ela só se mantém à custa de um esforço rigoroso, que acaba sendo sobrepujado.

Além de alguns momentos em que a sua enunciação não lhe parece mais artificial, Williams descreve, em suas últimas obras, momentos de elação associados à sensação de se fundir com o seu eu. "Olá, emoções", às vezes diz a si mesma.[48] Ela demonstra que o enquadramento do objeto pulsional pelo imaginário apresenta uma eficiência real – ele chega a amainar o gozo deslocalizado, a canalizá-lo para animar o sujeito; ele restaura uma enunciação assumida –, porém, atesta conjuntamente que tudo isso continua precário, fundamentado em bases frágeis. O enquadramento do gozo não é a sua cifração pelo significante. Este produz uma divisão entre sujeito do enunciado e sujeito da enunciação, ao autorizar conjuntamente a representação do Um no Outro – pela qual o sujeito experimenta a sensação de falar em seu próprio nome –, mas essa divisão implica uma perda de controle sentida pelo sujeito autista como angustiante.

Williams parece conceber os limites das suas estratégias defensivas quando constata que "o sentimento inspira a ação" e que não é possível ensiná-lo aos autistas. "Vocês não podem fazer com que eles sintam", afirma ela, "emoções por suas imagens, suas 'caras', suas comédias e seus repertórios, como se se tratasse de uma verdadeira expressão pessoal". O seu esforço para fundamentar uma enunciação artificial por meio do "pensamento invertido", formulando "interiormente as frases de outra pessoa", esbarra na impossibilidade de penetrar no pensamento dos outros. Uma parte essencial e inextinguível de imputação pessoal intervém nesse processo: ela assinala, por si só, que é necessário convocar aí uma

---

48 Ibid., p. 246.

suposição.[49] "Você pode captar a ideia de um sentimento", acrescenta ela, "mas ele não vai se tornar seu por conta disso". Ela continua plenamente consciente da inversão inerente ao especular: "Não se pode fazer tudo ao contrário".[50]

B – Os objetos autísticos complexos

E os objetos autísticos? Participam da construção subjetiva ou entravam o desenvolvimento da criança? São vetores de abertura ou de fechamento? O debate divide os especialistas. A maioria considera que o objeto autístico deve cair para permitir que o sujeito evolua. No entanto, mesmo os partidários de métodos reeducativos mostram-se prudentes e aconselham, frequentemente, que não se precipite em retirá-los. Os mais favoráveis a seu respeito e à sua utilização – quando estão em condições de relatar as suas experiências – são os autistas de alto funcionamento.[51] Orientar-se em meio à diversidade dessas opiniões passa por um aprofundamento das funções do objeto autístico. Por que o sujeito parece tão apegado a ele? Para que é que o objeto lhe serve? Ele pode abdicar dele?

Conhecemos as respostas de Tustin, a primeira clínica a isolar o objeto autístico e a destacar algumas das suas funções. Ela sublinha, por vezes muito fortemente, a dimensão patológica deles. Segundo ela, tais objetos "opõem-se à vida e à criatividade; carregam

---

49 "O sentimento inspira a ação. O inverso equivale a analisar os sentimentos que uma pessoa *poderia* ter durante a ação" [ibid., p. 288]. É Williams quem sublinha a suposição necessária.
50 Ibid., p. 289.
51 T. GRANDIN, *Penser en images, op. cit.*, p. 115.

consigo a destruição e o desespero".[52] Ela esclarece que, sendo vividos como partes do corpo, são

> *sentidos como instantaneamente disponíveis e não ajudam, pois, a criança no seu aprendizado da espera. Eles também não a ajudam a suportar a tensão e a diferenciar a ação – o que é essencial para as atividades simbólicas. Os objetos autísticos, acrescenta ela, têm outro efeito devastador: as sensações-objetos e as sensações-formas[53] não são substitutos temporários da mãe; elas a substituem de modo permanente. Os seus cuidados tornam-se, por conta disso, nulos e sem efeito.*[54]

Do lado das técnicas de reeducação do comportamento, os objetos autísticos não são mais bem considerados que isso. Como praticamente não se interroga a respeito das suas funções, eles são considerados anomalias comportamentais, de modo que cumpre corrigi-las. Na melhor das hipóteses, a violência feita contra o sujeito será atenuada pelo recurso a um método progressivo. Assim foi feito com um autista de quatro anos que mostrava, desde os três, um "apego inadequado" a uma manta. Tentavam tirá-la dele, mas constatavam que uma "aflição aguda tomava conta do garoto". Tanto fez: ajudaram-no a despeito dele. Indicaram que a mãe diminuísse progressivamente a manta, cortando pedaços a cada noite.

---

52 F. TUSTIN, *Les états autistiques chez l'enfant, op. cit.*, p. 90.
53 Tustin nomeia como "sensações-formas" as "formas engendradas por sensações que embotam a consciência das sensações normais [...]. Trata-se de formas informes e aleatórias, sem relação com as dos objetos reais. São, pois, formas não classificadas nem compartilhadas, experimentadas nas superfícies do corpo ou noutras superfícies que as crianças autistas sentem como as de seus próprios corpos" (F. Tustin, *Autisme et protection, op. cit.*, pp. 36-7).
54 F. TUSTIN, *Autisme et protection, op. cit.*, p. 137.

"Ela rapidamente encolheu", dizem-nos, "e, ao fim de mais ou menos seis semanas, 'a manta' já não passava de alguns fios formando um nó". A criança acabou a abandonando. Contudo, incorrigível, ela se põe "a transportar novos objetos – por exemplo, um ônibus de plástico". Procederam da mesma forma para fazer com que ela os abandonasse. A aflição foi menor, assim como o apego aos novos objetos mostrou-se menos intenso. A observação não diz se o desinvestimento dos objetos acompanhou um proveito real para a criança, pois, para os autores, é ponto pacífico que se deva considerar uma normalização dessas como sendo um progresso. Notemos que essa "manta" teria merecido que se interrogassem a propósito da distinção entre objeto transicional e objeto autístico – o primeiro, inerente à construção subjetiva mais ordinária, ao passo que o segundo assinala a presença de transtornos –, mas esses terapeutas só conhecem "apegos inadequados aos objetos",[55] de modo que estavam prontos para erradicar tanto um quanto outro. Sem dúvida, também consideravam chupar o dedo um hábito ruim.

Entretanto, as falas e os comportamentos de todos os sujeitos autistas convergem para indicar que certos objetos são, para eles, de um auxílio precioso. "Por fortes razões", escreve Sellin, "posso encontrar a segurança somente em objetos". "Desde a minha mais tenra infância", nota Grandin, "interesso-me muito mais pelas máquinas do que pelos meus semelhantes". Williams é ainda mais precisa: "Para mim, as pessoas de quem eu gostava eram objetos; e esses objetos (ou as coisas que os evocavam) eram minha proteção contra as coisas de que eu não gostava, isto é, as outras pessoas [...] Comunicar pelo viés dos objetos não tinha perigo". Grandin insiste

---

55 R. HEMSLEY e col., "Le traitement des enfants autistes dans l'environement familial". In: M. RUTTER; E. Schopler, *L'autisme. Une réévaluation du concept et des traitements, op. cit.*, p. 479.

a respeito do erro que muito educadores infantis cometem quando querem varrer suas fixações e suas "obsessões".

> *Ganhariam mais apoiando-se em sua experiência pessoal, alargando o campo obsessivo e tentando orientar o interesse manifestado pelo autista por atividades construtivas. Por exemplo, se uma criança é fanática por barcos, é preciso tirar proveito da sua obsessão por barcos para incitá-la a ler, a fazer contas, a consultar livros especializados e a resolver problemas de velocidade e de nós. As fixações são um tipo de motivação. Leo Kanner declarou, um dia, que o caminho do sucesso, para certos autistas, consistia em transformar uma fixação em carreira profissional.*[56]

Ademais, a maioria dos clínicos e dos educadores está de acordo em considerar que a criança autista necessita amparar seu pensamento em elementos concretos que progressivamente lhe permitam organizá-lo. Mesmo os que consideram o autismo um transtorno invasivo do desenvolvimento constatam que eles "captam mais os objetos do que as pessoas".[57] Um autor que preconiza o método TEACCH,[58] tal como Peeters, observa que os comportamentos estereotipados dos autistas apresentam "uma função evidente".

---

56 T. GRANDIN, *Penser en images, op. cit.*, p. 115.
57 T. PEETERS, *L'autisme. De la compréhension à l'intervention, op. cit.*, p. 157.
58 Treatment and Education of Autistic and related Communication hadicapped CHildren, criado por Eric Schopler nos Estados Unidos em 1966. Trata-se de um programa educativo que se baseia na análise do comportamento da criança para estabelecer um ensino estruturado visando à aquisição de competências determinadas.

> *As pessoas acometidas por autismo querem viver de uma maneira segura e previsível; querem escapar de situações demasiado difíceis de viver; querem se defender; persistem em eliminar a angústia; e, por fim, fazem questão de se estimular e de ser gratificadas... Queremos mesmo privá-las disso tudo? Que capital (in)humano será preciso pagar? Numerosas estereotipias são características das pessoas acometidas por autismo: elas respondem ao seu estilo cognitivo rígido, são previsíveis e deixam os autistas eufóricos [...] Em resumo, podemos dizer que os autistas precisam delas e têm esse direito.*[59]

Essas pertinentes profissões de fé, impostas pela clínica, entram em choque, no entanto, com a lógica em que se inserem: toda abordagem do autismo ancorada numa concepção genética, fundamentada numa abordagem normativa do desenvolvimento do sujeito, mais cedo ou mais tarde induz que se faça oposição à persistência das estereotipias e dos objetos autísticos.

Embora Tustin considere que esses objetos patológicos devam desaparecer no decorrer do tratamento, ela constatou que a supressão brutal da proteção que eles garantem corre o risco de ter consequências nefastas.

> *Fico muito inquieta quando ouço pessoas falando em "suprimir o autismo", em "curá-lo" ou ainda em "perfurá-lo". Vi crianças e ouvi falar de crianças que tinham sido tratadas em função de tais concepções: haviam se*

---

[59] T. PEETERS, *L'autisme, op. cit.*, p. 191.

tornado hiperativas ou, até mesmo, nitidamente esquizofrênicas.[60]

A experiência adquirida com isso confirma que a supressão precipitada do objeto autístico frequentemente suscita nas crianças autistas quadros clínicos que ficam difíceis de diferenciar da esquizofrenia.

Função dos objetos autísticos simples

Em 1972, numa obra intitulada *Autismo e psicose da criança*, Tustin foi a primeira a isolar o conceito de objeto autístico. Ela evidencia, logo de saída, as funções simultaneamente protetoras e patológicas dele. Prossegue o estudo da sua especificidade em pesquisas ulteriores, alimentadas por sua prática psicanalítica com crianças psicóticas, de modo que chegou a uma teorização do objeto autístico bastante elaborada.

Em sua primeira abordagem, apoiou-se na descoberta do objeto transicional, isolado por Winnicott em 1951 e por ele caracterizado como "a primeira posse não eu" da criança. O objeto autístico seria, assim, na perspectiva de Tustin, um tipo de precursor do objeto transicional, apresentando a especificidade de ainda ser percebido como "totalmente eu". Segundo ela, no desenvolvimento normal da criança, o objeto autístico se assentaria no objeto transicional. Tustin se situa resolutamente numa abordagem genética: ela considera que cada sujeito deve adquirir "integrações de base" bem cedo, de modo que toda patologia resultaria de rupturas do "desenvolvimento normal". Psicoses e neuroses testemunhariam a não consumação

---

60 F. TUSTIN, *Autisme et protection, op. cit.*, p. 37.

ou a destruição de estruturas fundamentais, que se encontrariam, "em seguida, aglomeradas e espremidas umas nas outras".[61]

Sabe-se que o objeto transicional aparece no decorrer do primeiro ano, mais frequentemente encarnado em coelhos, ursinhos, chupetas, brinquedos de pelúcia, mantas, malhas etc. Ele é utilizado como calmante e habitualmente ajuda a pegar no sono. Constituindo, segundo Winnicott, "uma experiência primitiva normal", ele representa o seio materno ou o objeto da primeira relação; não está nem sob controle mágico, como o objeto interno kleiniano, nem fora de controle, como a mãe de verdade. Situa-se no entremeio – o que Winnicott nomeia como uma área transicional. Ele coloca esse objeto nos primeiros estágios da ilusão e na origem do simbolismo. Lacan faz disso uma versão do carretel do *Fort-Da*[62] e indica que concebeu o objeto pequeno *a* seguindo seus rastros.[63] Com efeito, o objeto transicional se constrói em relação à perda: ele coincide, segundo Winnicott, com "alguma ab-rogação de onipotência"[64] e só pode aparecer se a mãe chega a desiludir a criança.[65] Ademais, ele está fadado a um desinvestimento progressivo, que deve ir até o desaparecimento. Ele materializa com a sua existência

---

61 F. TUSTIN, *Les états autistiques chez l'enfant, op. cit.*, p. 224.
62 J. LACAN, *O seminário,* livro 6: *O desejo e sua interpretação*. Traduzido por C. Berliner. Rio de Janeiro: Jorge Zahar, 2016; sessão de 6 de junho de 1959.
63 J. LACAN, "O ato psicanalítico". In: *Outros escritos*. Traduzido por V. Ribeiro. Rio de Janeiro: Jorge Zahar, 2003, p. 376.
64 D. W. WINNICOTT (1951) "Objetos transicionais e fenômenos transicionais". In: *Da pediatria à psicanálise*. Traduzido por D. L. Bogomoletz. Rio de Janeiro: Imago, 2000, p. 320.
65 "A mãe", escreve Winnicott, "por adaptar-se em quase 100 por cento, proporciona ao bebê a possibilidade de ter a *ilusão* de que o seu seio é uma parte dele. Ou seja, como se este estivesse sob o seu controle mágico [...] A onipotência é quase um fato da experiência. A tarefa da mãe será posteriormente a de desiludir o bebê" (D. W. WINNICOTT, "Objetos transicionais e fenômenos transicionais ", *op. cit.*, p. 327).

o acionamento da falta que comanda o desejo. "O fato de ele não ser o seio (ou a mãe)", escreve Winnicott, "é tão importante quanto o fato de representar o seio (ou a mãe)".[66] O objeto transicional revela, assim, que a perda do objeto primordial do gozo dá origem a objetos substitutivos com os quais o sujeito chega a propiciar para si uma certa satisfação.

Em contrapartida, os objetos autísticos funcionam, segundo Tustin, como proteção contra a perda. Não são substitutos,[67] afirma ela: a sua função é "impedir o desenvolvimento do grau de consciência da separação corporal".[68] Eles forjariam uma proteção contra um "buraco negro" angustiante, correlato a uma perda vital que afetaria o sujeito e o Outro materno. Utilizados como se fizessem parte do corpo para dar sensações que acalmam e desviam a atenção, a sua razão de ser essencial seria a de "suprimir as ameaças de ataque corporal e de aniquilação definitiva".[69]

Tustin dá disso o seguinte exemplo:

> no início do seu tratamento, David, uma criança psicótica com dez anos de idade, tinha o costume de levar, toda sessão, um carrinho. Segurava-o tão forte na palma da mão que ela ficava com a sua marca quando ele o largava. À medida que eu ia trabalhando com ele, compreendi que ele tinha a impressão de que o seu carrinho tinha propriedades mágicas e o protegia do perigo. Via-o como um tipo de talismã ou amuleto, com a única diferença

---

66   D. W. WINNICOTT (1955) "A posição depressiva no desenvolvimento emocional normal". In: *Da pediatria à psicanálise, op. cit.*, p. 19. [N. T.]
67   F. TUSTIN, *Les états autistiques chez l'enfant, op. cit.*, p. 122.
68   F. TUSTIN, *Autisme et protection, op. cit.*, p. 132.
69   F. TUSTIN, *Les états autistiques chez l'enfant, op. cit.*, p. 124.

> *de que, apertando-o forte na palma da mão, parecia virar uma parte do seu corpo, uma parte "a mais", dura. Mesmo quando largava o carro na mesa, a marca dele permanecia profundamente impressa na palma da sua mão, e ele tinha a sensação, assim, de que o brinquedo ainda fazia parte do seu corpo e continuava a protegê-lo do perigo.*[70]

Além de serem sentidos como fazendo parte do próprio corpo, os objetos autísticos caracterizam-se pelo fato de que a criança os utiliza de uma forma que não corresponde às suas funções. Eles propiciam, segundo Tustin, uma sensação de segurança; eles protegem do "não eu". Mas resultam "de uma autossensualidade que se tornou excessiva e assumiu um curso desviante e perverso",[71] tanto que têm um efeito limitante sobre o desenvolvimento mental da criança. Em resumo, Tustin os concebe como sendo proteções contra a angústia que ultrapassam a sua função autoterápica, chegando a se tornar nocivos.

Por outro lado, ela evidenciou notavelmente o fato de que o sujeito autista se situa numa relação transitivista com seu objeto.

> *Como Kanner bem havia compreendido, essas crianças não distinguem os indivíduos vivos dos objetos inanimados, tratam a todos eles da mesma forma – colam-se contra a parede, ou junto a uma parte dura do corpo de alguém, como se se tratasse de um objeto animado; ou, ainda, colam as costas em pessoas com quem se sentem*

---

70 Ibid., p. 118.
71 Ibid., p. 139.

em fusão e em equação com as sensações de dureza assim engendradas. Trata-se aí mais de equação adesiva do que de identificação adesiva. Essas sensações autogeradas são da maior importância para essas crianças. O excesso de concentração delas em sensações engendradas pelos seus próprios corpos as torna insensíveis a sensações com aplicabilidade objetiva mais normal. Por exemplo, um grande número dentre elas não tem consciência de se machucar ao cair".

Não estando o gozo regulado pela linguagem, ele invade o corpo – por "sensações autogeradas", no vocabulário de Tustin –, ao passo que as percepções carecem, elas também, de um enquadramento simbólico para estruturá-las. A psicanalista inglesa constata que, na relação do autista com o objeto, funcionam fenômenos de identificação imediata, que lhe parecem muito primários, resultando de um tipo de colagem real que não merece sequer, segundo ela, ser designada como identificações. "As crianças autistas", escreve, "cercam-se de objetos duros com os quais se sentem em equação de modo bidimensional. Não se trata aí de identificação: essas crianças recorrem à dureza do objeto a fim de se equacionarem com este". Caso se considere que a identificação é um fenômeno que só opera em se apoiando nos significantes, Tustin está legitimada, sem dúvida, a considerar que uma colagem assim com o objeto – para se apossar de algumas propriedades dele – não é exatamente da ordem de uma identificação. "Esses objetos", continua ela, "não são diferenciados do corpo do sujeito e não são utilizados por suas funções objetivas, mas pelas sensações de dureza que proporcionam [...]. Um grande número dessas crianças desenvolve um corpo duro, teso, musculoso – como descreveu Esther Bick. São crianças sisudas que vivem num mundo bidimensional dominado pelas sensações de dureza e de brandura. Essas sensações extremas desviam a atenção das crianças das sensações apropriadas para as sensações da vida quotidiana, que elas compartilham com outros humanos. Isso significa que desenvolvem particularidades idiossincráticas a fim de engendrarem sensações protetoras que lhes são próprias. Para o observador ordinário, essas particularidades estereotipadas parecem desprovidas de sentido. A atenção das crianças autistas é concentrada nessas sensações autogeradas a ponto de parecerem surdas, ou até mesmo cegas".[72]

Tustin evidencia muitíssimo bem que o objeto autístico funciona como um duplo do sujeito, mas isso lhe parece não ter futuro. Ela correlaciona essencialmente esse fato à deficiência das identificações e às sensações inapropriadas. Ainda que constate que o objeto autístico protege da angústia, sua perspectiva genética não a incita a explorar mais adiante os recursos que o sujeito pode extrair dele. Com isso, segundo ela, não há outra perspectiva no tratamento analítico além de se orientar em direção à queda do objeto autístico, inclusive rumo à sua substituição por um objeto transicional.

Tustin insiste muito no fato de que os objetos autísticos têm uma dureza da qual o sujeito procura se apropriar. Porém, parece pouco contestável que existam objetos autísticos simples que não são duros: tiras, cadarços, fitas, brinquedos de borracha etc. Nesse caso, mais frequentemente, trata-se de objetos dotados de um movimento: ora parecem apresentar uma dinâmica própria (ventilador, hélice, piões, rodas etc.); ora o sujeito os anima (fita que ele faz oscilar diante dos olhos, corrente que balança, bolas que correm pela mão etc.). Por que o autista parece fisgado pelo movimento de objetos assim, que ele pode ficar horas observando? Sem dúvida por uma razão evidenciada por Tustin, não somente a propósito

---

[72] F. TUSTIN, *Autisme et protection, op. cit.*, pp. 35-6.

da dureza, mas a propósito de outras determinadas propriedades dos objetos – a saber, que o sujeito procura integrá-las. Assim, uma criança autista havia elegido como objeto a torre de um jogo, a fim de adquirir sua altura. Crescer, para esses sujeitos, nota Tustin, "equivale a retirar pedaços do corpo das pessoas grandes e das outras crianças [...]. Elas acreditam que, para se tornarem mais altas, ou mais gordas, ou maiores, ou melhores, ou mais fortes, devem grudar esses 'pedaços' pelo corpo".[73] Aliás, Tustin nota pertinentemente que as crianças autistas "parecem ter a impressão de ser uma coisa inanimada, titubeando na borda do mundo vivo e do humano. Tornar-se vivo e humano é, para elas, algo assustador".[74] Com isso, é do lado dos objetos – e não dos humanos – que fazem as suas primeiras tentativas para se animar. É no seu duplo protetor que buscam um gozo com o qual lhes é lícito se sintonizar. Assim como a sua enunciação pode ser deslocada num duplo, é frequentemente do lado do duplo que, como veremos, elas buscam uma dinâmica. Tustin descreve o fenômeno, por vezes, sem concebê-lo plenamente. Durante a primeira sessão de John, uma criança de três anos e meio, ela relata que ele permanece impassível.

> *Passava na minha frente sem prestar nenhuma atenção em mim, como se eu não existisse; exceto num único momento, em que, na sala, pegou a minha mão e a puxou em direção ao pião que eu rodopiei para ele. Aí, tomado de excitação, se inclinou para a frente para vê-lo girar. Ao mesmo tempo ele girava o pênis através da calça e, com a outra mão, fazia círculos ao redor da boca. O que*

---

73   F. TUSTIN, *Les états autistiques chez l'enfant*, op. cit., p. 165.
74   F. TUSTIN, *Autisme et protection*, op. cit., p. 66.

me deixa pensar que ele fazia pouca diferença entre os movimentos do pião e os do seu corpo.[75]

Essa vinheta clínica ilustra a relação transitivista que o sujeito mantém com os seus objetos, mas também o fato de que o autista procura uma dinâmica por intermédio deles – aqui, em princípio, na mão da terapeuta; depois, no pião. No entanto, a função dos rodopios não ultrapassa, segundo Tustin, uma tentativa de evitação do mundo exterior e de abolição da consciência.[76] Porém, se o duplo objetal é inicialmente utilizado como barreira autossensual, escapa a Tustin um aspecto mais positivo da apropriação do seu movimento: as crianças autistas, que se sentem inanimadas, encontram no seu duplo uma dinâmica vital essencial, tão manifesta que desaparece tão logo se desliguem do objeto. Tustin não se atém à frequência dos objetos dinâmicos entre os objetos autísticos simples. Sua perspectiva genética, que baliza as etapas do desenvolvimento do sujeito, faz com que ela se foque nas propriedades nocivas dos objetos autísticos, o que obstaculiza o discernimento de uma das suas funções capitais: a busca operada, por intermédio deles, de uma animação libidinal do ser. Nós mostraremos, em seguida, que essa função é evidenciada de maneira mais nítida pelos objetos autísticos complexos. Não é surpreendente, com isso, que muitos objetos autísticos sejam simultaneamente duros e dinâmicos, a fim de tratarem *tanto* a imagem *quanto* a animação pulsional.

---

75 F. TUSTIN, *Autisme et psychose de l'enfant, op. cit.*, p. 17.
76 F. TUSTIN, *Autisme et protection, op. cit.*, p. 85.

Objeto autístico ou objeto transicional?

A automáquina de Joey e a máquina de apertar de Temple Grandin constituem, sem dúvida, os dois objetos autísticos complexos mais conhecidos hoje em dia pelos especialistas do autismo. Mais que o primeiro, o segundo testemunha uma autoterapia de eficiência inegável, centrada na construção de um objeto que persiste na idade adulta, o que parece contradizer radicalmente a concepção de Tustin – segundo a qual o objeto autístico é "devastador" –, assim como os que supõem que ele seria um obstáculo a "toda e qualquer elaboração interna".[77] Não há dúvida, contudo, de que a analista inglesa não considerava a máquina de Grandin um objeto autístico. Segundo ela, iria se tratar provavelmente de um objeto transicional. Ainda que ela considere a distinção entre objeto autístico e objeto transicional sempre possível e útil, "é preciso não esquecer", acrescenta, "que por vezes eles se fundem um no outro. Nós poderíamos dizer que certos objetos transicionais são mais autísticos do que outros".[78]

A máquina de Grandin é, ao mesmo tempo, um objeto autístico e um objeto transicional? Segundo ela, sua estabilização se fez graças à construção de uma máquina que teria a capacidade de amainar a hiperatividade de seu sistema nervoso. A maior parte dos clínicos a quem testemunhou isso se inquietou com o fenômeno – alguns buscando até mesmo separá-la do seu objeto, o qual consideravam nocivo. Sua mãe, porém, não adotou a mesma atitude. Escreveu para a filha, então estudante: "Não se preocupe tanto com o brete. É só uma nana. Lembra que, quando pequena, você rejeitava qualquer nana? Não suportava".[79] Essa indicação parece

---

77 M. LEMAY, L'autisme aujourd'hui. Paris: Odile Jacob, 2004, p. 93.
78 F. TUSTIN, Autisme et psychose de l'enfant, op. cit., p. 70.
79 T. GRANDIN, Uma menina estranha, op. cit., p. 120.

bem situar, ao mesmo tempo, a proximidade e a diferença entre objeto autístico e objeto transicional: certamente eles têm alguns pontos em comum, é possível confundir um com o outro; todavia, um observador atento, como a mãe de Grandin, nota que é precisamente característico da criança autista não ter tido objeto transicional. Em sua infância, Temple não tinha "nana". Mas tinha fixações em objetos giratórios, ou podia ficar horas sentada na praia, fazendo deslizar areia por entre os dedos e erguendo minúsculos montinhos.[80]

De encontro a Tustin, sustentaremos aqui que o objeto autístico e o objeto transicional não podem se fundir um no outro, dado que são radicalmente distintos. Existem, primeiramente, diferenças manifestas: a persistência tardia do objeto autístico complexo, enquanto o objeto transicional tende a desaparecer; a relação transitivista do sujeito autista com seu objeto, enquanto a "nana" é mais diferenciada; e, sobretudo, o fato de que o objeto autístico complexo é uma criação do sujeito, e não um objeto que já estivesse lá, encontrado no entorno imediato. Todavia, essas diferenças toleram algumas exceções: certos objetos transicionais persistem tardiamente, ao passo que há objetos autísticos complexos que são adotados, e não criados, pelo sujeito – por exemplo, a máquina de lavar ou a televisão. Não nos deteremos, pois, em tais diferenças: até porque elas só têm importância caso as funções dos objetos autísticos e transicionais para a economia subjetiva não se confundam. Porém, ainda aqui a diferença encontra-se mascarada por aquilo que eles têm em comum, pois ambos são sedativos: eles apaziguam o sujeito, que reage vivamente quando dele são retirados um ou outro. Em contrapartida, o objeto transicional é usado para amainar a perda, nunca para animar um sujeito, pois a criança dotada de um objeto transicional já é um sujeito desejante: seu objeto fálico, seu primeiro tesouro,

---
80 Ibid., p. 28.

atesta uma simbolização da perda que comanda a animação libidinal. A emergência do objeto transicional testemunha que uma regulação das pulsões se efetuou. Não é o caso do sujeito atulhado por um objeto autístico simples, que tranquilamente se percebe como um objeto no mundo dos objetos, maneira de indicar que ele se sente inanimado – signo do não funcionamento da dinâmica pulsional. Ora, a clínica do autismo mostra, claramente, que cada uma das pulsões pode mostrar-se desregulada nesses casos: uma criança teme perder uma parte do seu corpo ao defecar quando o objeto da pulsão anal permanece demasiado presente; outra sofre de graves transtornos alimentares, não tendo sido assumida a perda no campo da oralidade; muitas evitam toda e qualquer operacionalização do objeto da pulsão escópica, fugindo do olhar do outro e não engajando o seu no mundo, ao passo que a maior parte mostra-se incapaz de fazer com que a voz sirva para a interação – permanecendo, então, muda, ecolálica ou verborrágica. Tudo indica que a função capital do objeto autístico complexo consiste em aparelhar um gozo pulsional em excesso. Trata-se, consequentemente, de um objeto cuja falicização é débil, atrelado à pulsão de morte, o que não é o caso do objeto transicional.

A comparação entre o *Fort-Da* freudiano e as condutas *on-off* do autista ilustra claramente dois modos bem distintos de relação com o objeto de gozo e atesta maneiras muito específicas do seu trato. O carretel do *Fort-Da*, indica Lacan, é um objeto transicional. Lembremos que Freud observou com interesse a brincadeira de um bom menino de dezoito meses, cujo caráter gentil era louvado por todo mundo. Ele, como muitos da sua idade, havia adquirido o hábito de jogar para longe de si todos os objetos pequenos que lhe caíam nas mãos, pronunciando um som que os mais próximos concordavam em interpretar como sendo a palavra *Fort* ("sumiu"). "Acabei por compreender", escreve Freud, "que se tratava de um jogo e que o único uso que o menino fazia de seus brinquedos era brincar de 'ir embora' com eles. Certo dia", continua, "fiz uma observação que confirmou meu ponto de vista. O menino tinha um carretel de madeira com um pedaço de cordão amarrado em volta dele". Ele se divertia ao lançá-lo na beira da sua cama – ladeada por uma cortina, embaixo da qual ele desaparecia –, dizendo *Fort*; e daí fazia com que ele reaparecesse, saudando-o com um alegre *Da* ("achou").

> *Essa, então era a brincadeira completa: desaparecimento e retorno. Por via de regra, assistia-se apenas ao seu primeiro ato, que era incansavelmente repetido como um jogo em si mesmo, embora não haja dúvida que o maior prazer se ligava ao segundo ato. A interpretação do jogo tornou-se, então, óbvia. Ele se relacionava à grande realização cultural da criança, a renúncia pulsional (isto é, a renúncia à satisfação pulsional) que efetuara ao deixar a mãe ir embora sem protestar. Compensava-se por isso, por assim dizer, encenando ele próprio o desaparecimento e a volta dos objetos que se encontravam ao seu alcance.*[81]

O carretel tem aqui a função de objeto transicional, que consiste em amainar a perda do objeto de gozo. Esse carretel, como notou É. Laurent, vai se transformar em urso de pelúcia.

> *O que é um urso de pelúcia? É um carretel ao qual a criança recorre quando tem de confrontar uma separação. É uma 'reserva de libido', diz Lacan. Com essa pequena reserva extracorpórea, o Outro pode partir.*

---

[81] S. FREUD (1920) "Além do princípio do prazer". In: *Obras completas de Sigmund Freud*, 2a. ed., vol. XVIII. Rio de Janeiro: Imago, 1976, pp. 26-7; tradução modificada.

Mesmo se 'o Outro a desola' com sua partida, resta-lhe isso. Com essa reserva de libido, ela pode guarnecer a angústia na qual foi deixada pela partida da Coisa – a mãe real enquanto lugar que humaniza a criança.[82]

Porém, é preciso assinalar que o seu desaparecimento encontra-se enquadrado pela expressão de dois significantes: o primeiro nomeia a ausência, o segundo acompanha o retorno da presença do objeto substitutivo. Entre os dois passa uma encenação da perda. Um dos benefícios desse jogo, segundo Freud, reside na posição ativa assumida pelo sujeito em relação ao evento desagradável, permitindo-lhe satisfazer uma tendência à dominação. A manipulação do objeto transicional é acompanhada, então, por uma posição ativa do sujeito, ao passo que este último – uma criança de quem se louva, precisamente, "o caráter gentil" – não apresenta maiores transtornos, do que se pode deduzir um funcionamento regulado da dinâmica pulsional.

Certas condutas *on-off* do autista podem ser aproximadas do jogo do *Fort-Da*, como a de uma criança de seis anos, Arnold, que dispõe de um objeto autístico simples – um barbante agitado diante dos seus olhos – e cujo gozo oral não está regulado, de modo que todos os objetos lhe parecem comestíveis. Sua terapeuta, G. Guillas, observa que ele tenta, por vezes, aplacar a sua oralidade desenfreada recorrendo a um livro.

Ele pega o "Livro das estações do ano", selecionando as imagens que se relacionam com a comida, cutuca cada imagem, a nomeia, e depois a submete aos dois tempos

---

82 É. LAURENT, "Autisme et psychose. Poursuite d'un dialogue avec Robert et Rosine Lefort", *La cause freudienne*, 66. Paris: Navarin, 2007, p. 117.

da presença e da ausência: "Morango"/ "*não tem mais morango*"; "batata"/ "*não tem mais batata*"; "ameixa"/ "*não tem mais ameixa*"; *e continua, metonimicamente:* "Lanchinho"/ "*não tem mais lanchinho*"; "bolacha"/ "*cabô, amanhã, bolacha*"; "chocolate"/ "*não tem mais chocolate, cabô*"; "biscoito"/ "*não tem mais biscoito*"; "batatinha"/ "*não tem mais batatinha*".

Em outras sessões, Arnold mobiliza de novo a oposição mais-menos, conectada a imagens e endereçada à sua terapeuta, não mais somente para tratar o gozo oral, mas – de um modo mais geral, aparentemente – para produzir um ordenamento do mundo. Ele apanha o seu livro preferido, faz expressamente com que a analista se sente e diz: "Ler". Então, página por página, vai selecionando imagens que por ele são privilegiadas, detém-se em cada uma delas e as submete ao tratamento habitual. Temos, então, longas séries que se declinam como se segue:

> *Morango, tchau morango, não tem mais.*
> *Boneco de neve, tchau, não tem mais.*
> *Sopa, tá não, depois, não tem mais.*
> *Menininho, tchau, tá não, não tem mais.*
> *Uva, não tem mais, tchau etc.*

As séries todas se organizam segundo esse "tem"/ "não tem mais".

A terapeuta nota que Arnold testemunha uma questão importante para ele nessas construções.[83] As condutas *on-off* e o *Fort-Da*

---

83 G. GUILLAS, "Que l'Autre soit", *Du changement dans l'autisme? Journée de l'ACF/VLB du 27 mars 1999*, pp. 197-9.

parecem duas maneiras de tratar a negatividade da linguagem e a dor da perda de objeto – mas uma trabalha com o signo; a outra, com o significante. É preciso sublinhar que as oposições reguladas de Arnold tentam fazer advir a perda controlada de um objeto demasiado presente, graças a uma tentativa de simbolização desta. Contudo, bem longe de designar a perda, a primeira expressão – em geral, "tem" –, opõe-se ao "*Fort*", sublinhando a presença do objeto, não o seu distanciamento; ao passo que a segunda expressão, "não tem", não saúda seu retorno, mas, pelo contrário, o seu distanciamento. Em conformidade com a natureza do signo – que não apaga o objeto que representa, mas que, ao contrário, relaciona-se estreitamente com ele –, Arnold começa com uma nomeação que opera uma conexão, enlaçando uma palavra a uma imagem. Num segundo momento, para controlar a perda, opera de novo sobre o signo, afetando-o com uma negação: "Tchau, tá não, não tem mais". Bem diferente é a relação com a linguagem do sujeito que sabe manejar o *Fort-Da*: ele começa por nomear não uma presença, mas uma ausência – em conformidade com a natureza do significante, que apaga a coisa designada –, ao passo que, num segundo momento, intervém não o mesmo signo, mas outro significante, o "*Da*", pois é da natureza do significante caminhar em pares de oposições. Além disso, esse segundo significante faz com que a coisa designada retorne, sempre sem nomeá-la. Só o significante realiza plenamente o assassinato da coisa; o signo continua impregnado por ele, mesmo quando nega a sua presença. Com isso, as condutas *on-off* testemunham um funcionamento oponível, em todos os pontos, ao *Fort-Da* transicional.

Entre a nomeação do objeto e sua negação operada pelo sujeito autista, produz-se uma cutucação do objeto – a qual procura apagá-lo, e não fazê-lo retornar. Todos os clínicos notaram a frequência do recurso a tais condutas de cutucação nas crianças autistas: condutas que dão a elas uma sensação de segurança, testemunhando um controle do objeto. Essas condutas parecem aplicar ativamente a lógica do signo, assegurando-se primeiro da presença do objeto, daí afetando-o com certa negatividade – entretanto, sem proceder a uma assunção da sua perda. Elas operam, no entanto, para enquadrá-lo simbolicamente; e depois disso ele pode encontrar lugar no mundo protegido delas, ali onde convém, a saber, na borda.

O objeto autístico complexo inscreve-se numa lógica semelhante, no que concerne ao tratamento do objeto de gozo: ele se esforça por enquadrar o seu excesso de presença e distanciá-lo, a fim de produzir um acionamento precário da dinâmica pulsional, permitindo instaurar certa animação subjetiva. Um objeto autístico simples, como mostrou Tustin, proporciona, em primeiro lugar, um gozo autossensual – que faz barreira ao mundo externo –, mas é também um duplo "vivo", portador de um retorno de gozo na borda; caso se articule ao Outro de síntese, caso participe de uma ilha de competência, torna-se um objeto autístico complexo, cujas ramificações conseguem, por vezes, estender-se até o campo social. O objeto autístico simples permanece grudado no sujeito, ele está a serviço de uma autossensualidade que o isola; ao passo que o objeto autístico complexo afasta o gozo do corpo do sujeito para localizá-lo numa borda, que não é mais só barreira contra o Outro, mas também conexão com a realidade social.

Os objetos autísticos complexos de Joey

Os objetos autísticos complexos mais conhecidos e mais bem estudados são, certamente, os da criança-máquina – que ficou célebre em função do relato de seu percurso terapêutico feito por Bettelheim, em 1967, em *A fortaleza vazia*.

Hoje é de bom tom denegrir as pesquisas de Bettelheim insistindo na culpabilização dos pais, considerados responsáveis pelo autismo dos filhos. Sua posição era seguramente mais matizada, visto que afirmava que não era a atitude da mãe que produzia o autismo, mas a reação espontânea da criança a essa atitude.[84] Sejam quais forem as críticas que lhe tenham sido dirigidas, não deveríamos esquecer que ele foi um dos primeiros, ainda nos anos 1950, a demonstrar que o diagnóstico do autismo não deveria fadar-se à desesperança terapêutica. Preconizando métodos educativos orientados por noções psicanalíticas, obteve resultados completamente notáveis no tratamento do autismo na Escola Ortogênica de Chicago.[85] Ainda que tivesse nos legado apenas o relato do tratamento de Joey, qualquer clínico interessado no funcionamento autístico deveria, ainda hoje, render-lhe homenagens. Desde a sua

---

84 B. BETTELHEIM, *La forteresse vide, op. cit.*, p. 75.
85 "[...] Houve oito, de nossas quarenta [crianças]", escreve Bettelheim, "para quem os resultados terapêuticos finais foram 'medíocres' porque, a despeito de haver progressos, não conseguiram o mínimo de adaptação social necessário para capacitá-las a viver em sociedade. Para quinze o resultado foi 'razoável', e para dezessete, 'bom'. Assim, enquanto que Eisenberg aponta somente 5% de resultados bons, nossa experiência revela que um tratamento intensivo poderá elevar esse número para 42%. [...] Cinco das dezessete terminaram o colégio e três delas chegaram, além disso, a graus superiores" (B. BETTELHEIM, *A fortaleza vazia, op. cit*, pp. 445-446). Tais resultados, que parecem muito excepcionais, incitaram alguns a contestar o diagnóstico de autismo no que concerne a esses sujeitos. O que sabemos hoje do autismo torna-os, pelo contrário, completamente plausíveis: os resultados obtidos anos atrás em Viena, por Asperger, com a ajuda de outros métodos educativos, não conhecidos naquela época, foram, no entanto, da mesma ordem. Além disso, depois de uma longa prática com crianças autistas, Tustin afirma, em 1992: "Todos aqueles que tratei em meu consultório particular atingiram um grau de desenvolvimento afetivo e cognitivo tão satisfatório que puderam se integrar e levar uma vida social normal". Ela acrescenta que a sua prática de supervisão lhe mostrou que os seus resultados podiam ser reproduzidos (F. TUSTIN, *Autisme et protection, op. cit.*, p. 55).

chegada à Escola Ortogênica, Joey se apresenta como uma criança-máquina – não pode se separar das suas lâmpadas e do seu pesado motor. O mundo se dividia, segundo ele, entre "as pessoas vivas" e "as pessoas que precisam de lâmpadas", do que se deduz que estas últimas carecem da sensação da vida. Assim, somente as máquinas, por meio da corrente elétrica que são reputadas a comunicar, podem insuflar temporariamente em Joey essa sensação. Ele as havia concebido antes da chegada em Chicago. Desde os seis anos de idade, máquinas assim devem ser mobilizadas para que ele possa se arranjar com o objeto da pulsão oral. Para comer, relata Bettelheim, ele tinha de se conectar a um circuito elétrico.

> *Tinha de sentar-se num pedaço de papel, encostando-se à mesa, e seu vestuário tinha de ser coberto com guardanapos. De outra forma, disse-nos ele mais tarde, não estaria isolado, e a corrente elétrica abandoná-lo-ia. Isto é, se o circuito gerador de vida fosse interrompido, e a energia não fluísse para seu corpo, como poderia comer? Só podia beber por meio de complicados sistemas de tubos feitos com canudinhos. Os líquidos tinham de ser bombeados até ele (ou assim julgava). Portanto, não se permitia chupar.*[86]

Notemos o quanto subsiste aí uma sensação de inércia de sua parte, uma vez que toda energia lhe parece vir do objeto.

Num primeiro momento, as máquinas são consagradas mais ao tratamento do objeto oral; em seguida, a vocação primordial delas será, manifestamente, regular um objeto anal invasor: "Antes

---

86 B. BETTELHEIM, *La forteresse vide, op. cit.*, p. 265.

de passar a viver conosco", nota Bettelheim, "muitas das prevenções de Joey relacionavam-se com a ingestão, com a aquisição de energia vital. Só mais tarde é que a analidade começou a afirmar-se tão abertamente, primeiro quando evacuava no cesto de lixo e, depois, na diarreia que tragava o mundo inteiro".[87] É manifesto que a regulação do objeto anal constitui uma tarefa prioritária dos objetos autísticos complexos de Joey. No entanto, a máquina à qual se referia no início de sua estada servia, também, mesmo que de maneira mais discreta, para tratar o objeto escópico – visto que era composta de numerosas lâmpadas, graças às quais ele podia acender ou apagar a luz. Comportava, além disso, um alto-falante, que aparece numa foto da máquina.[88] Aparentemente, ela permitia que Joey falasse e ouvisse. De fato, tinha, sobretudo a função de introduzir um corte para regular o gozo vocal: ele afirmava, com efeito, "que só podia ouvir através de máquinas, pois podia desligá-las sempre que necessário".[89]

A criança autista dispõe de um saber – que, no entanto, ela nunca aprendeu – concernente à energia vital que lhe falta. Ela sabe que a energia provém de um objeto e que este tira seus poderes de uma perda que deve afetar o corpo dela. A aproximação dessa perda é tão angustiante que a criança estabelece uma defesa radical para se proteger dela: a recusa do apelo ao Outro, que faz obstáculo à assunção da alienação na linguagem. Joey gritava "explosão" no momento em que o material fecal deixava o seu corpo, como se ali se tratasse, comenta Bettelheim, de um evento, ao mesmo tempo, grandioso e devastador. Os seus efeitos quase cósmicos eram inferidos de afirmações como: "Estou ligando a minha lâmpada [...]

---

87   Ibid., p. 322; tradução modificada. [N. T.]
88   Ibid., 258. (Figura 11).
89   Ibid., p. 345.

vou acender as luzes de fora".[90] Outras numerosas observações indicam que, segundo Joey, o objeto anal é produtor de energia. Muitos dos seus desenhos e pinturas mostram a origem da luz, do fogo e de enormes explosões no material fecal, iluminado por uma luz ou aceso por um cigarro. Quando Joey avista Ken, uma criança da instituição, tratando o objeto anal, ele escolhe um novo objeto autístico, sucessor da automáquina. "Hoje aconteceu uma coisa", relata ele. "Vi uma das pessoas pequenas no banheiro. Sabia o nome dessa pessoa pequena. Eu estava espiando por debaixo da porta. Quando ele estava defecando, houve um clarão e uma explosão".[91] Nesse período, qualquer apreensão da perda de um objeto de gozo é vivida por Joey como uma castração real. Ele tinha de segurar seu pênis enquanto defecava e tampar seu ânus enquanto urinava. Qualquer coisa que abandonasse o corpo dele o deixava aterrorizado. Apesar disso, os seus intestinos funcionavam porque ele considerava que eram movidos por máquinas. Quando suas fezes estavam duras, anunciava que "precisava de máquinas melhores para aquecê-las até adquirirem a consistência apropriada".[92]

Os objetos autísticos complexos de Joey lhe permitem regular seu gozo para fornecer-lhe uma energia vital. Ligar-se a eles o anima, desligar-se deles deixa-o sem vida. Nos primeiros tempos da sua estada na Escola Ortogênica, ele parecia funcionar por telecomando – como um "homem mecânico" movido por máquinas que ele havia criado e que tinham fugido ao seu controle.

Momentos havia, por exemplo, em que um longo período de não existência seria interrompido pelo colocar em

---

90   Ibid., p. 289; tradução modificada.
91   Ibid., p. 324; tradução modificada.
92   Idem. [N. T.]

> *funcionamento a máquina, cada vez mais desenfreadamente, até culminar numa "explosão" destruidora. Isso acontecia muitas vezes ao dia e acabava com Joey arremessando subitamente uma válvula eletrônica ou uma lâmpada ao chão, que se quebrava e se estilhaçava com estrépito [...] Uma vez chegado o momento de o mundo explodir, essa criança, que vivia em profunda quietude, muda e impassível, enfurecia-se de repente, correndo desenfreadamente e gritando "Bum! Bum!" ou "Explosão!", enquanto atirava ao ar uma lâmpada ou um motor. Logo que o objeto arremessado se quebrava e que estrépito acabava, Joey morria com ele. Sem qualquer transição, retornava à sua aparente não existência. Explodida a máquina, não restava movimento, vida, absolutamente nada.*[93]

Embora tenha o poder de animar o sujeito, a automáquina não é muito tranquilizante – ela também tem uma capacidade de destruição. Bettelheim a qualifica, por vezes, como "monstro" ou como "máquina infeliz". As primeiras máquinas de Joey são medonhas: "Podíamos imaginar a que ponto essas máquinas eram perigosas pelos nomes que lhes dava, como 'trituradora de crânios'".[94] Nisso, os objetos autísticos complexos são bem diferentes dos objetos transicionais. Estes últimos são objetos fálicos tranquilizadores; os outros – atrelados ao real e à pulsão de morte – são, por vezes, inquietantes. O que melhor atesta isso é a vontade de muitos cuidadores de fazer com que eles desapareçam. Todavia, considerando que a função capital do objeto autístico complexo

---

93 Ibid., pp. 254-255.
94 Ibid., p. 273.

consiste em tratar o gozo que retorna na borda, ele melhora nas suas formas mais elevadas – de modo que o incômodo que suscita tende a se atenuar.

As "explosões" de Joey esclarecem a constatação feita por muitos clínicos, segundo a qual as palavras mais frequentemente pronunciadas pelas crianças autistas são "quebrado" ou "rachado".[95] O sistema elétrico no qual Joey se imagina situa-o numa dependência inquietante de um Outro onipotente, como atesta o fato de a máquina estar sempre mais ou menos desregulada. A única maneira de que dispõe para se separar dele faz com que advenha a colocação em ato do abandono do seu ser. A sua tentativa de romper uma continuidade entre ele mesmo e sua borda passa por um corte real catastrófico. A criança autista é invadida por um objeto de gozo que ela se esforça por tratar, seja dominando-o, seja separando-se dele. Contudo, essa separação – como relata Joey, no que concerne à defecação e à micção – é vivida como uma castração real, como se uma parte do corpo fosse arrancada. A voz e o olhar sofrem, por vezes, o mesmo tratamento:

> *Primeiro, colocamos cera nos ouvidos. Isso nos protege e nos tapa os ouvidos de maneira que não podemos ouvir coisas que não queremos. Colocamos cada vez mais cera para termos a certeza de que não ouvimos; isso nos deixa surdos. A surdez espalha-se tanto que todo mundo fica surdo e ninguém é capaz de ouvir. Leva à cegueira. Então as pessoas ficam surdas e cegas.*[96]

---

95 M. LEMAY, *L'autisme aujourd'hui, op. cit.*, p. 159.
96 B. BETTELHEIM, *A fortaleza vazia, op. cit.*, p. 345.

Sabe-se, ademais, que tais crianças têm uma propensão a condutas automutilatórias. No começo da sua estada, quando Joey era contrariado, ficava terrivelmente zangado e tentava "espetar um lápis na mão".[97] A única maneira que tinha de reagir aos incidentes, no início, consistia em tentar destruir ou castigar uma parte do seu corpo.[98] Contudo, a complexificação dos objetos autísticos, pela localização do gozo numa borda na qual eles comparecem, atenua a maldade do Outro real – de modo que esses objetos amainam e, depois, fazem cessar as condutas automutilatórias. "Foi a partir deles [os motores e as lâmpadas]", constata Bettelheim, "que [Joey] obteve a força emocional necessária para deter seu empreendimento autodestrutivo".[99]

Se o sujeito é tão solícito com os seus objetos autísticos complexos, não é somente porque podem apaziguá-lo, mas também porque ele tem a impressão de que, caso os aperfeiçoe, poderá obter ainda mais deles. Se nos atemos a ir seguindo, passo a passo, o relato do percurso de Joey na Escola Ortogênica, constatamos que ele encontra soluções cada vez mais eficazes para amainar a sua angústia e construir o seu mundo – e que essas soluções se apoiam numa sucessão de objetos cujas características vão se modificando. Após ter sido fisgado muito cedo pelos ventiladores, ele se apresenta a Bettelheim como um "menino-máquina"; daí liga-se a Ken, que ele chama de Kenrad – em referência à mais potente das lâmpadas.[100] A percepção que Joey tem de si vai se humanizando progressivamente. É o que testemunham as representações

---

97 Ibid., p. 274. [N. T.]
98 Ibid., p. 354.
99 Ibid., p. 282.
100 Trata-se da marca "Ken-Rad", produzida pela Kentucky Radio Corporation, empresa pioneira no desenvolvimento e produção de lâmpadas incandescentes. [N. T.]

dele mesmo, em desenhos, como *papoose*[101] – primeiro elétrico; depois, cada vez mais humano. Em seguida, vem um novo objeto complexo, encarnado noutro menino da Escola, Mitchell – o mais normal entre eles, segundo Bettelheim. Mitchell não é mais uma lâmpada. Joey cria para esse menino e para si mesmo uma família, a família "Carr". Quando Mitchell deixa a Escola, Joey fica muito abalado por conta disso, de modo que se coloca novamente sob o controle das máquinas. Constatamos que o trabalho defensivo é longo e difícil, com avanços e retrocessos: os objetos autísticos sucessivos de Joey estão nitidamente em progressão uns em relação aos outros – eles correspondem cada vez mais às suas expectativas. Contudo, alguns são contemporâneos em seu percurso – por exemplo: a automáquina, Kenrad e Mitchell. Para o último deles, já não é assim: um amigo imaginário denominado Valvus, um menino feito Joey. A construção dele faz com que, pouco a pouco, as máquinas desapareçam, ao passo que Kenrad e Mitchell vão sendo esquecidos. Mais tarde, após terminar os seus estudos secundários numa escola técnica, especializando-se em eletrônica, Joey volta à Escola Ortogênica, levando uma máquina elétrica que ele tinha construído: um retificador, cuja função era converter a corrente alternada em corrente contínua, isto é, uma máquina capaz de regular a energia elétrica – justamente aquilo de que ele imaginava precisar quando chegou à Escola.

Retomemos um pouco mais detalhadamente a evolução dos objetos de Joey: o que ele nos ensina quanto à função deles? A relação transitivista mantida com seus objetos autísticos confirma, por um lado, a ênfase dada por Tustin ao fato de que o sujeito procura incorporar as qualidades deles. Ser ou parecer uma máquina traz vantagens para Joey: "As máquinas são melhores que os corpos",

---

101 "Papoose" é um termo utilizado por alguns índios da América do Norte para designar o bebê. [Na tradução brasileira, 'bebê pele-vermelha'. [N. T.]

afirma ele. "Não quebram. São muito mais duras e muito mais fortes".[102] Porém, o que é verdadeiro para o objeto máquina o é menos quando esse é encarnado por um semelhante, e menos ainda quando o objeto se torna um amigo imaginário. Se há uma qualidade comum a todos os seus objetos – qualidade que Joey tenta adquirir –, ela é, manifestamente, a capacidade que eles têm de regular a energia vital. Ele os utiliza para tratar a sua afetividade. São captadores de libido, reguladores de gozo. Traduzem um trabalho subjetivo de tratamento das pulsões. É essa a função dinâmica deles, negligenciada por Tustin.

Joey se encontrava numa relação fusional com a sua máquina, de modo que só podia tratar a energia vital elétrica por meio de um corte – este acarretando efeitos de queda. Correlativamente, a defecação colocava em jogo as fantasias de perda de partes do corpo. Com Kenrad opera-se um progresso: ele constitui essencialmente uma máquina para tratar o material fecal – daí o qualificativo de "rapaz-lâmpada"[103] que Bettelheim lhe dá. Trata-se certamente de um ser humano, mas ainda pertence ao gênero das máquinas. Com ele, o objeto anal é afastado: não são mais máquinas pouco diferenciadas do sujeito que devem se encarregar disso. Joey praticamente não se interessava pelo que Ken fazia ou pensava; a sua preocupação central era bombear o material fecal para fora dele.

> *Sempre que Joey se aproximava por trás, ou quando Ken estava de costas, então Joey tinha de evacuar para ele [...] Joey se aproximaria o mais que pudesse, ou que Ken permitisse, das nádegas de Ken, fazendo movimentos de furar ou extrair com as mãos e depois se moveria lenta-*

---

102 B. BETTELHEIM, *La forteresse vide*, op. cit., p. 292.
103 Ibid., p. 325. [N. T.]

mente para trás, como se extraísse fezes. Mais uma vez, a pantomima era tão boa que, quem o observasse, quase acreditaria ser verdade. Ainda estava para além da compreensão de Joey que alguém fosse capaz de defecar sem a ajuda alheia. Só as máquinas podiam fazer isso.[104]

Porém, essa capitalização do objeto de gozo energético em Kenrad não deixa de ter inconvenientes, pois ele se torna onipotente e perigoso por conta disso: seria capaz de mutilar ou de matar, até mesmo de destruir a Escola – e, talvez, o mundo inteiro. "À medida que o poder de Kenrad aumentou", nota Bettelheim, "Joey tornou-se mais 'inútil'".[105] Perante esse Outro onipotente, Joey corria o risco de resvalar para a posição suposta como a que satisfaria sua vontade de gozo, a do objeto caído.

Contudo, os seus esforços para sair da sua solidão autística, amparados pelos educadores da Escola Ortogênica, permitem-lhe que se ponha a brincar de *papoose*. Ele produz, então, inúmeros desenhos dele próprio como *papoose*. Primeiro, ligado a uma eletricidade sem fio e movido por máquinas; depois, cercado por um abrigo de vidro. A sintonia com Kenrad parece ter contribuído para a incorporação de certa humanidade: Joey não se percebe mais como uma máquina, mas como uma pessoa. Continua valendo, como sempre, que o *papoose* deve contribuir com o tratamento do material fecal.

Joey tem então um sonho centrado em Mitchell, um menino mais velho que o protegia e que estava para deixar a Escola: "Eu estava no banheiro dos rapazes com Mitchell. Ele estava sentado no

---

104 Ibid., p. 325.
105 Ibid., p. 326; tradução modificada.

vaso e evacuava, e eu estava ajoelhado na frente dele".[106] Mitchell também capitaliza o gozo, mas o controla melhor: Joey não imagina que a defecação dele produza explosões e luzes. Com isso, Joey divide os poderes: os bons estão vinculados a Mitchell; os maus, a Kenrad. Entretanto, torna-se, agora, dependente da energia anal de Mitchell. "Se Mitchell rejeitasse parte do interesse de Joey por sua evacuação, a reação de Joey seria: 'Ele partiu meus sentimentos'".[107] Prossegue, no entanto, com sua humanização, incorporando certas características de Mitchell, que cada vez mais tenta imitar. Este último, escreve Bettelheim, "foi a primeira pessoa de quem adquiriu, assim, força (ainda encarada como energia elétrica), por meio de tocar algum objeto que dava energia a Mitchell – seu copo, seu prato ou qualquer outro objeto relacionado com comida".[108] As relações de Joey com a alimentação e com a defecação vão melhorando em conjunto. Igualmente, quando Mitchell deixa a Escola, Joey sente-se atingido em seu ser e deve, de novo, apelar às suas máquinas para tratar o gozo:

> *Nesse dia, enfiou-se na cama, dizendo: "Estou com pneumonia, o Michell foi embora" e voltou a ser dirigido por máquinas. Durante algum tempo, fora ao banheiro sem auxílio mecânico; voltava agora a precisar freneticamente desse auxílio "para esvaziar o intestino".*[109]

A partida de Mitchell faz fracassarem os esforços de Joey para introduzir um sistema binário de tratamento do gozo repartido entre dois polos de onipotência, um produzindo coisas boas e o

---

106 Ibid., p. 335.
107 Ibid., p. 339; tradução modificada.
108 Idem. [N. T.]
109 Ibid., p. 340. [N. T.]

outro concentrando os poderes de destruição. Essa introdução de uma bipartição nos objetos parecia ter produzido uma melhor regulação da energia pulsional.

Com Mitchell partindo, Joey deve encontrar outra solução para continuar o seu trabalho de luta contra a solidão. Inventa, então, um amigo imaginário. Este constitui uma das encarnações possíveis do objeto autístico complexo. Quando este último vai se humanizando, a sua dimensão de duplo do sujeito vai se tornando cada vez mais manifesta. Bettelheim é um dos primeiríssimos clínicos a descrever o estupendo fenômeno do amigo imaginário do autista. É preciso notar que Tustin não dará importância a isso – que será, no entanto, fortemente confirmado, quarenta anos depois do tratamento de Joey, pelo notável testemunho de Donna Williams, relatando a sua abertura para o mundo graças à criação de Willie e Carol. Além disso, Donna menciona ter encontrado vários autistas de alto funcionamento vivendo em companhia de personagens semelhantes a seus duplos de juventude. Da mesma forma, embora mais discretamente, Temple Grandin relata sua propensão a criar amigos imaginários (Bisban, Alfred Costello). Daniel Tammet relata, durante alguns meses, diálogos com uma velha mulher serena, chamada Anne, com mais de cem anos de idade, que desapareceu depois de lhe ter anunciado sua morte próxima.[110] Resumindo, esse objeto-duplo encontra-se com muita frequência na clínica do autismo de alto funcionamento.

Joey dá a ele o nome de "Valvus" e o concebe como sendo "nem totalmente bom nem totalmente mau, nem totalmente indefeso nem todo-poderoso": de fato, idêntico a ele. Valvus se caracteriza por poder se regular por conta própria. "Como uma válvula, ligava-se e desligava-se quando fosse necessário ou apropriado". Ele

---

110 D. TAMMET, *Nascido em um dia azul*, op. cit., pp. 74.

regula esse movimento a partir do quê? Essencialmente a partir do material fecal. Graças a Valvus, nota Bettelheim, Joey "alcançou a autonomia, isto é, o domínio pessoal da própria evacuação".[111] Além do mais, algum tempo antes, Joey havia inventado a família "Carr", uma bela família imaginária. Confere a ela uma casa, cuja principal característica "era um complicado sistema de esgotos, com uma 'válvula volante para despejos'",[112] controlada por Valvus. Resumindo, este último, como observa Bettelheim de forma pertinente, proporcionou a ele "uma estrutura exteriorizada para uma personalidade interna", com a qual construiu "o dispositivo de segurança de que necessitava".[113] Ele começa, correlativamente, a aceitar as suas emoções; ao passo que vai abandonando, pouco a pouco, o recurso às lâmpadas e à eletricidade. A invenção de Valvus foi, para ele, necessária para estabelecer uma regulação do gozo anal.

Em seguida, Joey desenvolveu uma fantasia de autoprocriação anal, parindo a si próprio, imaginando o seu nascimento e o de Valvus a partir de um mesmo ovo. Uma fantasia dessas faz eco ao seu trabalho de saída de um retraimento efetuado na solidão de uma relação com base nos objetos-duplos e, prioritariamente, consagrada a tratar o gozo anal. Sua vida imaginativa e suas criações verbais se enriqueceram, seus sentimentos foram mais bem integrados; ele se abriu aos outros, tanto que desejou tornar a viver com a sua família. Terminou então os estudos secundários numa escola técnica, "utilizando melhor seu perseverante interesse", nota Bettelheim, "agora mais normal, por questões técnicas".[114] Resumindo, ao sair da Escola Ortogênica, aos dezoito anos de idade,

---

111 B. BETTELHEIM, *A fortaleza vazia*, op. cit., p. 340; tradução modificada.
112 Ibid., p. 341. [N. T.]
113 Idem. [N. T.]
114 Ibid., p. 356.

depois de lá ter passado nove anos, havia abandonado a posição autística de retraimento. Notemos a intricação dos componentes da borda: o objeto autístico é um duplo e o seu tratamento da energia elétrica orienta Joey para estudos em eletricidade, nos quais encontra uma ilha de competência, na raiz do desenvolvimento do seu Outro de síntese.

Três anos depois da sua partida, ele volta para visitar suas educadoras e Bettelheim. Escolheu levar consigo o seu diploma da escola e um aparelho elétrico que ele próprio havia construído. Fez uma demonstração dele para todos os que quisessem ouvi-lo:

> *Era uma coisa muito pesada, precisamente como as lâmpadas e motores [que] o haviam dominado no passado. Mas na forma como ele transportava essa máquina havia triunfo e satisfação. Era um retificador, e sua função consistia em transformar a corrente alternada em corrente contínua. E mostrou-nos várias vezes como esse aparelho que construíra mudava o eterno movimento oscilatório da corrente alterada para um fluxo direto e contínuo.*[115]

Num texto já antigo, G. e D. Miller sublinhavam que esse aparelho, que converte a corrente alternada em corrente contínua, "controla a eletricidade desvairada da qual ele era o joguete".[116] Nisso ele bem parece se inscrever na linhagem dos objetos autísticos complexos, pelos quais o sujeito chega a operar certa regulação do gozo pulsional.

---

115 Ibid., p. 367.
116 G. MILLER e D. MILLER, "L'enfant machine", *Ornicar? Revue du champ freudien*, 1984, 31, p. 54.

Uns trinta anos mais tarde, Joey continuava solteiro, mas levava uma vida autônoma, sustentando-se com um trabalho no ramo da eletrônica.[117]

O seu testemunho enfatiza claramente a contribuição dos objetos autísticos complexos para a saída do retraimento e para a socialização do sujeito autista. Decerto, eles contribuem para dar consistência à imagem do corpo; decerto, eles protegem da angústia; mas convém sublinhar, sobretudo, o seu aporte à animação libidinal do sujeito. Por intermédio deles, o gozo inquietante, desregulado, encontra-se capturado, posto à distância, controlado. As pulsões, com isso, animam-se. O objeto autístico é um duplo que suplementa a debilidade fálica e obtura a hiância do Outro. A realidade do autista não é composta de objetos que se inscrevem sobre um fundo de falta; ele investe essencialmente o mundo e os seus objetos por derivação do objeto autístico complexo. Sua relação com a linguagem, cujos signos objetiva, compartilha do mesmo funcionamento. Resumindo, para quem presta atenção às palavras de Joey recolhidas por Bettelheim, parece se impor o fato de que a função capital do objeto autístico ultrapassa a de um duplo protetor – é manifesto que ele contribui para com o estabelecimento de uma energética pulsional.

O brete de Temple Grandin

Claramente expostos numa obra que nenhum especialista do autismo ignora, os dados clínicos recolhidos por Bettelheim no estudo do caso Joey permanecem incógnitos. Como explicar isso? Os transtornos de Joey seriam atípicos? Seu tratamento, sem

---

117 N. SUTTON, *Bettelheim*. Paris: Stock, 1995, p. 510.

equivalente? É preciso evitar tomá-lo como exemplo? Os autistas de Bettelheim eram verdadeiramente autistas?

A publicação, nos anos 1990, de vários testemunhos excepcionais de autistas – em particular os de Donna Williams, Birger Sellin e Temple Grandin – permite renovar a abordagem dessas questões. Aproximando-os do trabalho de Bettelheim, mais do que atípica, a clínica de Joey se revela exemplar. Que serventia tiveram Willie e Carol, os dois amigos imaginários criados por Donna Williams? Ela afirma em 1992:

> *São duas criaturas nascidas da minha imaginação, que me ajudaram a viver independentemente e evitaram que eu acabasse numa instituição psiquiátrica. Elas também me conduziram numa viagem, no decorrer da qual, ponto por ponto, finalmente consegui existir enquanto ser dotado de sentimentos e emoções no "mundo", o mundo real.*[118]

Encontram-se, nesses amigos imaginários, as funções capitais dos objetos autísticos complexos: eles protegem da angústia, permitem investir no mundo por derivação, contribuem para uma integração dos afetos e para uma animação do sujeito – tudo isso por intermédio de um tratamento imaginário da perda. Donna Williams sublinha o quanto essas criações – ainda que deem muita segurança – mobilizam, ao mesmo tempo, um imaginário de castração. "Pois, se Carol e Willie 'têm participação' no mundo," escreve ela, "é a preço de uma verdadeira mutilação psíquica".[119] Produzindo a quebra dolorosa executada pela maior parte

---
118 D. WILLIAMS, *Si on me touche, je n'existe plus*, op. cit., p. 289.
119 Ibid., p. 169.

dos autistas, apreendida frequentemente por um 'ligar-desligar', os objetos autísticos complexos operam um arrefecimento do gozo. Para que certa regulação pulsional derive disso, é preciso que eles mimetizem um controle da perda simbólica. Esta não tem como ser mais explícita do que quando Williams realiza o assassinato de um dos seus amigos imaginários.[120] Ela firma os olhos num dos bonecos que supostamente o representa, depois o subtrai do campo escópico do qual ele emana – "um par de olhos verdes reluzindo na escuridão" –, fechando-o num caixão que ela afunda numa lagoa, até "apagar todo e qualquer traço das exéquias". O fim do tratamento de Dibs revela um tratamento semelhante, não do olhar, mas da voz. Dibs apanha um gravador, pedindo a ele para "[escutar] a [sua] voz" e "guardá-la"; depois, confia a fita à sua terapeuta: "Coloque-a em uma caixa", diz a ela, "conserve-a apenas para nós dois".[121] Numa sessão ulterior, ele verifica que a terapeuta guardou bem o objeto e repete o fenômeno. Os acontecimentos seguintes revelarão que essa subtração do gozo vocal liberou a fala de Dibs.

A utilização dinâmica dos objetos autísticos operada por Williams ou Joey não é nada excepcional: Temple Grandin enfatiza mais ainda a função energética da sua extraordinária criação mecânica. Ela teve muito cedo a intuição de que precisava construir para si mesma uma "máquina de bem-estar", para regular seus estímulos excessivos. A história da sua autoterapia centra-se na construção de uma máquina. Já quando pequena relata que "gostava de confeccionar objetos". Desde o terceiro ano do ensino fundamental lhe vem o "desejo de construir um aparelho que lhe proporcionaria bem-estar por meio do contato". É no final dos seus estudos secundários – levados a trancos e barrancos numa grande solidão; entremeados por crises de nervos, problemas de comportamento

---

120 Ibid., p. 113.
121 V. AXLINE, *Dibs: em busca de si mesmo, op. cit.*, p. 234 e 237.

e sofrimentos físicos – que ela consegue executar "uma prensa de contenção", cuja ideia lhe ocorre ao observar animais amedrontados e eriçados sendo presos num brete. Ela constata que eles se acalmam quando as paredes se fecham devagar por sobre os seus flancos. A máquina que ela constrói para si lhe proporciona o mesmo apaziguamento.

> *Quando criança, costumava imaginar um esconderijo de mais ou menos um metro de largura por um metro de altura. E o brete que acabei construindo era aquele esconderijo secreto, tão desejado nos meus sonhos infantis. Às vezes eu me perguntava se aquele brete não iria tomar conta de mim e me impedir de sobreviver sem ele. E então compreendi que o brete era apenas um aparelho de imobilização feito de restos de compensado. Era um produto de minha mente. Os mesmos sentimentos que eu tinha no brete podiam ocorrer fora dele. Os pensamentos eram criações da minha mente – e não do brete.[122]*

Essa máquina reguladora é uma invenção original a partir da qual toda existência de Grandin se estrutura por derivação metonímica. Depois de ter consagrado o seu mestrado às prensas de contenção nos currais, ela faz uma tese tratando dos efeitos do entorno no comportamento e no desenvolvimento do sistema nervoso central dos animais; e, então, trabalha no melhoramento da sina do gado de corte, desenhando um material destinado a lhes evitar o sofrimento. Ela faz comunicações científicas sobre essas questões, circulando em conferências sobre a neurologia dos autistas e sobre os benefícios da sua prensa para apaziguar o sistema

---

[122] T. GRANDIN, *Uma menina estranha*, op. cit., p. 97.

nervoso deles. Desde então a sua vida profissional e os seus centros de interesse parecem totalmente comandados pela sua máquina.

Esta última tem a função de "motivação", escreve ela. Constitui uma criação original que lhe permite certa contenção do seu gozo, graças ao que o funcionamento pulsional se estrutura. Ela possibilita certa aceitação da expressão dos seus sentimentos e daqueles manifestados a ela pelos outros. Grandin considera que é graças à sua máquina que ela chega a controlar sua agressividade, a aprender a sentir e a aceitar que lhe demonstrem afeição. Todavia, nenhuma falta é cavada no campo do Outro, onde o sujeito pudesse vir a alojar o objeto perdido do seu desejo: "A prensa", escreve ela, "me dá a sensação de estar sendo carregada, acariciada, ninada delicadamente nos braços da Mamãe. É duro de pôr preto no branco, mas é também uma maneira de aceitar esse sentimento".[123] Essa máquina não é o indício de uma falta, como seria um objeto transicional. Muito pelo contrário, ela preenche o sujeito, ela gera um imaginário incestuoso, de modo que não teria como indicar mais claramente que, para Grandin, o objeto *a* se encontra incluído numa borda protetora.

O autista mascara a perda simbólica e se arranja com ela graças a um objeto que, evidentemente, encarna o duplo: Tustin notou isso; Williams e Joey o confirmam claramente. Porém, esse não é exatamente o caso de Grandin, que construiu um objeto autístico particularmente complexo: a sua máquina não é um duplo dela mesma – em contrapartida, encontra as suas raízes num tratamento do duplo.

Grandin não esconde o fato de se identificar com os animais para os quais as prensas foram construídas. Inicialmente, no

---

123 Ibid., p. 119.

rancho de sua tia Ann, no Arizona, ela quis se colocar no lugar de um deles. "Tendo em vista que a pressão do contato tátil acalmava os bezerros", ela se perguntou se não poderia ter a mesma sensação.

> *Primeiro, regulei a cancela para que se ajustasse à altura da minha cabeça, quando eu ficava de quatro; em seguida, subi no curral e Ann puxou a corda que segurava as paredes do brete para aproximá-las [...] O resultado era, ao mesmo tempo, de estimulação e descontração [...] A prensa de contenção aliviava minhas crises de nervos.*[124]

Mais tarde, quando observa o funcionamento de uma prensa de contenção num abatedouro, assinala: "Eu me identificava com o animal".[125] Além disso, ela queria que o seu segundo livro levasse o título de *O ponto de vista de uma vaca*: "Meus esquemas de pensamento visual", afirma ela, "são de fato mais próximos daqueles dos animais do que daqueles dos pensadores verbais".[126]

Qual é o tratamento do seu duplo operado pelo objeto autístico complexo? O aparelho que fisga inicialmente a sua atenção servia, conforme ela nos diz, "para segurar um animal para marcá--lo, vaciná-lo ou castrá-lo". Mais tarde, ela se especializa em bretes utilizados para conduzir os animais ao atordoador nos abatedouros. Não há nenhum acaso nisso, visto que, desde a sua infância, o projeto de máquina de bem-estar se elaborava em torno de uma "espécie de caixa, parecida com um caixão".[127] É muito importante, sublinha ela, que tenha o controle de ligar e desligar a sua máquina.

---

124 T. GRANDIN, *Penser en images*, op. cit., p. 108.
125 Ibid., p. 146.
126 Ibid., p. 184.
127 T. GRANDIN, *Uma menina estranha*, op. cit., p. 40.

Esta lhe serve, portanto – assim como as de Joey –, para introduzir um corte no gozo desregulado. O brete de Grandin é construído conforme uma antecâmara da morte, com a qual encena o controle da sua própria perda. A sua máquina comporta, pois, uma dimensão inquietante, completamente incompatível com as "nanas" que Grandin nunca teve. Com frequência, confessa, "eu tinha sentimentos muito ambivalentes em relação ao brete [...] por dentro repudiava sua origem rude e bruta".[128] Não há nada de surpreendente, então, no fato de que ela possa assinalar: "A morte nos abatedouros é muito mais suave do que a morte natural [...] se eu pudesse escolher, preferiria passar por um sistema de abate industrial do que, ainda viva, ter minhas tripas arrancadas por coiotes ou leões".[129] Sublinhemos novamente, a esse respeito, que os objetos autísticos não são sedativos da mesma ordem que os objetos transicionais. Esses últimos testemunham uma simbolização apaziguadora da falta, ao passo que a falicização débil dos objetos autísticos deixa, mais ou menos, entrever a conexão com o objeto real que comanda a pulsão de morte. A proteção oferecida pela borda com relação ao Outro gozador permanece frágil.

Grandin se coloca no lugar dos animais, ao passo que, correlativamente, os humaniza. Ela acha que eles têm uma alma, "pois a estrutura de base do cérebro é similar". O último capítulo de *Thinking in pictures* [Pensar em imagens] é consagrado à sua relação com a religião. Nele, ela explica ter chamado o brete que construiu, em 1974, nos abatedouros Swift de "a Escadaria do Paraíso", porque ele constituía "a entrada dos céus para o gado".[130] Graças à construção desse aparelho, e conforme ao modo de pensamento concreto dos autistas, ela pode apreender as abstrações religiosas.

---

128 Ibid., pp. 115 e 117.
129 T. GRANDIN, *Penser en images, op. cit.*, p. 238.
130 Ibid., p. 232.

"Descobri Deus", escreve ela, "no alto da Escadaria do Paraíso. Nos abatedouros Swift as crenças se verificaram na realidade. Era mais que uma discussão intelectual. Assistia aos animais morrerem; eu mesma matei alguns deles. Se existisse um buraco negro no alto da Escadaria do Paraíso, ninguém teria motivo para ser virtuoso". O brete serve para ela tratar concretamente a hiância do Outro: Grandin pacifica o buraco negro, fazendo da sua máquina uma Escadaria do Paraíso, no alto da qual se encontra Deus. Ela pensa ter achado, por meio disso, um sentido para a vida – e para não mais temer a morte. Grandin não hesita em confessar que comparava os abatedouros Swift, então, com o Vaticano: um imaginário paterno surge quando ela constrói uma máquina própria para obturar a hiância do Outro. "Quando a força vital abandonava o animal, eu tinha", afirma ela, "profundos sentimentos religiosos [...] Creio que o lugar onde um animal morre é sagrado [...] Queria reinstaurar uma forma de ritual nos abatedouros". Ela chega, assim, a abordar a questão da perda simbólica por intermédio do seu duplo animal. Vai ao encontro, com isso, da intuição das grandes religiões: é sempre por meio de um sacrifício ao Outro obscuro que Deus é convocado. Contudo, Grandin não realiza esse sacrifício; ela só pode, quando se aloja em sua máquina, mimetizar a sua iminência. "Se não houvesse a morte", escreve, "não se teria como apreciar a vida".[131] O primeiro projeto da máquina de bem-estar, concebida no terceiro ano do ensino fundamental, já era "uma espécie de caixa, parecida com um caixão".[132] Com seu objeto-borda, o autista trata a castração, mas a sua recusa da alienação significante e o seu cuidado em manter o controle do objeto de gozo praticamente não lhe deixam outra saída a não ser colocá-la em imagens.

---

131 Ibid., p. 231.
132 T. GRANDIN, *Uma menina estranha*, op. cit., p. 40.

A Escadaria do Paraíso construída nos abatedouros Swift é uma das versões da máquina de bem-estar. Ela produz, assim como os objetos de Joey, uma regulação da energia vital por intermédio da ligação controlada com um objeto de gozo. Quando Grandin é separada disso, tem a experiência de uma perda, mas conserva a possibilidade – "moldando-se" à sua máquina – de restaurar uma completude imaginária. É o ligar-desligar que introduz um corte regulador na economia libidinal.

Confrontar-se com a hiância do Outro, mesmo que seja por intermédio de um duplo animal que se esforça por obturá-la, constitui uma provação de extrema dificuldade para um sujeito autista. Quatro anos depois da construção da Escadaria do Paraíso, Grandin realiza "um golpe de publicidade estúpido" que a torna conhecida, mas desorganiza suas defesas – o que ela põe na conta dos "organofosfatos" com os quais teria entrado em contato na ocasião. O seu sentimento religioso então desaparece, temporariamente, o que a deixa muito doente. Ela o restaura graças à Física Quântica, que parece lhe fornecer "uma base científica plausível para a crença na imortalidade da alma e no sobrenatural [...]. Na natureza", explica ela, "as partículas estão misturadas com milhões de outras partículas, cada uma interagindo com todas as outras partículas. Pode-se imaginar que essa mistura de partículas esteja na base de uma consciência universal. É minha concepção atual de Deus".[133] Ela então elabora um modo de abordagem da hiância do Outro, a partir da sua borda, que evita o confronto com a questão do sacrifício. É a solução espinozista, esse panteísmo – sublinha Lacan – que "não é outra coisa senão a redução do campo de Deus à universalidade do significante, de onde se produz um distanciamento sereno, excepcional, em relação ao desejo humano".[134] Se a perda

---

133 T. GRANDIN, *Penser en images, op. cit.*, p. 236.
134 J. LACAN (1973) *O seminário*, livro 11: *Os quatro conceitos fundamentais da*

não é mais necessária, então surgem ideias de imortalidade. "As ideias se transmitem como genes", afirma Grandin, "e tenho muita vontade de divulgar as minhas ideias". Ela confia em escrever porque "as bibliotecas são o único lugar do mundo onde temos acesso à imortalidade, que", prossegue ela, "talvez seja o efeito que nossas ideias têm sobre os outros".[135] Tratando a hiância do Outro exclusivamente pelo simbólico, sem colocar em jogo a questão da perda nem a do objeto de gozo, produz-se um apaziguamento intelectual. Mas a energia pulsional não vem daí: a prensa de contenção e a sua colocação em jogo imaginária da perda permanecem sendo aquilo que a mobiliza.

Os objetos autísticos complexos testemunham um saber operando na castração no sujeito autista: ele tem a impressão de que é preciso passar pela colocação em jogo imaginária da perda de um objeto de gozo para animar o seu funcionamento. Os objetos autísticos complexos são fundamentalmente objetos dinâmicos utilizados para remediar a sensação que o sujeito autista tem de falta de energia, em particular quando se trata de se expressar por conta própria. O duplo do autista é uma imagem dinâmica que aprisiona e mascara o objeto *a* não negativizado pela função fálica, o que o torna atrativo, mas deixa-o atrelado à pulsão de morte – daí a relação, por vezes ambivalente, do sujeito com ele. Acontece de o autista odiar temporariamente sua dependência ao seu objeto. Williams nota, pertinentemente, que a energia sem limite dos seus amigos imaginários encontra a sua fonte na "angústia e no pânico".[136]

---

 psicanálise. Traduzido por M. D. Magno, 2. ed. Rio de Janeiro: Jorge Zahar, 1998, p. 260.
135 T. GRANDIN, *Penser en images, op. cit.*, p. 235.
136 D. WILLIAMS, *Si on me touche, je n'existe plus, op. cit.*, p. 239.

Seria redutor apreender os objetos autísticos complexos, que compõem um dos elementos da borda, referindo-os a uma simples encarnação do duplo, como os Lefort são tentados a fazer em *La distinction de l'autisme* [A distinção do autismo].[137] Eles não concedem aos objetos autísticos um lugar principal, visto que consideram que o autista não pode extrair nenhum objeto do Outro – este permanecendo real e intacto. Com isso, é necessário que apreendam o objeto autístico essencialmente por intermédio do duplo. Eles o apreendem a partir do "marinheiro" de Marie-Françoise, nos moldes de um duplo real que tem, essencialmente, uma função de tapa-buraco.[138] Mas isso faz deles objetos nocivos? A posição deles parece mais matizada. Eles notam, com grande pertinência, que o duplo é usado para remediar a divisão do sujeito. No autismo, afirmam, "a ausência de divisão do sujeito – que não entra no significante sequencial da linguagem nem se representa por um S1 – acarreta a ausência correlativa de um resto, o (*a*). É o que ele tampona pela via do seu duplo, isto é, do mesmo, sem separação, visto que falta alienação desde o princípio".[139] Com isso, ao consagrarem algumas páginas a Temple Grandin, constatam que a sua encarnação animal do duplo tem um papel central em sua autoterapia. O duplo, concluem, "pode ter função de suplência, muito mais eficaz do que aquela que o psicótico pode encontrar – o qual, por uma dependência, está cravado no seu Outro e no objeto que lhe cabe no real. O duplo também está no real, mas pode fazer a separação com o Outro".[140] A nocividade do marinheiro de Marie-Françoise é amainada pela evidência da função autoterápica do duplo para Grandin. Todavia, os Lefort não se estendem sobre a especificidade da estabilização de Grandin – elaborada não diretamente com o seu duplo animal, mas a partir de uma maneira de

---

137 R. e R. LEFORT, *La distinction de l'autisme, op. cit.*
138 R. e R. LEFORT, *Naissance de l'Autre, op. cit.*, p. 315.
139 R. e R. LEFORT, *La distinction de l'autisme, op. cit.*, p. 61.
140 Ibid., p. 62.

tratá-lo, construindo a prensa de contenção. Ao se ater a isso, parece mais nitidamente que os objetos autísticos complexos permitem um enquadramento imaginário do objeto de gozo, operado ao se apoiar no duplo. Disso resulta um efeito de dinâmica subjetiva que nem Tustin nem os Lefort levaram em conta.

Uma das formas mais consumadas do objeto autístico complexo é, sem dúvida, aquela à qual chega Donna Williams depois de ter abandonado seus amigos imaginários. O duplo autístico então se apaga, pois se prende à imagem no espelho. Ela descreve o fenômeno com certo talento literário:

> *Eu gostava de ter tanto tempo para mim e de me possuir integralmente sem personagens. Eu me atirava no banheiro.*
> *— Bom-dia — eu me dizia no espelho.*
> *[...]*
> *Pintei-me um espelho pendurado na parede da sala, com relva alta no primeiro plano e um quadro de roseiras--bravas de todas as cores. Eu me esticava pra frente de uma maneira que parecesse alongada na relva alta do mundo invertido; o sol do quadro brincava loucamente sobre a relva, e dava a ela todas as nuances de verde, de dourado e de castanho.*
> *Às vezes levava minha refeição para comer comigo no espelho. Estávamos as duas sentadas na relva bela, selvagem, alta e movente. Juntas, rodeadas de rosas, havia somente eu e eu no espelho. Sem lugar. Sem mundo. Sem solidão. Os outros não eram mais tão inoportunos desde que eu vinha passando tanto tempo comigo.*[141]

---

141 D. WILLIAMS, *Quelqu'un, quelque part*, op. cit., p. 275.

Prendendo-se a uma imagem enaltecida no espelho, o duplo autístico dá estofo ao eu do sujeito. Sua falicização se acentua, mas é uma falicização que não passa pela castração. O duplo escópico de Williams não cessa de obstaculizar, a todo instante, a falta do Outro. Ela nota finamente que ele não dá lugar ao seu ser, visto que não pode alojá-lo no campo do Outro. Tampouco é um canal em direção ao mundo: isola-a em reflexos narcísicos, numa solidão povoada por ela mesma. No entanto, coloca o objeto olhar à distância, captura-o e dá a Williams a sensação de não ter "nunca se sentido tão totalmente viva".[142] Embora com certa dificuldade, ela pode tecer "um laço precioso" com um amigo, mas com a condição de que ele compareça no lugar do duplo – é por isso que, durante muito tempo, as únicas relações que ela pôde estabelecer com um homem só se produzem com autistas de alto funcionamento. Ao final de sua segunda obra, ela relata o encontro com Ian, com quem estabelece uma relação de "pertencimento" que ambos querem que seja "assexual platônica".[143] Ela se casa com ele, em seguida, mas se separa dois anos mais tarde.

Chega, então, a conhecer algo a que muito poucos autistas têm acesso: o gozo sexual com um parceiro. Constata-se que isso só foi possível por ocasião dos seus primeiros encontros sentimentais com parceiros não autistas: primeiro, com Mike; depois, com uma mulher, Shelly, e com o segundo marido, Chris.[144] Sem dúvida, para ela provar, por empatia, o gozo orgástico, foi preciso que encontrasse duplos capazes de tomá-la como um autêntico objeto de gozo. Para eles, ela não era um duplo, mas um objeto apto a preencher a falta do desejo deles.

---

142 Ibid., p. 314.
143 Ibid., p. 295.
144 D. WILLIAMS, *Everyday heaven. Journeys beyond the stereotypes of autism*, op. cit.

O canal do duplo é uma via privilegiada para que se enlace uma transferência com um sujeito autista – o tratamento que Williams efetuou com Mary confirma isso –, de modo que ele decerto corre o risco de resvalar para uma ambivalência destrutiva, mas a experiência mostra que não há nada de fatal nisso, se o analista souber apagar a presença dele, prestando-se a servir de objeto dinamizador. O estilo relacional que se atualiza no tratamento é observado da mesma maneira no laço impetrado pelo autista com o facilitador da comunicação assistida. Porém, se este encarna demais a posição do duplo, acaba nutrindo ilusões de fusão telepática, que suscitam, por vezes, uma transferência negativa geradora de ideias de intrusão, até mesmo de sedução abusiva.

A transferência autística pode se apoiar em objetos da mesma natureza que os objetos autísticos complexos; tanto uns quanto outros vêm no lugar do duplo, de modo que não são os objetos nocivos e devastadores teorizados por Tustin. Ela negligenciou o traço dinâmico de que frequentemente são portadores. O sujeito procura assimilar essa propriedade, mas isso só é possível ao se operar um trabalho, baseado no objeto, que passa por uma elaboração imaginária da perda simbólica. "O homem pensa com seu objeto",[145] sublinhava Lacan, comentando o *Fort-Da* freudiano. O autista tem uma intuição confusa disso; ele até capta que, desse objeto, seria preciso automutilar-se para animar o seu ser e regular o gozo. Por vezes chega a mimetizá-lo, mas não a realizá-lo.

Considerar a função do objeto autístico complexo coloca em evidência o seu lugar privilegiado no trabalho com os sujeitos autistas, para quem leva em consideração os ensinamentos da psicanálise. Com isso, nossa abordagem converge com as de Rosine

---

145 J. LACAN, *O seminário*, livro 11: *Os quatro conceitos fundamentais da psicanálise, op. cit.*, p. 63.

Lefort e de Éric Laurent, quando este último sublinha que se trata, para aplicar a psicanálise ao autismo,

> *de permitir ao sujeito que ele se liberte do seu estado de retraimento homeostático no corpo encapsulado e passe para um mundo de 'subjetividade' da ordem do autismo a dois. Trata-se de se fazer o novo parceiro desse sujeito, fora de toda reciprocidade imaginária e sem a função da interlocução simbólica. Como conseguir isso sem que o sujeito atravesse uma crise impossível de suportar? O suporte de um objeto fora de uma dimensão de jogo é necessário para fazê-lo parceiro do autista.*[146]

Laurent lembra a esse respeito a afirmação dos Lefort, segundo a qual "sem objeto não há Outro". Ela decerto se referia ao menino-lobo, mas eles esclareciam: "Um componente autístico aparece tão logo não haja mais objeto em causa entre o Outro e o sujeito; o que caracteriza o autismo é, com efeito, um Outro sem o objeto".[147] Privar o sujeito autista do seu objeto leva-o, com efeito, a um retraimento, e não lhe deixa outra saída que não seja procurar um suporte para o seu gozo em partes do seu corpo.

C – Ilhas de competência e Outro de síntese

Por conta da recusa em fazer com que o gozo vocal sirva à fala, o autista enfrenta múltiplas dificuldades quando tenta compreender

---

146 É. LAURENT, "Autisme et psychose. Poursuite d'un dialogue avec Rosine et Robert Lefort", *La cause freudienne*, 66. Paris: Navarin, 2007, p. 116.
147 R. e R. LEFORT, *Les structures de la psychose. L'enfant au loup et le Président*. Paris: Seuil, 1988, p. 64.

os enunciados do outro. Antes de mais nada, as palavras que expressam sentimentos não designam, para ele, uma experiência interna – de modo que lhe é difícil captar a que é que se referem. "A gente não consegue mostrar pra vocês um 'saber', nem ver um 'sentir'. Aprendi a utilizar essas palavras", relata Williams, "como um cego usa a palavra 'ver' ou um surdo, 'ouvir'".[148] Por outro lado, não sabendo "ler" a enunciação, o autista mal chega a interpretar a entonação e as gesticulações – disso resultam os erros de compreensão. Eles aparecem manifestamente quando se percebe sua surdez ao humor e à ironia, mas estão presentes permanentemente de maneira mais sutil, visto que a significação de um mesmo enunciado conhece importantes variações em função da enunciação. Além do mais, a predominância de referenciais imaginários em seu modo de pensamento cria-lhes obstáculos para captar o valor diferencial do significante – o que se discerne quando constatamos suas dificuldades em apreender os conceitos relativos. Palavras como "grande", "pequeno", "largo", "estreito", "em cima", "do outro lado", "depois", "pegar", "dar" só assumem uma significação conforme o contexto e de acordo com a relação que elas têm com as outras palavras da frase.

> *Para fazer com que um autista compreenda os conceitos de "grande" e "pequeno", seria preciso poder comunicar a ele a sua significação, partindo de uma percepção "literal": isso é "pequeno", no sentido absoluto do termo, e aí você vê o sentido invariável de "grande". Infelizmente, isso é impossível.*[149]

---

148 D. WILLIAMS, *Quelqu'un, quelque part*, op. cit., p. 95.
149 T. PEETERS, *L'autisme. De la compréhension à l'intervention*, op. cit., p. 68.

É por essas razões, dentre outras, que, mesmo para os autistas de alto funcionamento, a conversação acaba sendo difícil – "porque", resume um deles, "as pessoas dizem as coisas de jeitos diferentes".[150] Com isso, acrescenta K. Nazeer,[151] "não é a complexidade de uma língua que cria problemas para os autistas. De fato, é mais provável que ela os ajude, na medida em que, quanto mais complexidade nela houver, menos uma palavra correrá o risco de ser polissêmica. Quanto mais regras e estruturas, menos o autista tem de se apoiar em sua intuição e no contexto. Um sentido por palavra seria o ideal para eles". Não se teria como expressar mais nitidamente que o ideal do autista reside numa codificação do mundo pelo signo, ao passo que a sua representação significante parece demasiado incerta para eles. Williams confirma que um "mundo seguro e sem riscos" pode ser criado por ela num "microcosmo de nomes destinados propriamente para cada uma das coisas".[152] Ela queria viver num mundo coerente, "bem provido de referências fixas",[153] funcionando segundo regras absolutas. Como o simbólico não chega a amainar o caos do seu mundo e das suas emoções, alguns autistas desenvolvem estratégias notáveis para suprir a sua debilidade. Elas têm em comum uma procura pelo controle e pelo absoluto, mas apresentam uma variedade bastante grande: podem passar pela invenção de um mundo, pela busca de regras imutáveis, pela apropriação de um saber totalizante num domínio restrito etc. Um grande número de crianças autistas fica absorvido por uma preocupação exclusiva e incomum com relação, por exemplo,

---

150 K. NAZEER, *Laissez entrer les idiots*, op. cit., p. 17.
151 Kamran Nazeer é o pseudônimo de Emran Mian (1978-), britânico de origem paquistanesa que se formou em Direito em Glasgow e doutorou-se no Corpus Christi College, Cambridge. Nazeer é funcionário público e contribui com frequência com textos para a revista *Prospect*. Cf. <www.prospect-magazine.co.uk/author/emran-mian>. [N. T.]
152 D. WILLIAMS, *Si on me touche, je n'existe plus*, op. cit., p. 23.
153 Ibid., p. 77.

a linhas de ônibus, nomes, calendários, astronomia, plantas carnívoras, peixes, árvores genealógicas de famílias reais, horários de trens, isoladores elétricos – de modo que as descrições psiquiátricas do autismo incluem entre suas características, e com razão, uma "preocupação total com um ou mais padrões estereotipados e restritos de interesse, anormais em intensidade ou foco".[154] Com relação a essas ilhas de competência, os sujeitos mostram mais frequentemente um apego e um interesse excepcionais que testemunham a sua aptidão para captar o gozo. Foi notado muito cedo, especialmente por Asperger, que essas componentes da borda são as mais aptas a abrir para o social, pela derivação dos centros de interesse que podem suscitar. Elas constituem fontes do desenvolvimento do Outro de síntese.

Os números primos

A curiosidade de Oliver Sacks com relação a certos autistas-prodígio cria oportunidade para introduzir esses fenômenos. No final dos anos 1960, esse neurologista encontrou dois autistas gêmeos, que dispunham de excepcionais talentos como calculadores, e ficou intrigado com um dos seus comportamentos.

> *Eles estavam sentados juntos em um canto, com um sorriso misterioso, secreto, um sorriso que eu nunca tinha visto antes, desfrutando o estranho prazer e paz que agora pareciam ter. Furtivamente, para não os perturbar, eu me aproximei. Pareciam absortos em uma conversa singular,*

---

154 American Psychiatric Association, *DSM-IV-TR. Manual diagnóstico e estatístico de transtornos mentais*, 4. ed. rev. Traduzido por C. Dornelles. Porto Alegre: Artmed, 2002, p. 99.

puramente numérica. John dizia um número – um número de seis dígitos. Michael ouvia, assentia com a cabeça, sorria e parecia saborear o número. Em seguida, ele próprio dizia um número de seis dígitos, e dessa vez era John quem o recebia e apreciava com prazer. À primeira vista, lembravam dois connoisseurs *provando vinho, compartilhando gostos raros, raras apreciações. Sentei-me quieto, sem que eles me vissem, hipnotizado, perplexo.*
O que eles estavam fazendo? Que diabos estava acontecendo? Eu não conseguia entender. Talvez se tratasse de algum tipo de jogo, mas tinha uma gravidade e intensidade, uma espécie de intensidade serena, meditativa e quase sagrada, que eu nunca vira antes nos gêmeos, normalmente tão agitados e distraídos. Contentei-me com anotar os números que eles diziam – números que manifestamente lhes proporcionavam tanto prazer e que eles "contemplavam", saboreavam, compartilhavam em comunhão.
Teriam aqueles números algum significado, perguntei-me a caminho de casa, teriam algum sentido "real" ou universal, ou [...] apenas um sentido estapafúrdio ou particular, como as "línguas" secretas e tolas que irmãos e irmãs às vezes inventam para si mesmos? [...]
Assim que cheguei, fui buscar tabelas de potências, fatores, logaritmos e números primos – lembranças e relíquias de um período singular e isolado de minha infância, quando eu também fora uma espécie de ruminante de números, um "voyeur" de números, nutrindo por estes uma paixão peculiar. Eu já tinha um palpite – e então o confirmei. Todos os números, os números de seis dígitos que os gêmeos tinham compartilhado, eram primos

– ou seja, números que só podem ser divididos em partes iguais por eles mesmos ou por um. Teriam os gêmeos, de algum modo, visto ou possuído algum livro como o meu – ou estariam, de algum modo inimaginável, "vendo" números primos [...] Sem dúvida não poderiam tê-los calculado – não eram capazes de fazer cálculo algum.

Voltei à enfermaria no dia seguinte, levando comigo o precioso livro dos números primos. Novamente os encontrei encerrados em sua comunhão numérica, mas dessa vez, sem nada dizer, juntei-me a eles de mansinho. De início ficaram surpresos, mas, vendo que eu não os interrompia, retomaram seu "jogo" de números primos de seis dígitos. Após alguns minutos, decidi tomar parte e arrisquei dizer um número primo de oito dígitos. Ambos se voltaram pra mim, e subitamente ficaram quietos, com uma expressão de concentração intensa e talvez espanto. Houve uma longa pausa – a mais longa que eu já os vira fazer, deve ter durado meio minuto ou mais – e então, de súbito, simultaneamente, os dois abriram um sorriso.

Depois de algum inimaginável processo de teste, eles de repente haviam visto meu número de oito dígitos como um número primo – e isso manifestamente era pra eles um grande prazer, um duplo prazer; primeiro porque eu introduzia um gostoso brinquedo novo, um número primo de uma ordem que eles nunca haviam encontrado antes, e segundo porque era evidente que eu tinha visto o que eles estavam fazendo, que tinha gostado, que admirava e era capaz de participar também.

Os dois se afastaram ligeiramente um do outro, dando lugar para mim, um novo colega de brincadeiras nu-

méricas, um terceiro em seu mundo. Em seguida, John, que sempre saía na frente, pensou por um tempo muito longo – deve ter sido pelo menos cinco minutos, embora eu não ousasse me mexer e mal respirasse – e enunciou um número de nove dígitos; depois de um tempo semelhante, seu irmão gêmeo, Michael, respondeu com um numero do mesmo tipo. E então, eu, na minha vez, depois de olhar furtivamente o livro, acrescentei minha própria e desonesta contribuição, um número primo de dez dígitos.

Fez-se novamente, e por um tempo ainda mais longo, um silêncio repleto de fascinação e quietude; em seguida, John, depois de uma prodigiosa contemplação interna, saiu-se com um número de doze dígitos. Esse eu não tinha como verificar, e assim não pude responder à altura, pois meu livro – que, pelo que eu sabia, era o único de seu gênero – não ia além dos números primos de dez dígitos. Mas Michael mostrou-se apto para o desafio, embora demorasse cinco minutos – e uma hora mais tarde os gêmeos estavam trocando números primos de vinte dígitos, ou pelo menos supus que fosse isso, pois não havia meio de comprovar. Também não existia uma maneira fácil, em 1966, sem ter à disposição um computador sofisticado. E, mesmo então, teria sido difícil, pois quer usemos o crivo de Erastótenes ou qualquer outro algoritmo, não existe um método simples de calcular números primos. Não existe um método simples para os números primos dessa ordem – e, no entanto, os gêmeos os estavam descobrindo.[155]

---

[155] O. SACKS (1985) *O homem que confundiu sua mulher com um chapéu*. Traduzido por L. T. Motta. São Paulo: Cia. das Letras, 1997, pp. 222-224.

Após ter publicado um artigo sobre os autistas-prodígio, Sacks relata ter recebido uma correspondência abundante, vinda particularmente de pais de autistas.

> *Nessa categoria estavam os Park, pais muito inteligentes de uma criança muito talentosa, porém autista [...] A filha dos Park, Ella, era uma exímia desenhista e também muito habilidosa com números, especialmente quando bem pequena. Ella fascinava-se com a "ordem" dos números, especialmente os primos. Esse sentimento singular pelos números primos evidentemente não é raro. C. C. Park escreveu-me sobre uma outra criança autista que ela conhecia, a qual enchia folhas de papel com números escritos "compulsivamente". Todos eram primos, observou ela, e acrescentou: "São janelas para um outro mundo". Posteriormente, ela mencionou uma experiência recente com um jovem autista que também sentia fascinação por fatores e números primos, e que os percebia instantaneamente como "especiais". De fato, a palavra "especial" precisava ser usada para provocar uma reação:*
>
> *Há alguma coisa de especial, Joe, nesse número (4875)?*
> *Joe: "Só é divisível por 13 e 25".*
> *Sobre outro (7241): "É divisível por 13 e 557".*
> *E sobre 8741: "É um número primo".*
> *Park comenta: "Ninguém na família dele incentiva seus números primos; eles são um prazer solitário".*[156]

---

156 Ibid., p. 233.

Visto que o interesse pelos números primos encontra-se nos autistas com certa frequência, e até mesmo naqueles que não são exímios calculadores, o fenômeno merece que nos detenhamos. Qual é o atrativo que eles encontram nesses números? Invocar a busca por uma ordem ou por regras não pode ser nem um pouco convincente, visto que a lista deles não faz surgir nenhuma regularidade. Não há fórmula que permita encontrar o número primo imediatamente superior aos números primos já conhecidos. Sabe-se somente que há uma infinidade deles e que eles vão ficando mais raros à medida que se vai progredindo nos números inteiros.

O que um número primo é para um sujeito autista? É um número no qual não há nada, responde Gilles Tréhin.[157]

> *Em 4187, afirmava ele, não tem nada.*
> — *O que você quer dizer com "nada"?*
> — *Que não tem dois, não tem três, não tem cinco, não tem onze, não tem treze.*[158]

Um número que dá no vazio não tem outra referência que não seja ele mesmo e se mostra ser um começo absoluto. O que o caracteriza, segundo os matemáticos, reside no seu papel análogo ao dos elementos na química. Ele constitui um elemento não decomponível que parece ser fundador. Para um sujeito que quer apreender tudo pelo intelecto, pode parecer uma baliza fascinante. Ele responde, sem dúvida, à procura de "referências fixas" num mundo ordenado, permitindo lutar contra o caos com o qual a criança autista é confrontada – busca relatada por Williams, e que ela tenta

---

[157] Gilles Tréhin (1972-) é um autista de alto funcionamento que vive em Cagnes sur Mer, no sudeste da França. [N. T.]
[158] U. FRITH, "Postface". In: G. TREHIN, *Urville*. Chatou: Carnot, 2004, p. 184.

saciar nos anuários e catálogos.[159] Tammet, quando remete a sua atração pelos números primos à percepção de "estruturas de base" do seu mundo numérico, parece desenvolver uma intuição semelhante. "Sempre que identifico um número como primo", escreve ele, "uma sensação irrompe na minha cabeça (na parte central dianteira) difícil de explicar em palavras". Parecem-lhe "bonitos e especiais", de modo que ele olha "sem parar para eles", porque a "sua solidão entre os demais" os tornam "visíveis e interessantes".[160] Quando, na hora de dormir, ocorre de seu pensamento ser invadido pelos números, ele nunca tem a sensação de se perder: as formas dos números primos são para ele como postes indicadores[161].

Em primeira análise, pois, os números primos são fontes de satisfação para os autistas, porque constituem referenciais tranquilizadores. Não são as dificuldades – que, hoje em dia, continuam não transpostas – do cálculo da sua ordem de sucessão que lhes interessam: testemunham sobretudo que cada um dentre eles constitui um objeto particularmente admirável, cuja contemplação da textura os alegra. É preciso sublinhar que os números primos evidenciam a existência de dois tipos de signo: os compostos e os indecomponíveis. Os compostos repousam nos números primos, que os engendram, ao passo que estes dão no vazio. Eles surgem *ex nihilo* e constituem elementos de base da sequência de números – daí a sua afinidade com o significante-mestre, elemento de base da linguagem. Contudo, este último difere de um número primo porque descompleta a cadeia significante, a sua capacidade de ordená-la lhe vem de outro lugar – não é inerente à ordem simbólica; origina-se de uma cifração do gozo do sujeito. Quando se recorda que cortar a conexão do gozo com o significante está na base da principal

---

159 D. WILLIAMS, *Si on me touche, je n'existe plus, op. cit.*, p. 77.
160 D. TAMMET, *Je suis né um jour bleu, op. cit.*, p. 19.
161 Idem.

defesa autística, parece que o atrativo do número primo reside, para o autista, na sugestão da existência de um signo primeiro, capaz de ordenar por si só a ordem simbólica, sem ter de se apoiar no gozo do sujeito. Não encontra o seu fundamento na enunciação, nem numa invenção deste último: ele parece surgir como uma baliza que se basta a si mesma. Liga-se ao real sem passar pela mediação do sujeito: ele realizaria o ideal do positivismo lógico. Este último é compartilhado pelo linguajar sígnico dos autistas, quando recorrem ao linguajar do intelecto,[162] aberto para o mundo, para o qual cada coisa deveria ser designada por um signo unívoco. Sem dúvida, nada seria mais agradável para o autista do que dispor de signos primos, permitindo uma ordenação intelectual do mundo, sem ter de se arranjar com a perda inerente à linguagem.

Em comparação com os números compostos, os números primos parecem tanto ser sua própria referência quanto permitir balizar com suturas a ordem simbólica que eles engendram. Os autistas buscam princípios absolutos; tudo o que pode evocar uma sutura do simbólico é tranquilizador para eles e suscita interesse. Ao contrário, as demonstrações da existência de hiâncias no saber criam-lhes dificuldades. Birger Sellin se deparou, na teoria dos conjuntos, com o axioma segundo o qual o conjunto vazio pertence a todo conjunto. "Ele explodiu, porque isso não lhe entrava na cabeça de jeito nenhum", lembra-se o seu professor, "até eu explicar que a coisa é estabelecida assim por definição".[163] Outros se irritam ao encontrar, no campo das matemáticas, noções tais como a irrepresentabilidade do infinito ou a inapreensibilidade derradeira do número *pi* – ao passo que Grandin confessa ter detestado o segundo

---

162 Linguajar que, no autista, é preciso distinguir daquele ancorado em sonoridades privadas – mais atreladas às emoções do sujeito, mas que recorre a idiossincrasias, deixando-o impróprio à comunicação.
163 B. SELLIN, *La solitude du déserteur*, op. cit., p. 259.

princípio da termodinâmica,[164] porque estimava que o universo *devia*[165] ser ordenado. É o que os números primos sugerem.

Primado do signo

Como chegar a uma comunicação separada da ambiguidade, que se dê num mundo coerente e fixo? Para as crianças autistas, isso não deixa de ser um problema capital. Para resolvê-lo, a prevalência de referenciais imaginários as incita a um tratamento específico da linguagem. Nesse aspecto, o ideal do autista seria um código que chegaria a conectar as palavras, de maneira constante e rígida, a objetos ou situações claramente determinados. Uma das consequências dessa busca é descrita, às vezes, como "um caráter permanente da situação de aprendizagem". A situação seguinte, relatada por Kanner, ilustra esse fenômeno:

> *Seu pai [o pai de Don], que tentava ensinar-lhe a dizer "sim", perguntou-lhe um dia: "Quer andar de cavalinho?". Don respondeu que "sim" quando ele perguntou novamente, mas em seguida "sim" ficou tendo o sentido de que seu pai queria carregá-lo nos ombros.*[166]

Incapacidade em generalizar, escassez da capacidade de abstração – dizem os especialistas. Por certo, mas, mais precisamente

---

164 Enquanto o primeiro princípio estabelece a conservação de energia em qualquer transformação, o segundo estabelece condições para que as transformações termodinâmicas possam ocorrer, afirmando que as diferenças entre sistemas em contato tendem a igualar-se. [N. T.]
165 Ela sublinha a palavra (T. GRANDIN, *Penser en images, op. cit.*, p. 227).
166 L. KANNER, "Os distúrbios autísticos do contato afetivo", *op. cit.*, p. 116.

– na falta de ter tido acesso ao significante – o autista pensa primeiro com os signos, que se caracterizam por conservar uma relação estreita com o seu referente. Esse cuidado em fazer corresponder uma palavra por coisa é bem evidenciado pela fina análise linguística das falas de uma criança autista de quatro anos, Idir, fascinada pela tela da televisão – que, para ela, opera como objeto autístico. A. Van der Straten escreve a propósito da utilização que Idir faz dos nomes:

> *O que me parece específico é que não funcionam verdadeiramente para ele como nomes comuns (enquanto categoria gramatical oposta à dos verbos, dos adjetivos etc.), mas mais enquanto nomes próprios, enquanto termos identificadores pessoais: o nome comum de um objeto parece funcionar como um nome próprio que Idir estaria dando ao objeto em questão. Notaremos que ele utiliza quase sempre o artigo definido; ele praticamente nunca diz "é um...", mas "é o...". Ele não diz que é um oito de copas ou um dado, ao ver ou pegar um objeto desses. Diz que é "o seis de paus", "o oito de ouros"; ou números do alvo: "O cem", "o mil". Da mesma forma que designa com um nome próprio "o Jacky Show... o Club Dorothée*[167]*... os Pâtes Navaro", diz dos objetos corriqueiros, e com um tom triunfante: "O dado...", "a mamadeira...", "o espelho..." — como se a única coisa que lhe interessasse*

---

[167] Programa que esteve no ar na televisão francesa, entre 1987 e 1997. Dorothée, apresentadora principal, conduzia a animação com outros quatro apresentadores secundários — transmitindo desenhos animados, propondo jogos, atividades educativas etc. [N. T.]

fosse identificar e dar um nome, o nome próprio dela, à coisa de que ele está falando.[168]

Um trabalho como esse, visando dotar cada objeto com um nome que lhe pertença propriamente, multiplica os elementos do léxico ao infinito. Tem como consequência fazer obstáculo à abstração, mas estimula a memorização – duas características sempre mencionadas no que concerne ao funcionamento dos sujeitos autistas.

Quando Grandin afirma "pensar em imagens", ela descreve um aperfeiçoamento do procedimento de Idir. Às vezes ele atinge o ideal do código autístico: o que funciona com ajuda de representações idênticas, ponto por ponto, à coisa.

> *A minha imaginação funciona como os programas de animação gráfica que permitiram criar os dinossauros realistas de Jurassic Park. Quando concebo um aparelho na minha cabeça, ou trabalho num problema de concepção, é como se eu o estivesse assistindo num vídeocassete. Posso olhar o aparelho por todos os ângulos, posicionar-me abaixo, debaixo, e fazê-lo girar ao mesmo tempo. Não preciso de um programa sofisticado para fazer os experimentos em três dimensões.*[169]

Uma imagem dessas constitui a forma mais consumada do signo icônico. Sabe-se que, entre os diferentes signos, as crianças autistas apreciam particularmente os ícones, isto é, signos motivados – ao menos parcialmente – que representam esquematicamente a

---

168 A. Van der Straten, *Un enfant troublant, op. cit.*, p. 136
169 T. GRANDIN, *Penser en images, op. cit.*, p. 21.

entidade, a pessoa, o acontecimento ou o atributo designados (o Z nas placas de trânsito, por exemplo, para designar trecho sinuoso; a planta de uma casa; imagens de homens ou mulheres na entrada dos WC etc.). Elas os apreciam porque o ícone constitui o signo mais apropriado à sua busca pela codificação do mundo: nela se revela imediatamente manifesta uma conexão rígida do signo com a imagem do referente.

"As palavras mais fáceis de aprender", sublinha Grandin, "são os nomes, porque estão diretamente associados a uma imagem". Sabe-se que os nomes se prestam facilmente a uma apreensão icônica. Em contrapartida, os termos abstratos são de assimilação mais difícil, visto que nenhum objeto corresponde a eles. Nesse caso, Grandin não deixa de ter recursos: se o signo icônico não existe, ela o inventa.

> *Aprendi a traduzir os conceitos abstratos em imagens concretas para poder compreendê-los. Visualizava conceitos como "paz" ou "honestidade" graças a imagens simbólicas. Para a paz, pensava numa pomba, num cachimbo ou nas fotos da assinatura de um acordo de paz. Para a honestidade, era em alguém jurando, com a mão sobre a Bíblia, dizer toda a verdade perante um tribunal.*[170]

Confrontado com a mesma dificuldade de apreensão de palavras abstratas, Tammet relata a utilização de um procedimento idêntico.

---

170 Ibid., pp. 33-5.

> *Tenho uma imagem na cabeça para cada uma delas que ajuda a fazer com que compreenda seu sentido. Por exemplo, a palavra* complexidade *me faz pensar numa trança de cabelos ou em vários cachos diferentes entrelaçados num todo completo. Quando leio ou ouço que algo é complexo, imagino-o com montes de partes diferentes que precisam ser interligadas para se chegar a uma resposta. Similarmente, a palavra* triunfo *cria em minha mente a imagem de um grande troféu dourado, como aqueles que os vencedores recebem nos eventos esportivos. Quando ouço sobre o "triunfo eleitoral" de um político, imagino o político erguendo um troféu por sobre a cabeça, como o técnico do time vencedor numa final da Copa da Inglaterra. Para a palavra* frágil, *penso em vidro; imagino uma "paz frágil" como uma pomba de vidro. A imagem que vejo ajuda a entender que a paz pode se despedaçar a qualquer momento.*[171]

O trabalho desempenhado por Grandin com aquilo que ela nomeia como suas "portas simbólicas", que lhe parece ter como finalidade concretizar os seus pensamentos, consiste aí também em produzir signos, mas esses são de uma ordem um pouco diferente.

> *Abrir uma determinada porta era uma expressão concreta de minha decisão de conseguir algo. Depois de ter passado pela porta, melhorei minhas notas. Na verdade, atravessar a porta era mais ou menos como assinar um contrato para me aperfeiçoar. E fazia minha decisão*

---

171 D. TAMMET, *Nascido em um dia azul, op. cit.*, p. 139; tradução modificada.

parecer real. Não tenho a menor dúvida de que o brete e a minha porta simbólica foram instrumentos para aperfeiçoar a minha atividade escolar e as relações com outras pessoas.[172]

Estabelecendo um laço entre a abertura de uma porta particular e uma decisão pelo triunfo, Grandin faz da porta aberta o índice da sua decisão, assim como a posição de um cata-vento é o índice da direção do vento, ou o ar úmido é o da chuva. A esses últimos exemplos do índice dados por Peirce, sabe-se que Lacan prefere aquele – da mesma ordem – da fumaça sem fogo, por abranger mais globalmente o signo. De fato, das três ordens de signos distinguidos por Peirce, é manifesto que Grandin, Tammet e a maioria dos autistas privilegiam nitidamente os dois primeiros, o ícone e o índice, que mantêm uma correlação fixa com aquilo que significam; ao passo que o mais elaborado, o símbolo – que "não pode indicar uma coisa particular", mas apenas "um gênero de coisas"[173] –, permanece de difícil acesso para eles. Em grande parte do seu ensino, em particular nos anos 1960, Lacan tende a englobar o ícone e o índice sob a noção de signo; ao passo que a capacidade de abstração acrescida do "símbolo", no sentido que lhe dá Peirce, só advém, na perspectiva do psicanalista, com o uso do significante, que rompe o laço com aquilo que ele significa – daí seu caráter arbitrário e variável conforme a língua. Em contrapartida, a maioria dos ícones e das insígnias são compreensíveis por sujeitos que não compartilham da mesma língua.

Quando Grandin lê um texto, ela tenta generalizar o procedimento de transformação em ícones, visto que afirma traduzir as

---

172 T. GRANDIN, *Uma menina estranha*, op. cit., pp. 107-8.
173 C. S. PEIRCE, *Écrits sur le signe*. Paris: Seuil, 1978, p. 165.

palavras "em filmes coloridos", o que exige permanentemente um esforço complexo de imaginação e de memorização. Ela também dispõe de outro procedimento mais simples, do qual ela parece se valer com mais frequência – caso se acredite em sua minuciosa descrição –, que se baseia na imagem dos signos:

> *Quando eu leio, traduzo as palavras em filmes coloridos, ou então simplesmente arquivo a foto da página impressa para lê-la mais tarde. Quando busco na minha cabeça, vejo a fotocópia da página. Posso lê-la como um teleprompter. É provável que Raymond, o autista de alto funcionamento descrito no filme* Rain Man, *utilize um método parecido para memorizar as listas telefônicas, os mapas e outras informações. Ele simplesmente xeroca cada página do livro na sua memória. Quando tem vontade de encontrar um número, folheia as páginas da lista na sua cabeça. Para encontrar informações em minha memória, devo repassar a fita cassete. Às vezes é difícil encontrar alguns dados, porque é preciso que eu tente várias fitas até que encontre a certa. E isso leva tempo.*

Quando se encontra numa situação um pouco inabitual para ela, Grandin explica que, para saber como se comportar, deve relacionar a situação com as suas informações memorizadas a fim de achar uma resposta apropriada. Procura, assim, isolar um laço de semelhança entre a situação e o texto, segundo o princípio do ícone; e, sobretudo, tenta agir em função da informação obtida, aparentando-a a um índice da situação. Na falta de dispor plenamente do significante, o autista parece se exercitar em desenvolver os recursos que pode tirar do signo.

Nas circunstâncias em que Grandin "xeroca" a informação, não assimila nomes, mas frases inteiras, de modo que as imagens com as quais pensa são, pois, signos linguísticos organizados, os quais ela usa para estruturar o seu pensamento. Quando os signos são oriundos do *Wall Street Journal*, é com a ideologia deste que ela pensa o mundo.

Uma vez que o processo de metaforização é débil no sujeito autista, as correlações entre o signo e o referente se efetuam, por vezes, mediante associações metonímicas originais, mais fundadas na imagem do que no som, que deslizam de uma palavra para um objeto portador de uma parte da palavra, inspiradas pela busca de recurso no ícone:

> *Um advérbio está frequentemente na origem de uma associação estranha* – quickly *(rapidamente) me faz pensar num pote de Nesquick* –, *a menos que esteja associado a um verbo, o que modifica minha imagem visual. Por exemplo, a proposição "ele correu rapidamente" faz com que surja a imagem de Dick, uma personagem do meu manual de leitura na pré-escola, correndo rapidamente. "Ele andava lentamente" deixava a imagem mais devagar.*[174]

O autista prefere se apoiar em imagens mentais para pensar, a fim de distanciar os signos sonoros transmitidos pela inquietante enunciação do Outro, de modo que ele dá preferência às encarnações icônicas e escriturais do signo. Essa é uma das razões pelas quais a aquisição da compreensão da linguagem frequentemente

---

174 T. GRANDIN, *Penser en images, op. cit.*, p. 33.

se opera, para eles, passando pelo escrito. É claro, constata-se que tropeçam em signos que não podem ser relacionados nem com um referente concreto nem com um ícone. Grandin nota que eram, em particular, os termos sintáticos e as conjugações que lhe criavam dificuldades. "Quando criança", relata ela, "eu omitia palavras como 'é', 'o' ou 'este' – porque, isoladas, não significavam nada pra mim. Da mesma maneira, palavras como 'de' e 'um' eram incompreensíveis. [...] Ainda hoje algumas conjugações, como a do verbo 'ser', não me fazem nenhum sentido". Sua vontade de comunicar a conduz, no entanto, a aceitar abrir os ouvidos a determinados signos sonoros: "Acabei aprendendo a empregá-los corretamente, porque meus pais falavam bem e eu imitava o jeito deles com as frases".[175]

Praticamente não foi ressaltado que o trabalho de conexão rígida da palavra e da coisa ao qual o autista se dedica quando da sua entrada na linguagem é um aspecto da sua busca por imutabilidade. De fato, esta última é comandada, ela própria, pelo primado do signo. O Outro caótico, com o qual a criança autista é confrontada, deve ser ordenado para tranquilizá-la. Porém, para tanto, é preciso que ela utilize o tipo de linguagem de que dispõe. "A totalidade da experiência que chega de fora à criança", escreve Kanner, "deve ser reiterada com frequência, com todos os seus constituintes em detalhe, numa identidade fotográfica e fonográfica completa. Nenhuma parte dessa totalidade pode ser alterada em termos de forma, sequência ou espaço";[176] a menor mudança provoca crises e angústias. Esses fenômenos recebem um novo esclarecimento, caso se conceba que a criança autista constrói a sua realidade com o signo. Ela é, com isso, incitada a operar correlações rígidas termo a termo. O ideal seria uma correspondência permanente entre suas

---

175 Ibid., p. 33.
176 L. KANNER, "The conception of wholes and parts in early infantile autism", *op. cit.*, pp. 23-6. In: G. BERQUEZ, *L'autisme infantile*, *op. cit.*, p. 71.

representações antecipadas e os acontecimentos do mundo. Não dispondo de princípio organizador dos signos – visto que ela separa com afinco o seu gozo do significante-mestre –, é preciso que ela adquira a sua ordem na maneira como as coisas funcionam, como são utilizadas, como acontecem etc. Porém, às vezes uma mudança rompe a correlação do signo c da coisa, e sempre causa uma reviravolta na sucessão dos signos memorizados. Ela coloca em xeque o trabalho de controle e de construção da realidade. Os agenciamentos dos signos – não destacados das coisas – permanecem precários, de modo que devem ser confirmados e verificados incessantemente. Na falta de uma compreensão suficiente das abstrações, a criança autista não encontra na linguagem a lógica das coisas, de modo que a procura nelas mesmas. A imutabilidade é a manifestação de um sujeito que tenta construir o seu mundo pela colagem do signo no referente.

Por razões aparentadas, os signos preordenados são particularmente tranquilizadores para o autista. Em geral, ele os aprende de bom grado (cantigas, declamações etc.); é habitual que ele vá atrás deles (calendários, sequência dos inteiros etc.); detém-se, às vezes, na sua rememoração em momentos de angústia. Uma das razões do seu gosto pela ordem reside no fato de que cada signo é independente dos outros signos, de modo que formam uma infinidade muito mais difícil de organizar do que os significantes levados a constituir sistema, visto que eles se determinam uns em relação aos outros.

Mudar o sentido inicialmente atribuído a uma palavra constitui para a criança autista uma ruptura na imutabilidade e, por conseguinte, um fator de desordem e de angústia. Os autistas de alto funcionamento mostram-se, contudo, capazes de aprender progressivamente outras utilizações contextuais. O trabalho da memória pode, assim, permitir que tenham acesso a uma aparente generalização da acepção de um termo. Apesar disso, a polissemia continua sendo, para eles, um fator de desprazer: Tammet não gosta "quando a mesma palavra pode significar duas coisas totalmente diferentes".[177]

O Outro de síntese do autista é constituído de elementos linguísticos aprendidos por repetição, ou registrados de maneira fotográfica, que apresentam um caráter objetal muito marcado. O signo não se apresenta necessariamente sob a forma de uma escrita alfabética: sabe-se que certos autistas-prodígio memorizam o que veem, de modo a transformar as imagens em pictogramas que lhes permitem desenhar aquilo que viram com uma precisão de detalhes que surpreende o observador. O fenômeno testemunha, de novo, o laço estreito entre o signo e a coisa. Outros memorizam cifras, notas musicais ou ícones. O autista se interessa comumente por signos escritos ou desenhados porque são objetos tranquilizadores que permitem certa saída da solidão, sem defrontar a presença do Outro. "Comunicar pelo viés dos objetos", afirma Williams, "não tinha perigo". Em contrapartida, se o significante é fundamentalmente inquietante para o autista, é porque ele é carregado pela voz do Outro. Assim como o autista apaga a sua presença de sujeito nos seus enunciados, ele também teme, com o Outro, ter de se haver com um interlocutor de verdade. Tanto Williams quando Sellin relatam não imaginar nada de mais terrível do que ser inquirido por um jornalista. Os signos que formam o Outro de síntese do autista têm duas diferenças capitais com relação aos significantes que constituem o inconsciente freudiano: de um lado – e é essencialmente o que Grandin descreve, ao falar de "pensar em imagens" –, permanecem parasitados pelo referente, não apagam a coisa representada; do outro, o seu funcionamento como "godês de gozo" (Lacan), ou como

---

177 D. TAMMET, *Nascido em um dia azul, op. cit.*, p. 140.

"marcadores somáticos" (Damasio)[178], é débil, isto é, eles não representam a pulsão – o que todos os autistas sublinham, notando a ausência de conexão entre a linguagem e a vida emocional. Os Lefort enfatizavam esse ponto: "Na estrutura autística", afirmavam eles, "o significante carece de se tornar corpo; e carece, assim, de gerar afeto".[179] Trata-se de um ponto capital para compreender o funcionamento do autista: para quem pensa com signos, a estruturação do ser não se faz utilizando a matéria significante, que tem a estupenda propriedade de tomar emprestado não somente do som (um significante deixa um rastro na fita magnética), mas também do corpo – como mostram as conversões histéricas, a hipnose ou o efeito placebo. Os signos com os quais o autista se estrutura induzem uma propensão a recorrer às imagens e aos ícones para apreender o mundo. Porém, eles não se inscrevem no corpo, daí a obrigação, para esses sujeitos – sublinhada de saída por Asperger – de "compreender tudo pelo intelecto".

A propensão dos autistas a pensar com os signos ergue, além do mais, obstáculos à abstração – a dificuldade em generalizar é particularmente testemunha disso. "Sempre tive a maior dificuldade em conceber a transformação de uma coisa noutra", afirma Williams. "Eu sabia o que eram as vacas, mas, quando viravam um rebanho, pra mim deixavam de ser vacas. Eu entendia bem que a palavra 'rebanho' designava um conjunto, mas, contrariamente, não tinha ideia alguma do que podia significar a palavra 'gado'." Compreender a palavra "couro" esbarra na mesma dificuldade. "Uma vez costurado, não passava de um tipo de tecido que nunca

---

178 DAMASIO, A. R. (1994) *O erro de Descartes: emoção, razão e o cérebro humano*. Traduzido por D. Vicente e G. Segurado. São Paulo: Companhia das Letras, 1996.
179 LEFORT, R. e LEFORT, R. *La distinction de l'autisme, op. cit.*, p. 87.

foi um animal e não teria podido ser".[180] Os distúrbios da linguagem do autista são muito precisamente atribuíveis aos de um sujeito que não está em condições de ter acesso ao significante. Sublinhemos, ainda, que o laço do signo com a coisa favorece fenômenos de literalidade e transtornos da compreensão. Assim, por exemplo, um sujeito autista de uns quinze anos, que acabou de aprender na aula de ciências o que são a mitose e a amitose, explica que uma é a divisão igual das células, ao passo que a outra é uma divisão desigual dessas mesmas células. No entanto, quando lhe perguntam o que são as células [*cellules*], ele responde: "São, obviamente, os cômodos com grades nas prisões".[181] Quando certos autores falam de maneira um pouco vaga do "pensamento concreto" dos autistas, apreendem algo do primado do signo no pensamento deles. O fato de conservarem uma correlação demasiado estreita com o referente constitui um obstáculo à modificação do seu sentido em função do contexto, de modo que, como nota U. Frith, os autistas "levam tudo ao pé da letra".

> *Todos nós sabemos que as mesmas palavras, pronunciadas com intenções diferentes, podem assumir significações diferentes. A ironia fornece bons exemplos dessa situação. Mas, para os indivíduos autistas, o sentido das palavras não muda, mesmo num contexto irônico. A despeito do contexto, as próprias palavras permanecem idênticas, assim como os detalhes dissimulados no teste das imagens escondidas. Nos dois casos, os indivíduos autistas têm provavelmente mais tendência para ver os*

---

180 D. WILLIAMS, *Si on me touche, je n'existe plus*, op. cit., p. 133.
181 *Cellules* significa, em francês, tanto 'células' quanto 'celas'. [N. T.]

detalhes "tais quais", livres da influência do contexto em que se inserem.

A carência do significante-mestre e da significação fálica dificulta particularmente a amarração e a interação dos signos linguísticos para os autistas. É o que conduz certos cognitivistas a considerar uma "falta de coerência central" como sendo a característica do autismo. A constatação não é negável, mas fracassa em delimitar a especificidade do autismo, pois ela também é totalmente pertinente para a esquizofrenia – que, hoje em dia, a clínica impõe não mais confundir com o autismo. O primado do signo conduz a dar um privilégio a elementos linguísticos isolados em detrimento da apreensão contextual: é exatamente o que constatam os estudos de psicologia cognitiva, quando mostram que as crianças autistas tratam a informação de maneira anormal, não prestando "atenção o bastante no conjunto da estrutura, e atenção demais em pequenos elementos dessa estrutura". Disso resulta, como notava Kanner desde o seu primeiro artigo, que "o sentido de uma palavra se torne inflexível e não possa ser utilizado com qualquer coisa, mas apenas com a conexão originalmente adquirida – por exemplo, uma tigela só será 'tigela' num dado lugar ou numa dada situação com uma cor precisa". A debilidade contextual incita a criança autista a apreender a significação da palavra, não situando-a em campos de oposições significantes, mas conectando-a de maneira bastante rígida ao objeto designado. "O signo linguístico", insiste Berquez, "não é distinto do referente material; o signo é a própria coisa; não há espaço entre o signo e a realidade, entre a representação e a coisa representada; há, para a criança autista, a adequação total entre o signo e a coisa. Não é, como diz Kanner, um sentido metafórico que o signo adquire no nível da linguagem da criança autista, mas, pelo contrário, um sentido fixo e arbitrário".[182] Toda e qualquer

---

182 G. BERQUEZ, *L'autisme infantile*, op. cit., p. 123.

modificação da relação coisa/signo é sentida pelas crianças autistas como uma ameaça à sua própria segurança.

Na falta de dispor do significante-mestre, o autista procura a referência da linguagem no mundo das imagens e das coisas. Sua decepção é grande quando entrevê que, na linguagem, as palavras não estão coladas nas coisas, e descobre que uma língua é um sistema no qual os elementos retiram o seu valor das relações e das oposições entre uns e outros. Grandin conta a Sacks que "havia perdido um bom tempo com um dicionário", tentando entender o sentido de palavras como "'sublime', 'misterioso', 'numinoso' ou 'temeroso'" – essas buscas não clarearam nada, pois "todas pareciam ser definidas umas pelas outras".[183]

O Outro de síntese

Como encontrar fixidez no simbólico? Como lutar contra a fuga do sentido? Como manter o mundo numa ordem imutável? Essas perguntas não param de ser apresentadas ao sujeito autista.

Fazer-se criador de signos linguísticos novos pode constituir uma maneira de controlar o sentido deles: o recurso ao neologismo é, por vezes, utilizado com esse fim. Todavia, não ganha o peso de certeza que tem na paranoia. Muito mais característico do autismo é a existência de curiosos centros de interesse que frequentemente conduzem o sujeito ao desenvolvimento de ilhas de competência, à aquisição de saberes extraordinários ou até à criação de mundos imaginários. Esses métodos têm inicialmente a finalidade de trancafiar o simbólico num campo circunscrito, a fim de torná-lo

---

[183] O. SACKS, *Um antropólogo em Marte, op. cit.*, p. 298.

perfeitamente controlável. Asperger descreve bastante bem o fenômeno quando nota um desenvolvimento hipertrófico de um pensamento isolado e compartimentado – o que o funcionamento dos autistas-prodígio evidencia particularmente.

Essa hipertrofia de um pensamento focado num domínio restrito constitui um prolongamento do trabalho de imutabilidade que, de saída, se baseia não somente nos objetos, mas também em sequências simbólicas. Escutemos Williams nos explicar as razões da atração sentida pelo autista por tais trabalhos de regulação simbólica:

> *Eu me apaixonava por classificações e coleções de todos os gêneros. Levava pra casa as obras especializadas da biblioteca que tratavam de diferentes espécies de gatos, pássaros, flores, casas, trabalhos artísticos – de fato, tudo o que podia fazer parte de conjuntos mais vastos e encontrar o seu lugar numa hierarquia classificadora [...] era o meu jeito de pegar gosto pelo que me rodeava [...] Adorava as listas telefônicas [...] Consultava sistematicamente a lista, daí telefonava para o primeiro e para o último nome de cada letra. Explicava a quem atendia que eu estava ligando porque eles eram o primeiro A, o último B etc. [...] O importante era ter tido êxito em estabelecer uma comunicação com as pessoas a partir de coisas inanimadas [...] Eu buscava simplesmente um mundo de coerência bem provido de referências fixas.*[184]

Notemos, de novo, a atração por tudo o que concerne a arranjos pré-fabricados, inerentes à linguagem, que indicam nitidamente o

---

184 D. WILLIAMS, *Si on me touche, je n'existe plus*, op. cit., pp. 76-7.

que falha no sujeito autista. As últimas indicações dadas por Williams são essenciais: as funções principais dos seus diversos trabalhos de ordenação residem numa procura pela coerência do mundo e numa tentativa de comunicação asseguradora. Esses dois esforços são, contudo, limitados por uma coerção muito forte: o sujeito deve ter um controle total da situação. É por isso que as primeiras tentativas de comunicação que tomam emprestado o canal da ilha de competência não conduzem a nenhuma interação, uma vez que esta cria grandes riscos de introduzir o inesperado. Os observadores, então, têm regularmente a sensação de que, pela exposição do seu saber, o sujeito autista procura atordoar seu interlocutor, tirando-o completamente da jogada. Mesmo quando acontece de tal saber permitir a entrada num laço social, assumindo a posição do especialista, o autista conserva essencialmente o controle das interações. Seu saber exposto pode também servir para se proteger dos atentados do outro, em particular quando incidem na sua vida afetiva. Dibs utilizava esse procedimento no seu tratamento com Axline:

> *Quando ele se aproximava de qualquer tipo de referência emocional, retraía-se, fugindo para uma área mais objetiva, a leitura, por exemplo. Talvez sentisse maior segurança em manipular conceitos intelectuais a propósito de objetos do que em sondar com profundidade os seus sentimentos.*[185]

Muitos clínicos descreveram a propensão dos autistas para a aquisição de vastos repertórios de conhecimentos "inúteis". São geralmente estigmatizados sob as alcunhas de "estereotipias" ou de "mecanismos obsessivos", o que incita mais a se opor a eles do

---

185 V. AXLINE, *Dibs: em busca de si mesmo, op. cit.*, p. 78; tradução modificada.

que a favorecê-los. É preciso frisar que, pelo contrário, são muito preciosos aos sujeitos autistas. Com o apoio buscado num duplo-objeto para tratar a animação libidinal, a construção de um Outro de síntese – destinado a tratar o caos do mundo – constitui uma das principais preocupações do sujeito autista.

O Outro de síntese apresenta duas grandes modalidades. Em uma, estabilização bastante frequente no autismo, o sujeito dispõe de um saber fechado e solidificado, que lhe permite se orientar num mundo rotineiro, limitado e sem surpresa. Ele é, então, frequentemente designado como autista-prodígio. Na segunda, mais rara, própria aos autistas de alto funcionamento, o Outro de síntese torna-se aberto e evolutivo – adquire certa capacidade dinâmica, permitindo ao sujeito, ainda que não sem esforço, adaptar-se a situações novas e provar da criatividade. O primeiro coloca ordem num mundo solitário e muito circunscrito; o segundo permite uma abertura para o laço social. Eles têm as mesmas funções, de modo que a passagem de um ao outro pode ser, às vezes, gradual. Parecem, no entanto, tirar suas forças de uma escolha diferente do sujeito. O Outro de síntese fechado apresenta afinidades com a língua privada, idiossincrática e neológica – desligada do Outro, mas atrelada ao gozo do sujeito. Em contrapartida, o Outro de síntese aberto ancora-se na língua do Outro, reduzida a signos desligados do gozo – ele permite comunicar sem afetos; oferece melhores perspectivas para a socialização. É digno de nota que seja obtido certo enquadramento do gozo na medida em que cada um deles é adquirido. Os autistas de alto funcionamento construíram um Outro de síntese fechado, de que são testemunhas, por exemplo, as ilhas de competência da sua infância ou os gostos de alguns por brincar com a linguagem. Mas, para eles, o Outro de síntese aberto ganha frente.

O Outro de síntese fechado

O Outro de síntese fechado, solidificado, é constituído por um saber ordenado bem controlado, mas que praticamente não é utilizado para fazer laço social. Ele mobiliza uma grande parte dos investimentos do sujeito – que geralmente se especializa no conhecimento de um domínio –, mas trata-se essencialmente de uma atividade solitária, de pouca utilidade prática, que não convoca nem parceiro, nem espectador. Nas suas formas mais complexas, suscita o calculador-prodígio; nas suas formas mais simples, permite ao sujeito efetuar um trabalho repetitivo.

O Outro de síntese do autista – seja ele aberto ou fechado – é constituído de signos aprendidos por repetição, ou registrados de maneira fotográfica, que apresentam um caráter objetal marcado, corolário da sua difícil subjetivação. O signo não se apresenta aí necessariamente sob uma forma oriunda da escrita alfabética. Os autistas têm uma afinidade com todas as encarnações do signo, mas, além do escrito, privilegiam igualmente as notas musicais, as cifras e os desenhos. Com esses signos não linguísticos, em particular os da música, desenvolvem habitualmente um modo de expressão atrelado à sua vida afetiva. Contudo, de início ele é mais posto a serviço de satisfações solitárias do que mobilizado para comunicar.

A assimilação dos signos, objetos tranquilizadores, permite lutar contra a dolorosa solidão, estruturar a borda protetora e ordenar um mundo caótico. Os clínicos são unânimes em constatar a preferência marcada dos autistas pela aprendizagem fundamentada na coisa escrita ou desenhada. Acontece até de eles se iniciarem na leitura sem que aqueles que o cercam saibam disso. Foi o caso de Sellin:

> *a ocupação proveitosa da leitura é
> de uma
> importância sem igual para um mudo [...]
> desde meu meritório quinto ano tenho lido um grande
> número de livros excessivamente impressionantes
> e conservo em mim todos os conteúdos importantes
> como um tesouro precioso
> e recito interiormente poemas e contos*[186]

Sua experiência é excepcional, sem dúvida, mas ninguém duvida que uma proporção bastante considerável de crianças autistas aprende a ler muito eficazmente.[187] Grandin afirma:

> *As crianças e os adultos autistas aprendem de maneira visual e pensam em imagens visuais. Máquinas de escrever ou de tratamento de texto deveriam lhes ser acessíveis desde a juventude. Evitem longas sequências de informações verbais. Se uma criança sabe ler, dê a ela indicações escritas. Uma máquina de escrever poderia ajudar indivíduos severamente afetados a se comunicar.*

A.-M. Vexiau constata:

> *Os autistas têm uma memória fotográfica. [...] Eles memorizam um número de informações visuais espantoso, mesmo que tenham dificuldade em fazer a triagem e em*

---

186 B. SELLIN, *Une âme prisonnière, op. cit.*, p. 188.
187 U. FRITH, *L'énigme de l'autisme, op. cit.*, p. 213.

hierarquizar as que são pertinentes. [...] A leitura é uma das coisas que mais os agrada no mundo".[188]

E Williams escreve:

> *A compreensão das palavras é inversamente proporcional à importância do traumatismo provocado pelo medo de ter uma relação direta. Quando um professor apresenta indiretamente aquilo que ele diz – por meio de fatos, por exemplo –, as palavras são mais bem compreendidas, com o sentido verdadeiro delas. Um disco, a televisão ou um livro fazem a coisa melhor ainda.*[189]

Com isso, a maioria dos autistas de alto funcionamento preconizam a disponibilização de máquinas de escrever e de computadores para as crianças autistas, a fim de facilitar seus aprendizados e de entrar em comunicação com elas.

Todos eles estão de acordo em considerar que tratam melhor as informações transmitidas por escrito e que podem adquirir a linguagem com certa tranquilidade, com a condição de que lhes seja transmitida por um objeto, isto é, desconectada da presença enunciativa do Outro.

> *Era no mundo dos objetos que eu estava emergindo quando começava a tomar gosto pela vida. Vi-me tomada por uma paixão pelas palavras e pelos livros, e me*

---
188 A.-M. VEXIAU, *Je choisis ta main pour parler*, op. cit., p. 275.
189 D. WILLIAMS, *Si on me touche, je n'existe plus*, op. cit., p. 299.

> *meti a compensar meu caos interior por meio de uma ordenação maníaca do mundo ao meu redor*".[190]

Para muitos autistas, a aquisição da linguagem apresenta a particularidade de passar geralmente pela leitura e pela memorização de textos insignificantes, mas rigorosamente ordenados. Sabe-se do gosto deles pelos calendários, listas, classificações de tudo quanto é tipo. "Eu adorava ler", confessa Donna Williams, não romances, "mas mais as listas de telefones e as placas de rua". Para que é que lhes servem essas leituras? De novo ela precisa muito claramente que se trata de estabelecer uma comunicação e de ordenar o seu mundo. Ela designa, com isso, duas das funções capitais da linguagem, pelo que se indica que um tratamento da ordem simbólica é procurado por intermédio de textos assim. Williams relata:

> *Quando eu lia uma lista, contava cuidadosamente o número de 'Browns', ou ainda o número de variações em torno de um nome particular, pelo menos para estabelecer a conta exata dos nomes curiosos... Eu explorava, à minha maneira, os conceitos de uniformidade, de conservação e de coerência...*

O sujeito autista está imerso num mundo incoerente, desorganizado, de modo que se sente submetido a um trabalho constante e difícil de ordenação do caos que o cerca, do qual a imutabilidade é muito cedo a testemunha. "A mudança perpétua que era preciso defrontar em todo canto nunca me concedia o tempo de me preparar", confessa Williams. "É por isso que experimentava tanto prazer em fazer e refazer incessantemente as mesmas coisas". O trabalho

---

190 Ibid., p. 73.

de ordenação, começado bem cedo com a imutabilidade, incidindo sobre objetos ou sobre sequências temporais, prossegue – nos autistas ditos de alto funcionamento – por meio de um tratamento similar da linguagem, desembocando na construção de um Outro de síntese. Esses sujeitos sofrem com a sua solidão e tentam atenuá-la, procurando comunicar com os meios de que dispõem. Chegam a perceber que a linguagem constitui o instrumento privilegiado de comunicação, mas não podem fazer com que sirva para ela, a não ser com a condição de separá-la da presença do Outro. Estando o significante, portador da voz, carregado com um potencial de angústia, alguns discernem que o meio de contornar a dificuldade consiste em assimilar a linguagem passando pela "coisidade" desta – eles a encontram em signos separados da voz. É por intermédio desses signos que podem chegar a construir um Outro de síntese que lhes permita ordenar mais ou menos o seu mundo, dando-lhes a possibilidade de se abrir à comunicação e às interações sociais. Trata-se, fundamentalmente – como indica Williams –, de comunicar a partir de coisas inanimadas. A linguagem será tanto mais bem adquirida quanto mais ela mesma for apreendida como um objeto inerte. É por isso que o Outro de síntese dos autistas é um Outro reificado, essencialmente composto por signos. Quando ele é orientado para a comunicação, eles estão tão depurados quanto possível da voz e da enunciação. Em contrapartida, quando prima a procura por satisfação solitária, o sujeito apela para signos de pouco interesse para os semelhantes, portadores de mensagens obscuras ou de sonoridades que lhe são agradáveis.

Os talentos do autista-prodígio ancoram-se essencialmente no desenvolvimento da sua memória. O Outro de síntese fechado com o qual ele se conecta é construído como uma completude de saber, num campo estritamente localizado, permitindo, em geral, ordenar certos domínios da realidade. Ele produz uma mobilização e uma localização do gozo do sujeito, que tem como testemunha a excepcional apropriação[191] de signos diversos – datas do calendário, desenhos, horários de trens, placares esportivos, nomes de pessoas ou lugares, até cifras ou notas musicais. Certa inserção social às vezes se torna possível, embora subsista um funcionamento "mecânico", que denota uma dificuldade de adaptação ao imprevisto.

É digno de nota que as competências mais frequentes de autistas-prodígio sejam desenvolvidas no domínio musical.[192] Muitos são capazes de façanhas mnemônicas na repetição de melodias extensas. O ouvido absoluto comparece com extraordinária frequência nesses sujeitos. Por que eles dão prova de um investimento tão excepcional na música? Sem dúvida porque ela lhes permite tratar o gozo vocal –regulando-o por ordenações de signos –, mas também porque permite apagá-lo, estetizando-o. Se ela pode dar ao sujeito a possibilidade de transmitir os seus afetos, é de modo alusivo, não cessando de recusar engajar uma enunciação expressiva.

A única paixão de Williams era a música, enquanto que seu objeto preferido, um diapasão, fornecia-lhe o prumo. Notemos a importância deste último: assim como a frequência do ouvido absoluto ou a atração pelos números primos, os autistas revelam uma busca de princípios inerentes aos signos, permitindo ordená-los e parecendo conectar a ordem deles a um absoluto que os ultrapassaria. À semelhança de muitos autistas músicos, Williams parece ter aprendido piano espontaneamente, sem se interessar pelas

---

191 "No início do nosso século, vivia um homem que antecipava todos os trens que passavam por Oxford – a cidade em que morava no Estado do Mississipi, nos Estados Unidos. Ele tinha memorizado todos os números das locomotivas, os quais havia anotado numa caderneta, bem como outras informações, tais como os nomes das estações. Era igualmente capaz de se lembrar delas" (M. J. A. HOWE, *Fragments of genius. The strange feats of idiots savants*. Londres / Nova York: Routledge, 1989, p. 8).

192 D. A. TREFFERT, *Extraordinary people*, op. cit., p. 33.

partituras: ela tocava "de cabeça e de ouvido". Sua verborreia interior era, por vezes, vantajosamente suplantada pela música: "Sem que ninguém soubesse", escreve ela, "eu compunha melodias que guardava na cabeça, enquanto meus dedos davam silenciosamente o ritmo".[193] Um trabalho como esse, de ordenação de signos sonoros, está diretamente atrelado ao gozo vocal. Com isso, além da sua atratividade, é preciso sublinhar que ele apresenta uma função apaziguadora para os autistas.

O Outro de síntese fechado, mesmo atrelado à música, praticamente não chega a interpretar as emoções do sujeito. A correlação delas com os signos permanece tênue; entretanto, às vezes ela pode ser compensada, em seguida, por meio de uma aprendizagem intelectual. Um jovem autista observado por Sacks, chamado Stephen e de dom voltado principalmente ao desenho, tinha também excepcionais capacidades musicais. Ele podia associar afetos às melodias? Sua professora de música havia constatado que, num primeiro momento, "as associações que ele fazia com a música eram casuais ou egocêntricas, impressionantemente irrelevantes para a realidade do tom da obra". Contudo, ocorreu-lhe ensinar a correlação: "Ela lhe explicou então que sentimentos ou imagens 'casavam com' diferentes formas de música, e agora ele os aprendeu".[194] É possível que esse aprendizado, como supõe a docente, esteja em condições de criar certa conexão com o que Stephen sente: todavia, a amarração permanece artificial e precária. O Outro de síntese fechado se caracteriza por ser pouco subjetivado; ele decerto mobiliza o gozo do sujeito – enquadra-o um pouco –, mas é impotente para cifrá-lo. A propósito dos excepcionais talentos de desenhista do mesmo sujeito, Sacks, após ter observado longamente, tem a impressão "de que todo o mundo visível passava

---

193 D. WILLIAMS, *Si on me touche, je n'existe plus*, op. cit., p. 123.
194 O. SACKS, *Um antropólogo em Marte*, op. cit., p. 247.

por Stephen como um rio, sem fazer sentido, sem ser apropriado, sem tornar-se parte dele em nada. Que ele pudesse, entretanto", continua, "reter tudo o que via era, em certo sentido, porque o retinha como algo externo, não integrado, nunca fundamentado, conectado, revisado, nunca influenciando ou influenciado pelo que quer que fosse. Para mim, sua percepção, sua memória eram quase mecânicas – como uma enorme despensa, biblioteca ou arquivo –, nem mesmo indexadas ou categorizadas, ou unificadas por associação, mas onde tudo podia ser acessado em um instante, como na memória de acesso aleatório de um computador".[195] O autista não está presente no seu mundo, pois este não é lastrado por um gozo perdido cuja busca o animaria. O Outro de síntese fechado é compacto, solidificado, congelado em sua dinâmica, ele não está apto a apreender as emoções do sujeito, ainda que por vezes possa ecoá-las e possa ser utilizado para satisfações solitárias. A carência da função do significante unário faz do autista um sujeito ligado a um Outro de síntese protetor, cujos signos estão todos disponíveis a ele – sem que nenhum recalque intervenha –, graças aos quais se operam ordenações pacificadoras. É digno de nota que Stephen, em seus primeiríssimos desenhos, tenha reproduzido "cenas de demolição e terremotos, com vigas por toda parte, explodidas em todas as direções, tudo na mais completa e quase casual desordem".[196] Seus talentos de desenhista permitiram verdadeiramente a ele colocar ordem nesse caos inicial que não aparece mais em seus desenhos ulteriores. Muito pelo contrário, ele acatou com prontidão a sugestão de desenhar uma série de prédios seguindo uma ordem rigorosa baseada nas letras do alfabeto ("A" para Albert Hall, "B" para Buckingham Palace, "C" para Country Hall etc., até "Z" para Zoológico de Londres), sugerindo-lhe, sem dúvida, uma correspondência entre a ordem do mundo e a dos signos. Ele se

---

[195] Ibid., p. 227.
[196] Ibid., p. 210.

apresentou na televisão inglesa, e uma seleção de desenhos seus foi publicada, confirmando que o Outro de síntese, mesmo que fechado, pode constituir um pseudópodo estendido em direção ao social.

O Outro de síntese aberto

Os talentos dos autistas-prodígio, como dissemos, apoiam-se primordialmente nas suas capacidades mnemônicas excepcionais, de modo que a inventividade deles permanece bastante limitada. Todavia, certos autistas de alto funcionamento exibem criatividade ao inventarem mundos originais que os incitam à aquisição de um saber complexo e evolutivo. O Outro de síntese deles dota-se de uma abertura mais propícia a mobilizar os conhecimentos que adquirem com fins socialmente valorizados. A aquisição de signos é enriquecida por uma aptidão para se apropriar de regras de transformação e de emparelhamento.

Uma das encarnações do Outro de síntese aberto assume a forma de um mundo imaginário adotado ou criado pelo sujeito. No primeiro caso, ele desenvolve um conhecimento quase exaustivo desse mundo, por exemplo, do universo de Tolkien; no segundo, ele é o seu demiurgo, tal como G. Tréhin, fundando Urville. Num e noutro, ele tem absoluto controle.

O investimento nesses mundos imaginários pode ser tão intenso que nada mais interesse ao sujeito e, então, que o seu entorno tente dissuadi-lo. Joffrey Bouissac descreve assim, no seu *Journal d'un adolescent autiste* [Diário de um adolescente autista], os seus esforços para se separar do seu mundo "jogomóveis", no qual ele se refugia desde a infância. Um mundo complexo, atravessando as eras, composto por diversos países, materializado com a ajuda de brinquedos comprados no comércio. A família de Joffrey e ele mesmo eram ali representados por bonequinhos fazendo a função de duplos que, num primeiro momento, parecem ter tido uma existência real e independente. Ele emprestava a sua voz para "essas personagens de plástico barato" que ele fazia falar.[197] Quando estava nesse mundo, relata ele, brincava por dias inteiros, "no fim de semana, em casa; à tarde, depois da escola, no grupo no IMP,[198] no hospital".[199] Primeiro ele fazia a sua família passar ali – com os seus pais aposentados numa casa no Canadá. Quando sucediam os "jogomóveis", em 2010, ele ajudava as pessoas presas em incêndios, pois foi bombeiro até a idade de 71 anos. Mais tarde, fez com que eles viajassem no tempo, até 3997, ao passo que multiplicara as famílias e os países. Consciente do fechamento suscitado por essa ocupação – ele relata que durante os seus jogos falava muito, completamente sozinho –, esforçou-se, não sem dificuldades, por um período de dois anos, para fazer com que acontecessem catástrofes e conseguir que as suas personagens morressem, a fim de que o universo "jogomóvel" desaparecesse definitivamente. Este apresentava manifestamente o interesse em ser inteiramente controlado pelo seu criador, de modo que se prestava tranquilamente à realização dos seus anseios e que ele podia ordená-lo à vontade. Bem diferente, nesse ponto, do mundo quotidiano caótico – imprevisível e pouco gratificante. Além do mais, o mundo imaginário, em parte copiado da realidade, por vezes era utilizado para torná-la previsível e para tentar dar a Joffrey a sensação de organizá-la. Na ocasião de dois acontecimentos angustiantes – duas operações cirúrgicas: uma sofrida por ele mesmo; outra, pelo pai –, ele toma o cuidado de, antes, colocar os respectivos bonequinhos no hospital "jogomóveis". O seu mundo imaginário às vezes podia, portanto, intervir na realidade para ter uma função apaziguadora,

---

197 J. BOUISSAC, *Journal d'un adolescent autiste*, op. cit., p. XII.
198 Instituto Médico-Pedagógico.
199 J. BOUISSAC, *Journal d'un adolescent autiste*, op. cit., p. 77.

de modo que não era apenas um fator de fechamento. Contudo, esse Outro de síntese não suscitava uma vontade de enriquecê-lo e de desenvolvê-lo adquirindo conhecimentos novos. Parece mais ter sido, essencialmente, decalcado da realidade presente, até mesmo em suas metamorfoses projetadas no porvir – tanto que era pouco extenso, prestando-se mal a produzir aberturas em direção ao laço social.

Certos autistas chegam a tirar mais benefícios de um Outro de síntese construído graças à invenção de um mundo imaginário – quando o desenvolvimento deste necessita recorrer a saberes novos. Sacks encontrou na Califórnia a família B., na qual o filho mais velho e os pais apresentavam a Síndrome de Asperger, ao passo que o caçula sofria de uma forma de autismo clássico. Haviam conseguido notavelmente tecer um laço social entre eles em torno de uma tarefa que precisava da contribuição especializada de cada um: a criação de um mundo imaginário chamado "Leutéria".

> *Os B. e seu filho mais velho passaram anos construindo um mundo imaginário com paisagens e geografia próprias (infinitamente mapeadas e desenhadas), línguas próprias, moedas, leis e costumes – um mundo onde a fantasia e a rigidez têm o mesmo peso. Podiam, portanto, passar dias calculando a produção total de grãos ou as reservas de prata na Leutéria, ou desenhando uma nova bandeira, ou equacionando os complexos fatores para determinar o valor de um 'thog'[200] – o que ocupava horas do tempo de lazer dos B. reunidos em casa, com a sra. B. contribuindo com a ciência e a tecnologia; o sr. B.,*

---

200 A moeda da Leutéria.

com a política, as línguas e os costumes sociais; e o filho, com aspectos naturais de países muitas vezes inimigos.[201]

Decerto não passa de um jogo, mas o esmero com o detalhe e com a precisão confere uma realidade a esse mundo imaginário. Suscitando um investimento temporal como esse, ninguém duvida que ele responda por uma função importante. Por intermédio dele, não apenas os seus inventores organizam uma realidade ordenada e controlada, estando completamente estimulados a adquirir e a mobilizar conhecimentos diversos para melhor construí-la, mas são igualmente incitados a uma interação indireta – preciosa, sem dúvida, para cimentar uma família de autistas que encontra lazer nesse tipo de ocupação. Esse exemplo excepcional de um Outro de síntese extensivo compartilhado evidencia que ele pode contribuir para com o laço social.

É mais frequente que as invenções autísticas de mundos imaginários se façam na solidão e participem de um momento da construção do sujeito. Aos doze anos de idade, Gilles Tréhin começou a imaginar uma cidade, que batizou de "Urville". Ele a construiu primeiro em Lego; depois a desenvolveu até representá-la numa compilação, hoje publicada, comportando cerca de trezentos desenhos.[202] "Urville" apresenta características históricas, geográficas, culturais e econômicas muito precisas. Ela tinha 11.820.257 habitantes em 1999 – sendo, assim, "a mais povoada da França e da Europa". Capital econômica e cultural, dispunha "de uma corte de apelação, um tribunal penal, um tribunal de primeira instância, uma universidade, um arcebispado e outros serviços administrativos". Fora fundada "sob o nome de 'Qart-Sous-Yan' (Carsuce)

---

201 O. SACKS, *Um antropólogo em Marte* op. cit., p. 282.
202 Alguns desses desenhos, de diferentes partes de Urville, todos feitos por Tréhin, podem ser apreciados em <www.urville.com>. [N. T.]

no século XII a.C., pelos fenícios". Cada desenho acompanha um comentário que multiplica as precisões e dá uma notável consistência a essa criação: "Eu a imagino como sendo real", comenta o seu autor; "para evitar anacronismos com a realidade, consultei inúmeras fontes históricas, geográficas, arquiteturais..."[203] Além dos seus dons de desenhista, o universo de "Urville" testemunha, com efeito, a cultura de Gilles Tréhin. Tudo indica que a sua criação incitou-o fortemente a adquirir conhecimentos novos em domínios diversos, e que ele o fez tão facilmente que lhe permitiram ordenar uma realidade alternativa perfeitamente controlada. Urville constitui um Outro de síntese extensivo que pode gerar infinitamente uma vontade de aprendizado de saberes novos. Contudo, à semelhança da "Leutéria" dos membros da família B., ele é composto por signos que não expressam nada relativo ao sujeito, à sua história e aos seus sentimentos. Ele não é, por conta disso, menos precioso para a estruturação do seu pensamento e para o enquadramento do seu gozo.

A paixão de Gilles Tréhin por um mundo imaginário não é tão diferente daquela que conduz outros autistas a investirem num domínio específico do conhecimento. Eles podem encontrar aí, sobretudo em disciplinas científicas, um mundo ordenado e controlado, que lhes serve de refúgio contra uma realidade demasiado complexa de apreender e que mantém os outros a uma distância respeitável. Assim, quando da sua adolescência, Sean Barron descobriu sua paixão pela astronomia. Ele soube relatar bastante bem os benefícios que ela lhe proporcionava.

> *Essa ciência me fascinava porque era o que parecia uma evasão verdadeira, um meio de fugir dos imbecis do meu*

---

203 G. TRÉHIN, *Urville, op. cit.*, p. 7.

colégio. Além disso, assim como os prefixos telefônicos que continuavam a me fascinar, eu estimava o fato de ser um saber reservado aos iniciados. Eu havia restabelecido minha autoridade. A astronomia preenchia igualmente uma parte do vazio causado pela minha solidão. Tinha de me haver com fenômenos que se situavam "bem longe", e isso me ajudava a escapar da minha atual situação. Adorava estudar os planetas, porque assim me era mais fácil imaginar que eu estava longe. Eu me refestelava nos meus sonhos. De vez em quando me perdia na contemplação das fotos de Marte, daí decolava como um foguete e me encontrava no próprio planeta, numa paisagem árida de crateras desoladas. Lá de Marte, eu olhava a Terra, tão distante. Ohio estava lá, nalgum lugar, mas longe demais para me incomodar. Era um universo que só pertencia a mim mesmo e nele eu me sentia livre, regenerado. Em momentos iguais a esse, o meu sofrimento e a minha angústia se dissipavam lentamente e eu acabava me encontrando num estado de espírito próximo do normal.[204]

Potência, fuga e apaziguamento são obtidos por conta de conhecimentos adquiridos por meio de um trabalho solitário que contribui fortemente para estruturar o pensamento desses sujeitos. Alguns se fecham em seu mundo imaginário, à maneira dos autistas-prodígio; outros fazem de paixões como essa a fonte da sua profissão; outros, ainda, reforçam com isso o gosto pela leitura ou pelo saber transmitido de maneira indireta.

---

204 J. e S. BARRON, *Moi, l'enfant autiste*, op. cit., p. 247.

A afirmação de Asperger, segundo a qual os autistas devem apreender tudo pelo intelecto, vai sendo matizada, então. É verdade que não adquirem espontaneamente um conhecimento das maneiras de se portar com os outros (eles devem, mais frequentemente, memorizá-las, separando-as das emoções); todavia, podem se apoiar em suas paixões para adquirir conhecimentos sobre o mundo das coisas, às vezes bastante aprofundados.

O Outro de síntese aberto e extensivo construído por Grandin é um dos mais elaborados a que um autista pode chegar. Sabe-se que ela se tornou apta a utilizar os conhecimentos que assimilou para construir sua realidade e orientar-se nas relações sociais. Do seu interesse pelos bretes, ela chegou a fazer o seu ofício, fazendo um doutorado em biologia animal. Subsistem nela, entretanto, vestígios do transtorno da enunciação que testemunham uma apropriação dificilmente subjetivada de signos, que permanecem reunidos em sequências rígidas, tal como foram memorizados. Sacks descreve muito bem esse fenômeno. Pedindo a Grandin que lhe recupere uma indicação que ele não tinha entendido direito, ficou estupefato de vê-la recitando de novo "a litania das indicações na íntegra – por vários minutos – praticamente com as mesmas palavras. Era como se as indicações", continua ele, "tivessem de ser dadas da mesma forma como eram guardadas na cabeça de Temple, na íntegra – como se tivessem se fundido em um programa ou associação fixa e não pudessem mais ser separadas em seus componentes".[205] Grandin confirma: "Minha cabeça é como um CD-ROM num computador – como uma fita de vídeo de acesso rápido. Mas, uma vez acessada, tenho que repassá-la na íntegra".[206] É, constata ela, um "método lento de pensamento". Ela própria compara habitualmente a sua "biblioteca mental" com

---

205 O. SACKS, *Um antropólogo em Marte*, op. cit., p. 264.
206 Ibid., p. 288

uma maquinaria de computador. Dedica-se, explica ela a Sacks, "a manter sua própria vida simples e a deixar tudo bastante claro e explícito". Construiu para si, com essa finalidade, uma vasta biblioteca de experiências que vinha sendo enriquecida ao longo dos anos: era como uma biblioteca de registros videomentais que ela podia consultar a qualquer momento que fosse – "vídeos" que lhe mostravam como os seres humanos tinham o hábito de se portar em dadas circunstâncias. Repassava esses registros muitas e muitas vezes em sua mente, cena após cena, daí as relacionava com o que estava vendo, para adivinhar como esta ou aquela pessoa – localizada em circunstâncias similares àquelas que ela havia memorizado – ia provavelmente se comportar. E ela havia completado esse aprendizado lendo tudo o que lhe caía nas mãos (inclusive revistas de negócios e o *Wall Street Journal*) – todas as leituras que tinham ampliado o seu conhecimento da espécie humana. "Trata-se de um processo estritamente lógico", explica ela.[207] Os signos assimilados por Grandin são de um manejo rígido. Difíceis de generalizar, estão colados a situações precisas, de modo que pertencem mais à ordem dos índices,[208] no sentido de Peirce, do que a autênticos símbolos. Na falta de poder ancorar o seu pensamento em um modo de gozo específico – o que permitiria a cifração deste –, ela procura modelar suas condutas na conformação aos modos habituais de se comportar, ou nas informações dadas pelos jornais, supostamente pouco contestáveis. O progresso com relação ao Outro de síntese do autista-prodígio reside na capacidade que Grandin tem de mobilizar séries de signos para ordenar a realidade, não mais

---

207 Ibid., p. 267.
208 O índice, segundo Peirce, está "em conexão dinâmica (inclusive espacial) tanto com o objeto individual, por um lado, quanto com o sentido ou a memória da pessoa para a qual ele serve de signo, por outro". "Psicologicamente, a ação dos índices depende da associação por contiguidade, e não da associação por semelhança ou de operações intelectuais" (C. S. PEIRCE, *Écrits sur le signe, op. cit.*, pp. 158 e 160).

num campo extremamente limitado, mas de maneira extensiva, adaptando suas buscas às suas expectativas e valendo-se delas para servir a suas atividades profissionais. Todavia, os signos permanecem rigidamente organizados em sequências metonímicas – é por isso que não se opera o atravessamento da barra da metáfora.[209] Quando o sentido de um enunciado só pode ser decidido ao levar em conta a enunciação do Outro, Grandin se vê desamparada. Sua compreensão da linguagem social do dia a dia, nota Sacks, é "completamente anormal [...] – continuava sem entender alusões, pressuposições, ironia, metáforas e brincadeiras". Em contrapartida, ela encontrou "na linguagem da ciência e da tecnologia um enorme alívio. Era muito mais clara, muito mais explícita, muito menos dependente de assunções tácitas".[210] Quanto mais a variável subjetiva se introduz na função denotativa[211] da linguagem, mais aumenta a dificuldade de compreensão para o autista. Grandin

---

[209] "A metonímia", sublinha Lacan, "está no princípio, e é ela que possibilita a metáfora [...]. Falam do caráter concreto da linguagem na criança. É, contrariamente às aparências, algo que se relaciona com contiguidade. Alguém me confiou muito recentemente a fala de seu filho, um menino, que, com dois anos e meio de idade, segurou a mãe dele quando esta se inclinava para dizer-lhe boa-noite, chamando-a assim: *Minha garotona, cheia de bumbum e de músculos*. Essa linguagem não é evidentemente a mesma que a de *Seu feixe não era avaro nem odiento*. A criança não faz isso ainda. Ela não diz tampouco *O amor é um calhau ridente sob sol*. Dizem-nos que a criança compreende a poesia surrealista e abstrata, a qual seria um retorno à infância. É idiota – as crianças detestam a poesia surrealista e repugnam certas fases da pintura de Picasso. Por quê? Porque elas ainda não estão na metáfora, mas na metonímia. [...] De uma forma geral, a metonímia anima esse estilo de criação que se chama, por oposição ao estilo simbólico e à linguagem poética, o estilo dito realista" (J. LACAN [1981] *O seminário*, livro 3: *As psicoses*. Traduzido por A. Menezes, 2. ed. Rio de Janeiro: Jorge Zahar, 2008, pp. 267-8; tradução modificada).

[210] O. SACKS, *Um antropólogo em Marte, op. cit.*, p. 279.

[211] A denotação é esse aspecto do sentido que implica que se saia da língua, em si mesma, para ligá-la ao mundo.

percebe essencialmente o funcionamento psíquico dos outros à imagem do seu próprio. Porém, não sendo dividida pelo significante, ela tem dificuldades em captar as implicações da enunciação no enunciado.

A dificuldade do autista em situar a palavra numa rede de oposições significantes, em razão do peso da sua conexão com um referente no mundo, encontra-se compensada de maneira original por Grandin: é por meio de um somatório de signos icônicos que ela chega a construir certos conceitos.

> *Contrariamente à maioria das pessoas, os meus pensamentos passam por imagens particulares, imagens de vídeo, a conceitos gerais. Por exemplo, pra mim, o conceito de 'cão' está inextricavelmente ligado a cada um dos cães que eu conheci na minha vida. É como se eu tivesse um arquivo com a fotografia de todos os cães que vi, e ele não para de aumentar à medida que eu vou ajuntando novos exemplos à minha videoteca. Se eu penso no dogue alemão, a primeira lembrança que surge na minha cabeça é a de Dansk, o cão do diretor do meu colégio. O segundo dogue alemão que vejo é Helga, que sucedeu Dansk. O terceiro é o cão da minha tia, no Arizona. A última imagem é a de um anúncio publicitário de capas para banco de carro, em que se vê um cão dessa espécie. Minhas lembranças se apresentam sempre em ordem cronológica, e as imagens são sempre particulares. Não tenho imagem genérica de dogue alemão.*[212]

---

212 T. GRANDIN, *Penser en images, op. cit.*, p. 29.

Seguramente seria inexato asseverar que os autistas não têm capacidade de abstração – a aptidão para utilizar signos é o suficiente para infirmar isso. Contudo, não se teria como duvidar de que essas capacidades encontram limites. Porém, Grandin é testemunha de que são notavelmente compensadas. Sublinhar que o modo de pensamento deles privilegia o signo permite que se oriente nas suas dificuldades, quando se constata, por exemplo, que, de um somatório de signos, Grandin chega a construir um pseudoconceito. Se o seu testemunho é digno de crédito, ela não deve ser capaz de identificar um novo cão quando ele pertence a uma raça que ela nunca viu. É preciso que um Outro intervenha, capaz de designá-lo como cão, para que este se torne subsumível ao seu pseudoconceito[213].

A falta de aptidão para proceder à mutação do real no significante limita as capacidades de abstração dos autistas, o que incita que se relate um "pensamento concreto". Contudo, eles compensam notavelmente a dificuldade por meio de um desenvolvimento excepcional das suas capacidades mnemônicas. Os estudos incidindo sobre elas sublinham a frequência de um pensamento visual, das imagens eidéticas,[214] e apontam para uma carência da metafo-

---

213 Se assim for, o pensamento de Grandin – contrariamente ao que lhe sugere a sua consciência – mostra-se mais dependente da linguagem e do Outro do que ela própria supõe.
214 São imagens extremamente intensas cuja percepção persiste no mundo exterior por um período bastante longo. A memória visual parece descrever uma forma mais atenuada do mesmo fenômeno, em que as imagens são interiorizadas – logo, menos vívidas. Não se teria como procurar, contudo, uma explicação para as capacidades do autista-prodígio nas particularidades do aparelho perceptivo visual, visto que se conhecem calculadores de calendário entre cegos de nascença. A atenção voltada para essas imagens confirma que os autistas constroem o seu mundo valendo-se de um privilegiado apoio na dimensão imaginária.

rização.[215] A ausência de recalque para o autista – a respeito do que estão de acordo tanto M. Mahler quanto T. Grandin – cria, sem dúvida, algumas condições favoráveis à memorização. Abstrair permite assimilar dados, produzindo uma considerável economia de informação. Quando essa aptidão é débil, o sujeito procura remediá-la retendo, um a um, todos os elementos considerados. É, por um lado, de uma dificuldade em desconectar a palavra da coisa que nasce a estimulação da memória do autista – gerando, nesse aspecto, as suas capacidades frequentemente excepcionais. Mas sua propensão para pensar com signos que conservam uma conexão estreita com o referente lhe põe limites para a apropriação dos conceitos. A despeito dos limites em que o seu pensamento abstrato se choca, o recurso a procedimentos compensatórios pode torná-lo apto a desenvolver-se por meio de uma vagarosa intelectualização.

A rigidez dos registros mnemônicos suscita, contudo, uma dificuldade para conceber como é que deles podem emergir certas capacidades de invenção. Os autistas-prodígio testemunham que, para eles, não é fácil elevar as capacidades mentais para além de aptidões para a restituição de signos solidificados. Entretanto, Grandin explicita muitíssimo bem como chega a superar a dificuldade:

> *Quando concebo um aparelho na minha cabeça ou trabalho num problema de concepção, é como se eu estivesse assistindo num videocassete. Posso olhar o aparelho por todos os ângulos, posicionar-me abaixo, debaixo e fazê-lo girar ao mesmo tempo. Não preciso de um programa sofisticado para fazer os experimentos em três dimensões. Eu faço melhor e mais rápido na minha cabeça. Para criar novas imagens, parto sempre de milhares*

---

215 D. A. TREFFERT, *Extraordinary people, op. cit.*

de pedacinhos de imagens que armazenei na videoteca da minha imaginação e que eu vou ajuntando. Tenho lembranças em vídeo de todos os componentes que utilizei – portas de aço, tapumes, ferrolhos, muros de concreto. Para conceber um novo modelo, encontro na minha memória fragmentos e pedaços, e os combino de outra forma para fazer um todo.[216]

Um funcionamento desses sabe tirar vantagem da aptidão para pensar com signos icônicos – levada ao extremo em Grandin, mas inegavelmente desenvolvida de um autista a outro. Todavia, esse recurso à imaginação criadora, baseado na visualização e no emparelhamento de imagens de objetos, não é próprio dos autistas; o que é característico reside no seu isolamento, na sua hipertrofia e na sua independência relativamente aos afetos.

A apropriação difícil de termos sintáticos, o primado do signo e – consequência dele – a construção laboriosa de pseudoconceitos, todos esses fenômenos resultam de uma recusa inicial em ceder o gozo vocal para servir à enunciação. Contudo, os autistas de alto funcionamento manifestam pérolas de engenhosidade, apoiando-se no imaginário, para compensar as consequências dessa recusa inconsciente – com a qual sofrem, em particular, por conta da solidão que ela engendra. O modo de pensamento deles implica necessariamente recorrer considerável e permanentemente à memorização. Eles ficam trabalhando sem parar na luta contra a dispersão dos signos.

Grandin atingiu modos muito elaborados de compensação das suas dificuldades. Não são todos os autistas que são capazes

---

216 T. GRANDIN, *Penser en images, op. cit.*, p. 21.

disso. Mas constata-se que, tanto para ela quanto para outros, a construção da sua borda opera graças a uma hipertrofia da memória. Muitos fazem constatações similares. Williams descreve-se, às vezes, como "um computador marcha-lenta". Muito frequentemente ela só é capaz de agir "após repertórios copiados e memorizados, sem consciência de si, sendo completamente incapaz de uma ação complexa e consciente". "Minha memória era fonte de grandes prazeres", precisa ela; "ela era excelente, às vezes perfeita até nos mínimos detalhes. Eu podia extrair uma parte dela e abri-la feito um folhetim, descrevendo as suas imagens; eu me tornava a narradora de um filme mudo, a animadora verbal de uma trilha sonora gravada". Com isso, a maioria dos autistas conserva nos seus pensamentos e comportamentos algo de maquinal oriundo de um recurso necessário aos signos. Estes constituem, com efeito, objetos mnemônicos muito custosos de manejar em comparação com a fluidez e a leveza associativa dos significantes. Tudo leva a crer que o que Grandin descreve quanto ao primado do signo no Outro de síntese dos autistas é generalizável: o que ela evidencia em algumas das suas construções – que, no entanto, estão entre as mais sofisticadas dos autistas –, a saber, uma persistência da situação de aprendizagem, constitui um mecanismo já presente nas elaborações mais grosseiras.

Os signos que formam o Outro de síntese do autista não são as letras[217] que constituem o inconsciente freudiano. É uma das teses mais fortes de Lacan fazer dessas últimas o "análogo de um gérmen".[218] Ao situá-las no litoral entre o gozo e o saber, concebe-as

---

217 Lacan compreende a letra "como a estrutura essencialmente localizada do significante", o que dá ênfase na face real desse último: uma matéria isolada, ancorada no corpo, separada do Outro. A letra é um elemento discreto inapto para representar o sujeito.
218 "A função que dou à letra", afirma ele, "é aquela que faz a letra análoga de um gérmen" (J. LACAN, *O seminário*, livro 20: *Mais, ainda, op. cit.*, p. 104).

como uma marca que permite acolher o gozo. Elas só se apoiam numa perda, a de uma experiência primordial de gozo – de modo que se caracterizam por desenhar "a borda do furo no saber",[219] e não têm função de representação.[220] Os signos não têm as mesmas propriedades, a perda simbólica lhes é estranha: permanecem atrelados ao referente. Não teríamos como duvidar quando Grandin descreve os signos icônicos com os quais ela pensa. Ou, ainda, quando se estarrece com o fato de que a memória musical formidável de tal autista tropece sempre no mesmo erro inerente à primeira audição; ou mesmo quando um erro ortográfico é sempre reproduzido pelo sujeito porque presente no primeiro texto em que a palavra foi encontrada. Quer o signo seja sonoro, quer escritural, ele permanece por muito tempo manifestamente correlato a uma determinada experiência. O Outro de síntese do autista é constituído por signos compactos, eles próprios frequentemente agrupados em articulações rígidas. Não estão em condições de cifrar o gozo; chegam, quando muito, a enquadrá-lo – o que todos os autistas sublinham, apontando para o quanto a linguagem e a vida emocional permanecem, para eles, separadas.

Os autistas de alto funcionamento insistem muito numa carência intrínseca da linguagem em expressar "a experiência interna". Donna Williams descreve muito precisamente o fato de que vive num mundo povoado por imagens do duplo nas quais ela se apoia, ao passo que lhe falta "um senso do seu corpo interno". Por detrás do seu "acúmulo de papéis", ela experimenta a sensação de não ter essa "identificação pessoal", conferida pelo significante unário, que permite ao sujeito fundar a sua diferença para além de toda imagem.

---

219 J. LACAN (1971), "Lituraterra". In: *Outros escritos, op. cit*, p. 18.
220 O significante tem um valor diferencial, de modo que não pode ser idêntico a si mesmo. Ele constitui o corpo do simbólico; o seu sentido surge de uma combinatória. Se ele se isola, torna-se letra real, aberta a todos os sentidos.

A carência da identificação primordial é sentida por Williams, bem como pela maioria dos autistas, como uma debilidade da "experiência interna", traduzindo-se por uma dificuldade em ter em seu poder tanto um corpo quanto uma linguagem expressiva. Após ter publicado o seu primeiro livro, Williams relata, no segundo, certa melhora da sua posição subjetiva. "Eu estou aprendendo [...] a sentir um pertencimento, e não mais só tentando fazer de conta".[221] Essa aquisição permanece, apesar disso, muito diminuta: ela continua, essencialmente, experimentando de forma dolorosa uma falta de conexão entre as suas emoções e o seu pensamento. Por vezes é capaz de interagir com seu entorno – pois memorizou os jogos de fisionomia correspondendo a essa ou aquela emoção –, mas as suas ações não são impelidas pelos sentimentos: são comandadas pelo seu pensamento. "Como arquivos eletrônicos", explica ela, "é possível memorizar mentalmente representações de emoções, extraí-las e interpretá-las. Nem por isso a representação estará ligada a um sentimento real, e não se compreende necessariamente a emoção representada – afora o simples mecanismo do modo e, às vezes, do momento da sua imitação". Grandin descreve muito precisamente um corte idêntico entre o seu intelecto e o seu ser de gozo.

> *Enfim, eu era como um animal sem instinto para se guiar; tinha de aprender tudo por aproximações sucessivas. Passava o tempo observando, procurando o melhor comportamento possível, mas isso nunca colava. Era preciso que eu pensasse em cada interação social. Ver os estudantes ficando pasmos ao assistir aos Beatles era, pra mim, um FSI – um "Fenômeno Sociologicamente Interessante".*[222]

---

221 D. WILLIAMS, *Quelqu'un, quelque part, op. cit.*, p. 140.
222 T. GRANDIN, *Penser en images, op. cit.*, p. 154.

A despeito da integração do seu duplo, da complexidade do seu objeto e da riqueza do seu Outro de síntese, a cisão entre as emoções e o intelecto de Grandin persiste. Ela, todavia, sabe compor melhor com ela: "Como eu não tenho conhecimento intuitivo algum das regras sociais", relata, "fundamento-me na análise lógica; é como se eu dispusesse de um programa para me guiar no meu comportamento. É uma arborescência algorítmica complexa que me permite tomar minhas decisões. Ao longo desse processo, sirvo-me da minha inteligência lógica para tomar cada uma das minhas decisões sociais. Minhas decisões não são comandadas pelas minhas emoções, elas nascem do cálculo". Asperger já havia sublinhado a importância da debilidade do enlace entre o gozo e a linguagem, que está no princípio do autismo, notando que o saber desses sujeitos se desenvolve num vazio emocional. "Essas pessoas são, nua e cruamente dizendo, autômatos da inteligência", afirmava ele em 1944. "É pelo intelecto que, para elas, faz-se a adaptação social. Com elas é preciso explicar tudo, enumerar tudo (o que seria uma falta grave de educação com crianças normais); elas têm de aprender as tarefas diárias como deveres de escola, e executá-las sistematicamente".[223]

O Outro de síntese é um objeto intelectual constituído por elementos cuja assimilação é equivalente a uma aprendizagem por repetição. Porém, sabe-se que é perfeitamente possível restituir um saber que continue totalmente opaco ao sujeito. Kanner observou a forma radical desse fenômeno em crianças autistas capazes de recitar, numa idade precoce, canções em diferentes línguas, listas de presidentes, o alfabeto de frente pra trás e de trás pra frente etc. O todo, notava ele, "dificilmente podia ter mais sentido do que uma série de sílabas sem sentido para um adulto". De uma forma atenuada, o mesmo fenômeno persiste em autistas de alto funcionamento,

---

223 H. ASPERGER, *Les psychopathes autistiques pendant l'enfance*, op. cit., p. 86.

que chegam, no entanto, a tirar certa utilidade social de um saber que permanece, para eles, como uma aquisição estranha, um enxerto intelectual que é difícil de assimilar. "Assim como eu", observa D. Williams, Jim "tinha dominado a arte de 'falar para saírem palavras', estando ele próprio completamente surdo ao sentido".[224] Outro autista, Malcolm, tinha como ela "um repertório interminável de vinhetas publicitárias que desfilavam no seu linguajar e que ele utilizava para divertir e ser aceito, assim como Carol havia feito". Ele apresentava o estoque mais completo de todos, depois do dela, "de imitações de gestos, de sotaques, de expressões faciais e de anedotas verbais clássicas". O aspecto afetado, mecânico, da maioria dos autistas vem de dificuldades em utilizar as informações contidas pelo Outro de síntese: é raro poder remeter a situação presente a uma situação memorizada estritamente equivalente.

Na melhor das hipóteses, quando não estão sem referente objetivável, os signos só se encarregam dos objetos do mundo ou imagem por imagem ou sequência por sequência. O conceito de 'cão' remete inextricavelmente, para Grandin, a cada um dos cães que ela conheceu na vida. Para o autista, a linguagem não faz inexistir aquilo de que ela fala – a palavra não é a morte da coisa. Porém, é só com essa condição, a da significantização, que o mundo se torna "feito de conta".[225] Todos os observadores estão de acordo em constatar que o "fazer de conta" é deficiente no autista. Ora, no princípio desse ato encontra-se o descolamento do significante e do objeto, o que permite à criança asseverar que um sapato seja um carro, que uma banana seja um avião, que o cão faça miau e o

---

224 D. WILLIAMS, *Quelqu'un, quelque part*, op. cit., p. 217.
225 J.-A. MILLER, "Clínica irônica". In *Matemas I*. Traduzido por Sérgio Laia. Rio de Janeiro: Jorge Zahar, 1996, p. 194; tradução modificada. [Trata-se, no original, do vocábulo *semblantifié* ("semblantificado"). Onde se encontrar referência aqui ao "faz de conta", portanto, é preciso ter em mente que é o termo *semblant* (simulacro) que está em jogo [N. T.]].

gato, au-au etc. O signo já não tem essa capacidade: para o autista, ele continua colado na imagem do referente.

O Outro de síntese permite falar, pôr ordem no mundo, mas a sua aptidão para representar o vivente não deixa de ser insuficiente. Enquanto significante-mestre, o $S1$ não funciona ali. O sujeito não está ausente nisso: sua presença se manifesta ali por meio da aquisição e da escolha do saber a ser mobilizado nessa ou naquela situação – mas ele se afixa nisso pelo intelecto, não pelas pulsões. O Outro de síntese sofre de um déficit de simbolização; ele é constituído de elementos que não permitem efetuar o assassinato da coisa, que não comportam a capacidade de abstração própria ao significante. Não é constituído nem de $S1$ nem de $S2$, mas de signos – ora alfabéticos, ora visuais, ora sonoros.

Uma vez que os autistas de alto funcionamento não são incapazes de se adaptar a situações desconhecidas e dispõem de certos recursos inventivos, é preciso concluir que o Outro de síntese aberto tem capacidades criadoras. Ele testemunha uma aptidão para utilizar regras de organização dos signos – não ancoradas numa língua privada, mas angariadas do Outro da linguagem. O aprofundamento de um conhecimento intelectual da gramática vai, pouco a pouco, dando certa leveza aos índices, dentre os quais alguns chegam a ser destacados de uma situação determinada. Eles viram símbolos, então, no sentido de Peirce, mas permanecem signos, e não significantes.

Mesmo tão bem estabilizados quanto Williams ou Grandin, os autistas persistem em sofrer de uma profunda incapacidade para atar o pensamento à vida afetiva. Para os que se fecham no mutismo, o gozo vocal encontra-se manifestamente desconectado da linguagem; daí um interesse, frequentemente observado, pelas cordas vocais do semelhante – em cuja garganta eles por vezes colocam a mão, intrigados pelo mistério da fala. Eles sentem que lhes falta uma dinâmica psíquica para falar. No outro extremo da síndrome autística, o mesmo fenômeno persiste de uma forma compensada, a dinâmica trazida pelo gozo permanecendo essencialmente separada do pensamento e da linguagem.

Seria preciso concluir que os "interesses circunscritos" das crianças autistas que constituem os esboços do Outro de síntese não merecem ser encorajados? Eles não poderiam conduzir apenas a compensações pobres do transtorno fundamental? Parece, pelo contrário, que as modificações que trazem à posição subjetiva, mesmo se encontram um limite, atingem ganhos bastante consideráveis.

O notável trabalho efetuado por T. Morar para tirar o seu filho do retraimento, a fim de tentar fazer dele um menino como os outros, leva-a a constatar, após longos anos de esforço, um fenômeno que a estarrece: "A reconstrução mental", escreve ela, "contra todas as expectativas, ajuda também a reconstruir as emoções".[226] Esse testemunho é confrontado por Williams, que afirma, no final de sua segunda obra, chegar às vezes a se empossar de si mesma, depois de ter lentamente desenvolvido "a faculdade de falar pessoalmente, mantendo intacto o senso do [seu] eu e das [suas] emoções".[227] Todavia, ela não esconde a precariedade dessa faculdade, que permanece instável e que não parece resistir à provação das situações angustiantes. Por outro lado, quando um autista se estrutura – graças a uma terapia ou a um trabalho educativo –, em geral se observa que os seus transtornos sensoriais melhoram de maneira considerável. Todos esses fenômenos indicam que a construção de um Outro de síntese induz uma suficiente mobilização da linguagem para intervir no gozo. Os signos são inaptos para cifrá-lo,

---

226 T. MORAR, *Ma victoire sur l'autisme, op. cit.,* p. 150.
227 D. WILLIAMS, *Quelqu'un, quelque part, op. cit.,* p. 246.

mas mostram-se capazes de enquadrá-lo. Os limites do trabalho de construção subjetiva decorrem disso. "Amo a linguagem", escreve Sellin, "ela faz o interior eclodir".[228] Até que ponto os autistas podem chegar continua sendo uma questão em aberto.

Ocorre, contudo – apesar da carência de cerzidura do gozo na letra –, de alguns chegarem a compensar a dificuldade em se representar no campo da sua própria linguagem, como testemunham as autobiografias de autistas de alto funcionamento. A expressão oral da intimidade deles permanece difícil, mas, passando pelo escrito – às vezes com a ajuda de um facilitador, jornalista ou parente próximo –, chegam a contornar o obstáculo e a relatar isso. Os livros de Grandin, Williams, Barron, Tammet e de alguns outros são criações originais, trabalhos de autores; eles testemunham certa compensação da identificação primordial – compensação que funda o sujeito em sua diferença com o ser e que afasta a captura pelo duplo.

"A hipertrofia compensatória"[229] dos autistas de Asperger se desenvolve a partir do retorno do gozo na borda autística, apoiando-se em três formações inerentes a ela. A interdependência delas nem sempre permite distingui-las com nitidez: o objeto é um duplo, que habitualmente se concretiza; o objeto se desenvolve por associação a ilhas de competência; o Outro de síntese ganha vida, pela ecolalia de efeito retardado, nas palavras do duplo. A saída do retraimento para se orientar rumo à autonomia passa necessariamente por uma utilização dos elementos da borda autística, não mais para selar uma fronteira entre o mundo assegurado e o caos exterior, mas para procurar ordenar e pacificar certos campos deste último.

---

228 B. SELLIN, *Une âme prisonnière*, op. cit., p. 205.
229 H. ASPERGER, *Les psychopathes autistiques pendant l'enfance*, op. cit., p. 142.

4. Eles ouvem muitas coisas, mas será que são alucinados?

Interrogado de supetão sobre o autismo, no decorrer de uma discussão que se deu na sequência da Conferência de Genebra sobre o sintoma, Lacan parece buscar sua especificidade em uma disfunção da pulsão invocante. Ele considera que o próprio termo "autismo", na sua conotação de retraimento, implica que os autistas "ouvem a si próprios". Ele acrescenta: "Eles ouvem muitas coisas. Isso normalmente desemboca até na alucinação, e a alucinação tem sempre um caráter mais ou menos vocal. Não é que todos os autistas ouçam vozes, mas eles articulam bastante coisa".[1] Essas indicações são surpreendentes, visto que nenhuma das onze crianças apresentadas por Kanner no seu artigo fundador apresenta alucinações.[2] Numa pesquisa ulterior efetuada com Eisenberg – com 42 crianças autistas, estudadas entre 8 e 24 anos –, os autores notam que em momento algum essas crianças deram sinal evidente de

---
1 J. Lacan, "Conférence à Genève sur 'Le symptôme' du 4 octobre 1975", *Bloc-note de la psychanalyse*. Genebra, 1985, 5, pp. 5-23.
2 L. Kanner, "Os distúrbios autísticos do contato afetivo", *op. cit.*, p. 111-170.

delírio ou de alucinação.[3] Os trabalhos de Asperger, que se baseiam numa amostragem mais importante, confirmam essa constatação. Asperger acompanhou mais de 200 crianças, num período que ultrapassa dez anos, sem jamais evocar a presença de alucinações. Se ele introduz a noção de psicopatia para designar o seu tipo clínico, é precisamente porque procura diferenciá-lo da esquizofrenia. Ele afirma ter observado só uma única vez a evolução para a psicose: "Em todos os outros casos", acrescenta, "dos quais alguns foram acompanhados por uns vinte anos, jamais aconteceu essa alteração da psicopatia em legítima psicose".[4] O termo "alucinação" em relação ao autismo não aparece em seus escritos. O mesmo valerá, em seguida, para muitos especialistas do autismo. Em 1964 – numa obra que constitui referência no campo anglo-saxão – Rimland afirma, assim, que a ausência de alucinações constitui um dos elementos que permitem diferenciar o autismo da esquizofrenia:

> *A falta de alucinações relatadas até estimulou autores imaginativos a proporem uma explicação engenhosa, mas desprovida de fundamento – a alucinação negativa, segundo a qual as crianças que dela sofrem determinam que nada existe".*[5]

Essa alusão crítica visa essencialmente a M. Mahler. Tentando determinar o autismo por meio de um narcisismo primário absoluto, inferindo "uma ausência de consciência do agente materno", ela postula, com efeito, a existência de uma "conduta alucinatória

---

3   L. Kanner; L. Eisenberg, "Notes on the follow-up studies of autistic children", *op. cit.*, pp. 227-39.
4   H. Asperger, *Les psychopathes autistiques pendant l'enfance, op. cit.*, p. 138.
5   B. RIMLAND, *Infantile autism. The syndrome and its implications for a neural theory of behaviour*. Englewood Cliffs: Prentice Hall, 1964, p. 72.

negativa", manifestada por um "ouvido surdo à mãe e ao universo inteiro".[6] Não se teria como duvidar, hoje em dia, de que não é nada disso. Seria mais apropriado descrever o comportamento das crianças autistas dizendo que, em sua maioria, elas não querem fazer com que o seu entorno note o seu interesse. Sellin escreve em seu computador: "Vê tudo escuta tudo",[7] o que muitos outros testemunhos confirmam.

Uma das maiores razões pelas quais os anglo-saxões se recusam, hoje em dia, a considerar o autismo como uma psicose repousa na tese segundo a qual nao se encontra nele nem alucinação ncm delírio. Não identificando a psicose a partir de critérios descritivos e sumários dos *DSM* – mas a partir de sinais, por vezes, discretos (fenômenos de linguagem, deslocalização do gozo, transtornos da imagem do corpo etc.) –, sabe-se que a maioria dos clínicos franceses e dos psicanalistas lacanianos hesita mais sobre essa questão: a estrutura psicótica pode ser independente de transtornos psiquiátricos manifestos. Mas não permanece menos importante, para demarcar a especificidade do sujeito autista, saber se o seu mundo de funcionamento favorece o surgimento de fenômenos alucinatórios.

As alucinações visuais

Examinemos algumas raras ocorrências em que um sujeito autista alega alucinações. Sellin relata, por exemplo, o seguinte:

> *um dia eu estava por erro petrificado de terror porque considerei gotas d'água que estavam caindo como sendo seres vivos*

---

6 M. MAHLER, *Psychose infantile, op. cit.*, p. 69.
7 B. SELLIN, *La solitude du déserteur, op. cit.*, p. 99.

> *foi só olhando mais de perto que reconheci as*
> *gotas d'água*
> *hoje em dia ainda me acontece de vez em quando de ter*
> *essas alucinações sensoriais*
> *mas isso não me assusta mais como antes*[8]

Apesar do termo empregado por Sellin, trata-se aí não de uma alucinação, mas de um transtorno da percepção que é posto classicamente, desde Esquirol, no registro das ilusões – isto é, de um erro dos sentidos que não coloca em questão a presença real do suporte da percepção. Em contrapartida, alguns fenômenos alucinatórios mais autênticos parecem ter sido relatados. Um dos clínicos mais atentos a eles foi, sem dúvida, Bettelheim. Ele alega isso a propósito de duas crianças que apresentam um retraimento autístico atestado: Laurie e Marcia. No final da sua estada na Escola Ortogênica de Chicago, Laurie ainda está às vésperas da fala, de modo que suas alucinações são inferidas pelos clínicos.

> *Laurie [...] começou a alucinar. Descobrimos pela forma como olhava para o vácuo, de preferência para o teto, inteiramente preocupada com algo que se passava em sua mente e totalmente alheia ao que acontecia ao seu redor. Após esses períodos alucinatórios – que a princípio eram muito breves, mas que cresceram em duração e intensidade com o decorrer do tempo – retornava ao que estivera fazendo.*[9]

---

8   B. SELLIN, *La solitude du déserteur*, op. cit., p. 108.
9   B. BETTELHEIM, *A fortaleza vazia*, op. cit., p. 127; tradução modificada.

A observação de Marcia é mais contundente: ela não dá lugar a dúvidas no que concerne à existência de fenômenos alucinatórios, pois é capaz de testemunhá-los por conta própria:

> *Parecia estar sofrendo de alucinações particularmente assustadoras. Ocasionalmente espalmava a mão contra o rosto ou nariz. Talvez o fizesse para se certificar de onde acabava seu corpo, visto que, em seu desvario, ela poderia ter julgado que este se estendia até as imagens que ela projetava no teto. Ou talvez o fizesse para erguer uma barreira protetora entre ela e um mundo que ela só indistintamente descortinava ou que alucinava como estando fora dele. Muito mais tarde, quando alucinava desse jeito, diria: "Vejo a mamãe"; e suplicava com desespero: "Levem a mamãe daqui".*[10]

Por conseguinte, Marcia testemunha alucinações visuais assustadoras, mas não alucinações verbais – das quais ela se protege, aliás, colocando as mãos nos olhos, e não sobre os ouvidos. A partir da observação de Marcia e de alguns outros, Bettelheim arrisca uma teorização da alucinação da criança autista. Ele a referencia clinicamente pela atitude de olhar fixamente para o teto e formula a hipótese de que essas crianças alucinam a fonte de vida: "A pessoa por trás do alimento, a pessoa que nunca alcançaram emocionalmente e procuram ao mesmo tempo que dela desejam ver-se livres".[11] Faltam observações que permitiriam confirmar essa hipótese, de modo que ela não parece poder ser generalizada.

---

10   Ibid., p. 178.
11   Ibid., p. 221.

Quando Williams tenta rememorar a sua primeira infância, lembra-se primeiramente da "visão encantadora que ela tinha do nada"; nele ela discernia manchas pelas quais procurava deixar-se absorver por inteiro.[12] Um pouco mais tarde, testemunha ter tido dois amigos, "filamentos mágicos" e "um par de olhos que se escondiam debaixo da sua cama". Os primeiros

> *eram quase transparentes, mas bastava não olhar diretamente para eles, e olhar além, para que se tornassem muito presentes [...] as partículas que eu percebia erigiam um primeiro plano hipnótico que fazia perder toda a sua realidade e o seu fulgor para o resto do mundo*.[13]

Durante muito tempo ela cultivou esses estados dormindo com os olhos abertos ou, ainda, apertando os olhos até ver cores. Constata-se, novamente, que Williams volta a atenção para alucinações visuais. Para outros, contudo, a música também pode assumir um lugar em seus estados de gozo autoerótico. Uma autista de treze anos relata que, até os cinco – antes que começasse a se abrir aos outros –, o seu mundo era magnífico: "Era repleto de cores e de sons".[14] Os testemunhos estão de acordo quanto à frequência da atração exercida por sonoridades melodiosas, particularmente música e cantigas; em contrapartida, e é o ponto que é preciso sublinhar, é muito raro encontrar testemunhos de sujeitos para os quais o diagnóstico de autismo não seja duvidoso e que relatem a percepção de vozes alucinadas.

---

12   D. WILLIAMS, *Si on me touche, je n'existe plus*, op. cit., p. 20.
13   Ibid., p. 28.
14   D. WILLIAMS, *Quelqu'un, quelque part*, op. cit., p. 269.

A longa experiência de terapias de crianças autistas acumulada por Frances Tustin não levava em nada a sublinhar a presença de alucinações nesses sujeitos. Muito pelo contrário, ela observa que "as alucinações são geralmente uma característica da criança esquizofrênica, mas não da criança autista, ainda que possam se produzir também nela ao longo do tratamento, quando está em via de cura".[15] Quando ela evoca a manifestação desse último fenômeno, sem se deter, parece confirmar que não se trata de alucinações visuais. Ela escreve, em 1981:

> *Quando das primeiras entrevistas, as crianças confusionais podem apresentar alucinações. Não é esse o caso das crianças com carapaça, mas, em curso de psicoterapia, elas podem ter alucinações que testemunham a capacidade mental que têm para reter imagens.*[16]

Donna Williams descreve ter experimentado na sua infância alucinações visuais bastante consistentes ligadas a estados de sonambulismo:

> *Uma vez foi um gatinho bonito, de olhos azuis, que tinha me mordido depois de ter se metamorfoseado bruscamente num rato, no momento em que eu ia acariciá--lo. Durante o pesadelo, eu tinha descido para a sala e aí havia passado toda a cena antes de me despertar, ao acender a luz. Desatei a gritar, vendo o sangue minar na minha mão, mas o sangue desapareceu num passe de mágica e tudo voltou a ficar em ordem no cômodo.*

---

15 F. TUSTIN, *Autisme et protection*, p. op. cit., p. 22.
16 F. TUSTIN, *Les états autistiques chez l'enfant*, op. cit., p. 55.

> *Outra noite, foi no guarda-roupa do corredor que eu despertei, paralisada de terror diante da visão de uma boneca que tinha acabado de voltar ao seu estado normal. Alguns segundos antes, eu a tinha visto com as mãos esticadas, os lábios articulando palavras sinistras que eu não conseguia ouvir, como se fosse uma cena de assombrações para um filme macabro.[17]*

Convém constatar nesse episódio que a própria comunicação verbal – "as palavras sinistras" – se faz de uma forma visual: ela não é ouvida, mas percebida na articulação dos lábios. Vamos nos ater ao que Williams sublinha: ela não conseguia ouvir. Numa circunstância angustiante ela percebe uma voz que efetua um tipo de comentário dos seus atos, o que não deixa de evocar um fenômeno de automatismo mental. Contudo, ela precisa: "Eu ouvia mentalmente a minha própria voz comentando o desenrolar das coisas",[18] com o que ela frisa que o fenômeno não é xenopático para ela – a sua enunciação não lhe escapa, ela sabe que se trata da sua "própria voz". Da mesma forma, pode acontecer de ela ouvir: "As emoções são ilegais", mas ainda assim ela afirma que é "uma voz interior"[19] que lhe lança essa sentença.

O testemunho recente de um autista de alto funcionamento parece impugnar o de Donna Williams. Danniel Tammet, em sua obra autobiográfica *Nascido em um dia azul*[20] – publicada em Lon-

---

17 D. WILLIAMS, *Si on me touche, je n'existe plus, op. cit.*, p. 80.
18 Ibid., p. 103.
19 D. WILLIAMS, *Quelqu'un, quelque part, op. cit.*, p. 46.
20 "Nasci em 31 de janeiro de 1979 – uma quarta-feira. Sei que foi uma quarta-feira porque a data é azul na minha mente e as quartas-feiras são sempre azuis, como o número nove ou o som de vozes altas discutindo" [D. TAMMET, *Nascido em um dia azul, op. cit.*, p. 13]. [N. T.]

dres, em 2006 –, relata ter ouvido a voz de um amigo imaginário, criado por volta dos dez anos de idade para compensar sua falta de amigos. Ele ainda é capaz, quando fecha os olhos, de se lembrar claramente do dia em que pôde ver seu rosto ressequido – o de uma velha mulher, muito grande e idosa, com mais de cem anos. Essa imagem diz a ele que se chama "Anne". Então lhe ocorreu com frequência – nas caminhadas ao redor das árvores do parquinho, durante as recriações – de passar esse tempo em meio a longas e profundas conversas com essa mulher. "Sua voz", escreve ele, "era suave e sempre afável, gentil e tranquilizadora. Sentia-me calmo junto dela".[21] O marido dela tinha morrido há muito tempo, de modo que ela era sozinha e gostava da companhia de Daniel. Nota-se que as duas solidões se refletem e se consolam nessa criação que participa de reflexos especulares. Daniel gostava muito de poder falar com a velha mulher sobre tudo o que lhe interessava. "Muito do que ela me dizia", nota ele, "era para me tranquilizar e sempre funcionava, porque, quando a deixava, me sentia feliz e pacífico".[22] Um dia, porém, com uma voz bem suave e lentamente, ela lhe anunciou a partida – pois a sua morte estava próxima. Ele foi bastante afetado por isso. Em seguida, pareceu-lhe que Anne havia sido a personificação dos seus sentimentos de solidão e incerteza: ela era "um produto daquela parte de mim que queria enfrentar minhas limitações e começar a se libertar delas. Ao deixá-la partir, eu estava tomando a decisão dolorosa de tentar achar meu caminho no mundo maior e viver nele".[23] É manifesto, portanto, que a voz de Anne não apresenta as características de uma alucinação verbal. Um psicótico pode ouvir um diálogo de vozes, mas este acontece fora do seu controle – ele não tem a sensação de ser um ator da interação. Por via de regra, as vozes são inquietantes para

---

21 D. TAMMET, *Nascido em um dia azul*, op. cit., p. 73. [N. T.]
22 Idem. [N. T.]
23 D. TAMMET, *Nascido em um dia azul*, op. cit., p. 74.

o sujeito; elas têm uma propensão a injuriá-lo e atormentá-lo. A que é ouvida por Tammet é, muito pelo contrário, apaziguadora e tranquilizadora. Ele mesmo bem percebe, ulteriormente, que Anne emanava da sua propensão de falar consigo mesmo e que ela constituía uma complexificação desse fenômeno. Além disso, a sua partida lhe parece traduzir em imagens uma decisão subjetiva. O caráter xenopático do fenômeno praticamente não aparece: as palavras de Anne não são nem enigmáticas nem estupendas. Tammet não considera as aparições da velha como sendo fenômenos sobrenaturais, mas, sim, um devaneio diurno persistente, oriundo da sua imaginação. Esse testemunho vem nos lembrar que a alucinação – mais frequentemente visual; mas, às vezes, também verbal –, pode se apresentar em sujeitos de estruturas diversas, a tal ponto que não se teria como considerá-la, em si mesma, como patológica: Freud não hesitava em relatar alucinações acidentais "em pessoas sadias".[24] Todavia, nesse caso, elas não têm o caráter xenopático próprio aos fenômenos de automatismo mental.

Do mesmo modo, quando G. Haag assinala a presença de alucinações em autistas, constatadas ao longo de sua prática como psicoterapeuta, ela relata ter registrado, em alguns casos, "a ocorrência inesperada de alucinações de um barulho forte, quando do surgimento de algo inesperado no decorrer de uma sessão, sem que haja suporte perceptível algum de ruído".[25] É manifesto que

---

24 S. FREUD (1936) "Um distúrbio de memória na Acrópole". In: *Obras completas de Sigmund Freud*, 2a. ed., vol. XXII. Rio de Janeiro: Imago, 1994, p. 242.

25 G. HAAG (2005), "Reflexions de psychothérapeutes de formation psychanalytique s'occupant de sujets avec autisme après les résultats d'une expérience sur les aires cérébrales concernées par le traitement de la voix humaine chez cinq adultes avec autisme" <www.techniques-psychotherapiques.org/Documentation/Archives/Haag0105.html>.

tais sonorizações são nitidamente distintas do fenômeno da enunciação extraviada – em que a alucinação verbal consiste.

Com isso, numa primeira análise, a síndrome autística parece compatível com raras alucinações visuais e até, sem dúvida, com algumas alucinações sonoras (zumbidos, sinos, músicas, barulhos violentos etc.), mas não com autênticas alucinações verbais. Se assim for, o aprofundamento da lógica do fenômeno deveria poder nos orientar para captar o que diferencia estruturalmente o autismo das psicoses. Era a via que os Lefort tomavam quando consideravam que, no autismo, "o duplo não deixa nenhuma possibilidade de alucinação".[26] Entendiam com isso que, uma vez que a relação com o Outro do significante é sempre mediada por um duplo real e onipresente, ele criaria um obstáculo à alienação significante.[27] Os Lefort sublinhavam a ausência ou a pobreza do balbucio nas crianças autistas para insistir na não função do cerzimento do simbólico no real pelo significante-mestre. Com efeito, uma das maiores queixas desses sujeitos – quando testemunham o fato de não chegarem a juntar pensamento e emoção – parece poder ser relacionada a uma deficiência da função do significante-mestre. A entrada deles na linguagem se faz, mais frequentemente, por meio de condutas ecolálicas manifestamente separadas daquilo que sentem. Alguns, como dissemos, testemunham ter levado muito tempo para compreender que as produções sonoras das pessoas próximas serviam para comunicar. Por volta dos quatorze anos de idade, um autista de alto funcionamento como Barron não era capaz de expressar em palavras o que estava sentindo.

---

26 R. e R. LEFORT, "Sur l'autisme. Travaux et recherches em cours. Entretien avec F. Anselmet". In: *L'enfant "prêt-à-poser"*. Paris: Agalma, 1998, p. 37.

27 O duplo autístico, segundo os Lefort, exclui toda e qualquer presença do objeto causa do desejo, de modo que este "não é alucinável na ausência do Outro" (R. e R. LEFORT, "O autismo, especificidade", *op. cit.*, p. 223).

> *Nunca me ocorreu a ideia de perguntar pra minha mãe por que eu era tão estranho, de dizer para ela que eu precisava de ajuda. Eu ignorava que as palavras podiam servir pra isso. Para mim, a linguagem não passava de uma extensão das minhas obsessões, um instrumento a serviço do meu gosto pela repetição".[28]*

Donna Williams relata uma relação semelhante com a linguagem na sua infância.

> *Embora pudesse memorizar e imitar conversas inteiras, recuperando todos os trejeitos, eu não reagia quando falavam comigo. Eu não movia um músculo da face, nem sequer quando meus pais ficavam esbravejando na minha orelha. Eles achavam que eu era surda. Eu não era, não. Céticos, apesar do meu rico vocabulário, me fizeram tornar a passar por audiometrias por volta dos nove anos. O princípio de 'surdez ao sentido' era ignorado. Na vida, isso equivale a uma quase-surdez. Você não está privado do som, mas do sentido do som.[29]*

Resumindo, para os autistas é preciso um tempo mais ou menos longo para descobrir que as palavras servem para comunicar – depois do qual alguns se mostram capazes de um aprendizado intelectual da língua. Como é que poderiam ouvir verbalizações alucinatórias expressivas num período em que a fala do Outro lhes vem na forma de uma barulheira desatinada? Tudo leva a crer que

---

28 J. e S. BARRON, *Moi, l'enfant autiste*, op. cit., p. 222.
29 D. WILLIAMS, *Quelqu'un, quelque part*, op. cit., p. 71.

aquele que está privado do "sentido do som" encontra-se na incapacidade de perceber vozes alucinatórias.

É preciso sublinhar que a alucinação não teria como ser reduzida nem a um transtorno perceptivo nem a um erro de julgamento. O fenômeno não vem do exterior: ele se situa em continuidade com o pensamento e o discurso interno do sujeito. Séglas estabeleceu justamente isso, nas suas *Lições clínicas*,[30] quando descreveu as alucinações psicomotoras – a propósito das quais H. Ey falava em um "esboço de ventriloquismo".[31]

> *Por uma espécie de lance notável no início da sua carreira, [Séglas] notou que as alucinações verbais se produziam em pessoas em quem se podia perceber, com sinais muito evidentes em certos casos, e em outros, observando-as um pouco mais atentamente, que elas próprias estavam articulando, sabendo ou não, ou não querendo sabê-lo, as palavras que elas acusavam as suas vozes de as terem pronunciado.*[32]

Apoiando-se no fenômeno de Séglas, e na sua clínica, Lacan mostrou que a alucinação não é auditiva, mas verbal: ela se funda numa ruptura da cadeia significante liberadora de uma enunciação que não é reconhecida pelo sujeito. Quando uma análise refinada do fenômeno se mostra possível, na ocasião de uma apresentação de pacientes, acontece de o clínico chegar a evidenciar que são arremessados no real os próprios significantes do sujeito.[33]

---

30 J. SÉGLAS, *Leçons cliniques (Salpêtrière 1887-1894)*. Paris: Asselin, 1895.
31 H. EY, *Traité des hallucinations*. Paris: Masson, 1973, I, p. 207.
32 J. LACAN, *O seminário*, livro 3: *As psicoses*, op. cit., pp. 34-5.
33 Cf. a sessão do *Seminário 3* intitulada "Eu venho do salsicheiro" (J. LACAN,

A carência do significante-mestre implanta na estrutura autística um obstáculo à própria construção da alucinação verbal. Esta última não é uma barulheira qualquer, mas a manifestação de uma "voz" que testemunha uma presença enunciativa atestada, humana ou divina. Ela é, com frequência, portadora de imperativos forçosos contra os quais o sujeito deve despender bastante energia para resistir à sua realização – ela o conduz, às vezes, a realizações extremas: suicídio, assassinato, incêndio etc. A alucinação verbal repousa num precedente: a inscrição do significante unário na substancia gozosa. Quando ela é operada, o S1 pode se fazer ouvir na forma de mandamentos do supereu feroz. A sua propensão às injúrias e às obscenidades manifesta o desencadeamento no real de um gozo desenfreado, não obstante já tomado na linguagem, que os S2 não detêm. Com isso, nada de "voz" sem *Bejahung* primordial – aquela mesma cuja ausência Lacan notava em Dick, criança em tratamento com Melanie Klein, a propósito do qual ele dá algumas indicações preciosas no que concerne à estrutura do autismo. Dick, afirma ele, em 1954, vive "num mundo não humano", porque "não pode nem mesmo chegar à primeira espécie de identificação, que seria já um tipo de simbolismo [...] já tem uma certa apreensão dos vocábulos, mas desses vocábulos não fez a *Bejahung* – não os assume".[34] As crianças autistas vivem num mundo interior no qual o significante não introduziu os seus recortes: Dick, nota Lacan, "está inteiramente no indiferenciado". Está no princípio do autismo que uma relação fundamental do ser com a fala não seja assumida. Essas intuições de Lacan foram confirmadas e desenvolvidas pelos Lefort nos anos 1980, quando teorizaram a ausência do Outro do significante no autismo. É preciso, contudo, precisar essa afirmação, visto que ninguém pode contestar seriamente que as crianças autistas estejam, logo de saída, na linguagem – o que a produção

---

As psicoses, op. cit., pp. 57-71).
34   J. LACAN, *Os escritos técnicos de Freud, op. cit.*, pp. 85-6.

dos objetos de gozo testemunha, em particular, assim como a angústia do "buraco negro". O sujeito autista não está incólume a toda e qualquer alienação, mas ele recusa tê-la sofrido – "não a assume", sublinha Lacan. Como é que ele faz isso? Dedicando-se a separar a linguagem do gozo vocal, ele se fecha para o acesso ao significante e o reduz ao signo. O autista mobiliza os seus esforços para nunca assumir uma posição de enunciador, e essa estratégia defensiva só é suplantada em momentos de extrema angústia. A permanência – cuja falta raramente se nota – da recusa em assumir uma posição enunciativa é o que fundamenta a ausência clínica da alucinação verbal, visto que ela é uma enunciação extraviada à qual o sujeito é imanente:[35] mesmo quando se coloca como seu receptor, ele é, de fato, sempre seu emissor.

A maioria das alucinações verbais, sobretudo quando são imperativas ou injuriosas, coloca em jogo o que Lacan nomeia como sendo uma holófrase, uma solidificação do par significante S1-S2 que não permite a queda do objeto de gozo nesse meio tempo – de modo que o sujeito não se encontra dividido, mas plenamente representado pelo fenômeno.[36] A sua característica clínica capital reside, então, na certeza que aí se atém. Não é raro que os postulados de um delírio sejam oriundos de alucinações verbais, o que testemunha o parentesco da estrutura delas com o seu enraizamento comum na holófrase. Porém, no autista as certezas delirantes são tão raras quanto as alucinações verbais. Na ocasião de uma holófrase, o sujeito se encontra tomado como um todo com o significante, de modo que a presença do sujeito da enunciação está fortemente marcada aí. É muito precisamente o que constitui a angústia maior do sujeito autista – logo, o que ele se esforça por evitar. Pensar com

---

35 J. LACAN, *O seminário*, livro 11: *Os quatro conceitos fundamentais da psicanálise, op. cit.*, p. 243.
36 Ibid., p. 225.

signos constitui um meio de manter à distância as holófrases que precisam recorrer ao significante, daí a extrema raridade das alucinações verbais e das certezas delirantes nos autistas. Entretanto, essas últimas não estão fora de suas possibilidades, visto que as frases irruptivas, como "me dá a minha bola", "tira isso de mim" ou "vai pro inferno", são holófrases – o sujeito da enunciação se igualando, aí, à mensagem.[37] Porém, como sublinhamos, a sua pronunciação constitui uma experiência de extrema angústia; proteger-se disso é uma das prioridades do autista. E separar-se delas é também minar a possibilidade de ocorrência de alucinações ou delírios. Se esses fenômenos em que a certeza é levada ao extremo puderem ser encontrados na clínica do autismo, todo mundo haverá de convir que isso permanece da ordem do excepcional.

Enquanto que a materialidade do significante parcialmente ancorada no corpo carrega consigo um elemento dinâmico, o signo depurado do gozo vocal participa sobretudo da inércia da imagem. É por isso que é inerente à estrutura autística que ela erga um obstáculo à produção de vozes alucinatórias.

Aqueles para quem a palavra não pode servir como apelo, aqueles que se recusam a se fazerem ouvir, não estariam eles, no entanto, atulhados por um gozo vocal que os conduziria a ouvir muitas coisas interiormente? Nada indica que seja esse o caso. Decerto são frequentemente crianças cuja vida interior é rica. Elas falam bastante consigo mesmas, algumas confessam que recitam para si, interiormente, poemas e contos, ficam habitualmente rememorando cantigas, árias de música e emissões de televisão; outras manejam números ou ficam se fazendo múltiplas perguntas etc. No entanto, tudo leva a acreditar em Sellin quando, interrogado sobre esse

---

[37] J.-C. Maleval, *La forclusion du Nom-du-Père. Le concept et sa clinique*. Paris: Seuil, p. 2000.

ponto, ele responde – escrevendo em seu computador – que não há nada de muito excepcional aí:

> [...] interiormente eu falo com abundância como todos os terraqueozinhos[38]

Quando perguntam se ele escuta, uma ou mais vezes, alguma frase falada interiormente, ele informa de novo que considera, a esse respeito, não ser diferente dos demais:

> é aberrante pensar que eu repito interiormente
> tudo o que é dito passa essencialmente por uma triagem
> e é armazenado no misterioso cérebro maluco
> à espera de ser chamado[39]

Todavia, nos autistas verbais observa-se com bastante frequência uma repetição murmurada da frase que acabou de ser dita, como se a estivessem saboreando ou examinando com atenção. Williams indica que esse fenômeno se ancora na dificuldade deles em captar de imediato a significação – de modo que, para eles, um trabalho reflexivo suplementar é às vezes necessário para que ela ocorra. "Lá pelos dez anos de idade", confessa, "eu estava começando a ouvir fragmentos que carregavam diretamente um sentido.

> *Descobri uma estratégia: dizer interiormente as frases da outra pessoa. Assim eu podia dar um sentido a toda uma frase. Ao longo dos anos fui aprimorando essa arte,*

---

38 B. Sellin, *La solitude du déserteur*, op. cit., p. 180.
39 Ibid., p. 178.

> *a ponto de poder dialogar com um atraso praticamente imperceptível".*[40]

Mais característico da síndrome autística é um fenômeno pouco estudado, o das crises de urros, com frequência muito pregnantes, e que constituem a maneira mais frequente de reagir às contrariedades. É digno de nota o fato de que os terrores das crianças autistas traduzem-se em urros não verbais, e não em gritos como "socorro" – que atestariam uma presença do sujeito da enunciação. Esses sujeitos são inicialmente confrontados a um Outro real inumano, que não fala – o que aponta Lemay, quando constata que a criança autista não transforma suas angústias em

> *medos designáveis ligados a poderes animados. Não há fantasmas, bruxas ou personagens assassinas nos seus relatos. Não nos dizem, como tantas crianças, os seus medos da 'cortina que mexe', do desconhecido que pode penetrar no quatro pela janela ou de uma presença misteriosa debaixo da cama. Estamos, portanto, sempre em meio a representações nas quais o sensorial e o inanimado ficam à frente das configurações humanas.*[41]

De fato, a conexão do signo com a coisa torna-o dificilmente mobilizável para designar o desconhecido; ele não se presta à criação de fantasmas nem à de personagens imaginárias, de modo que as angústias da criança autista tendem a se exprimir aquém da humanização produzida pela assunção do significante. Sellin retorna

---

40 D. Williams, *Quelqu'un, quelque part, op. cit.*, p. 136.
41 M. LEMAY, *L'autisme aujourd'hui, op. cit.*, p. 159.

várias e várias vezes, em seus escritos, ao sofrimento que os seus urros irrefreáveis lhe proporcionam:

> *os gritos doidos são acessos sobre os quais eu não tenho influência*
> *nada me dá mais ódio do que esses repugnantes urros de raiva que bramem e enfatuam*[42]

Ele se dá conta de que esses gritos o isolam e constituem barreira aos seus esforços de socialização; gostaria de se desfazer deles, mas eles se impõem. Lamenta a sua ignorância a respeito das razões dos seus gritos infames.[43] Decerto os urros não são próprios da clínica do autismo: sabe-se o quanto Schreber os relatou – mas imediatamente se concebe que eles não são da mesma natureza, ao se sublinhar que ele, o Presidente, conhece as razões dos seus. Os seus urros estão articulados com o seu delírio, produzem-se sempre na mesma circunstância: quando Deus acredita poder se afastar dele, a partir do momento em que ele se permite não pensar em nada. Tais urros são denominados "milagres": são produzidos pelo Deus inferior (Ariman), quando ele aciona os "músculos que concorrem para a respiração".[44] Nesses momentos, que sobrevêm quando os raios falantes que ligam Schreber a Deus acabam se rompendo, o Presidente apresenta-se como "um texto dilacerado"[45] entre os S2 que se furtam e o S1 do urro. Neste, constata Lacan, manifesta-se "uma função vocal absolutamente a-significante, e que contém, no entanto, todos os significantes possíveis; é justamente o que",

---

42 B. SELLIN, *La solitude du déserteur*, op. cit., p. 20.
43 Ibid., p. 137.
44 D. P. SCHREBER, *Memórias de um doente dos nervos*, op. cit., p. 142.
45 J. LACAN (1966) "Apresentação das *Memórias de um doente dos nervos*". In: *Outros escritos*, op. cit., p. 221.

acrescenta ele, "nos faz sentir arrepios ao ouvir o uivo do cão diante da lua".[46] Diferentemente dos urros de Sellin – que ele próprio qualifica como "bestiais, repugnantes, imbecis, odiosos, mortos-humanos"; que são, para ele, insuportáveis e lhe parecem assinalar a sua exclusão da humanidade pelo horror que inspiram aos outros –, os de Schreber são, ao contrário, muito humanos: eles expressam a dor inefável da linguagem que se furta – esgarçamento que acreditamos ouvir no urro do cão que dá arrepios quando damos a ele uma expressão quase humana.

Os urros de Sellin são, segundo a própria expressão, "absurdos sons arquiprimitivos".[47] Dão a ouvir, no horror, apenas a voz do sujeito, antes de toda e qualquer alienação significante. São de antes do compromisso assumido com o signo para se comunicar. Williams confirma: "No vazio do Grande Nada Negro", escreve ela, "não havia pensamento algum [...] No vazio não há laço. O urro não pertence a você, até porque você não existe e porque não há voz".[48] Uma voz dessas não é sequer reconhecida como sua, na falta de cerzidura com o significante. Os urros de Schreber não são da mesma ordem: eles participam de um milagre divino. O Presidente é atravessado pelo Outro, seu grito testemunha uma articulação mínima do sonoro com a linguagem – fazendo com que ouçamos a voz humana, o objeto da pulsão invocante se faz presente. O autista, por sua vez, permanece atulhado por um gozo sonoro que não está preso ao significante, que surge para ele no insensato, no bestial, no não humano. Nos dois casos, o urro testemunha a angústia massiva de um ser atrelado à sua derrelição. Schreber sofre do recuo do Outro, que ele esforça em remediar; o autista é mais radical: ele trabalha com a recusa da alienação significante. Com isso, Sellin

---

46 J. LACAN, *O seminário*, livro 3: *As psicoses, op. cit.*, p. 166.
47 B. SELLIN, *La solitude du déserteur, op. cit.*, p. 128.
48 D. WILLIAMS, *Quelqu'un, quelque part, op. cit.*, p. 142.

não tem nenhum controle sobre os seus urros, ao passo que Schreber está menos desarmado. Pode se prevenir deles, mantendo a coerência da cadeia significante: "Se eu contar continuamente", escreve ele, "os urros não se manifestam"; ou pondo-se a falar em voz alta e, "de preferência sobre Deus, eternidade etc., para convencer a Deus do caráter errôneo da ideia [...]". Na época da redação das suas *Memórias,* ele alcançou um certo controle do fenômeno; os urros se reduziram, afirma ele, ao "que podem ser entendidos pelas pessoas como tosse, pigarro ou como bocejos mal-educados, e que portanto não se prestam a provocar um escândalo especial".[49] A sua tênue captura pelo significante não faz deles fenômenos totalmente dessubjetivados, ainda que testemunhem uma não extração da voz. Em contrapartida, os urros de Sellin – não articulados com o significante – manifestam, antes mesmo, um esforço de corte num gozo invasivo. Eles são da ordem de uma automutilação.

A entrada em jogo da voz numa língua expressiva é tão dolorosa para os autistas que muitos preferem permanecer calados. Outros recorrem a um misto de verborreia, de linguagem de sinais ou de diversos tipos de enunciações artificiais. Alguns chegam a assentar de um modo frágil a sua enunciação por intermédio de uma captação imaginária da voz, operada graças ao desvio por um duplo. A aquisição da fala pelo autista se dá, primeiro, por meio de uma ecolalia retardada – a qual imita o comportamento verbal de um duplo –; depois, por intermédio de uma aprendizagem intelectual que memoriza palavras conectadas a imagens de coisas e frases associadas a situações precisas. A enunciação conserva quase sempre uma estranheza, o que sugere algo de um embasamento artificial.

---

49   D. P. SCHREBER, *Memórias de um doente dos nervos*, op. cit., pp. 229-220.

A apropriação da linguagem se dá, pois, não pela cerzidura do significante com a voz, mas pela assimilação de signos em um laço estreito com o referente. Entre as consequências que disso resultam, é preciso sublinhar a fragilidade da montagem simbólica que estrutura a percepção. Com efeito, ela não é um registro passivo de sensações, mas uma construção subjetiva complexa efetuada com a participação da linguagem e do gozo. Os autistas de alto funcionamento relatam com frequência a desorganização repentina da sua percepção em momentos de angústia. Para eles, tanto o sonoro quanto o visual – na falta de serem habitados por um gozo regulado – são incessantemente difíceis de tratar. Sellin descreve muitíssimo bem que "a percepção acústica e visual" é "incrivelmente penosa" para ela, pois é "caótica".[50] Um esforço de concentração é necessário da sua parte para colocar ordem nisso.

A clivagem entre a mensagem e a melodia

Alguns ruídos anódinos – tais como os de eletrodomésticos – frequentemente são fonte de urros, ao passo que outros, mais fortes ou mais inquietantes – tais como uma explosão – podem deixar os autistas indiferentes. Na falta de regulação da voz pelo significante, eles parecem operar uma clivagem no sonoro bastante diferente daquela do seu entorno. Essa clivagem varia conforme os sujeitos, mas apresenta uma notável constante quando concerne à audição da fala.

A esse respeito, Lacan chamava nossa atenção, desde 1959, sobre o fato de que

---

50 B. SELLIN, *La solitude du déserteur, op. cit.*, p. 185.

> *o ato de ouvir não é o mesmo, conforme vise à coerência da cadeia verbal – isto é, a sua sobredeterminação a cada instante pelo só-depois de sua sequência, bem como à suspensão de seu valor, a cada instante, no advento de um sentido sempre disposto a um adiamento –, ou conforme se acomode, na fala, à modulação sonora, a uma dada finalidade de análise acústica: tonal ou fonética, ou até mesmo de potência musical.[51]*

Num caso o sujeito está atento à significação da mensagem, no outro ele se detém nas sonoridades. A primeira circunstância é duplamente difícil para o autista: de um lado, em razão da precariedade da função fálica, mesmo quando ela é compensada, para alguns, por meio da aprendizagem; de outro, e sobretudo, porque a compreensão da mensagem implica levar em conta a enunciação e a sua fundamentação em um significante-mestre. Porem, é constante os autistas custarem muito para apreender a enunciação: todos estão de acordo em sublinhar a sua compreensão literal, a sua dificuldade de interpretar a entonação e de captar o humor. Em contrapartida, o interesse deles pela música e pelas cantigas mostra-se notável. Uma teoria do autismo deve poder dar conta do fato de que são as competências musicais que são as mais frequentes entre os autistas ditos prodígio.[52] A clivagem, no processamento da fala, entre a rejeição da mensagem levada por uma enunciação atestada e a estupenda atração pela melodia constitui um elemento capital da clínica do autismo. Muitos clínicos frisaram a sua importância.

---

51 J. LACAN (1955-56) "De uma questão preliminar a todo tratamento possível da psicose". In: *Escritos*. Traduzido por V. Ribeiro. Rio de Janeiro: Jorge Zahar, 1998, pp. 538-9; tradução modificada.
52 D. A. TREFFERT, *Extraordinary people, op. cit.*, p. 33.

A esquize entre o ouvido e a voz não foi operada pelo autista, de modo que ele ouve, com efeito, "bastante coisa" – bastante coisa até demais – quando a fala se faz expressiva e singular. Williams confessa experimentar um temor pela estranheza da sua voz, ao expressar palavras que ela escolhera.[53] Nesse momento em que ela ouve a sua voz, associa-a ao medo do "Grande Nada Negro" – termo que utiliza para designar momentos de extrema angústia. Sublinhemos o fato de que ela não ouve a sua voz quando a sua fala é verborreica; ela só se faz presente em uma enunciação singular, quando Donna se expressa verdadeiramente. Convocar o significante unário para acoplá-lo momentaneamente ao sonoro e, assim, fazer com que surja a voz constitui para o autista uma experiência supremamente angustiante que está, sem dúvida, na própria base do seu posicionamento subjetivo. A frequência do mutismo nas crianças autistas pode ter de ser esclarecida, uma vez que se sabe não ser raro pronunciarem contrariadamente uma frase expressiva em circunstâncias vividas como particularmente inquietantes; ao passo que, amedrontadas por uma experiência de mutilação vocal como essa, retornam a um mutismo obstinado. Kanner nota esse fenômeno já em 1946. Entre 23 crianças autistas observadas, o "mutismo" de oito delas, relata ele, foi interrompido em raras ocasiões "pela emissão de uma frase inteira em situações de urgência".[54] Essas frases têm como característica afirmar fortemente a presença enunciativa. 'Me dá a minha bola', diz Sellin a seu pai, que tinha acabado de pegar um dos seus objetos autísticos.[55] "'Não tem nada o que mexer aí, não', exclama um autista,

---

53 D. WILLIAMS, *Quelqu'un, quelque part, op. cit.*, p. 161.
54 L. KANNER, "Le langage hors-propos et métaphorique dans l'autisme intantile précoce" (trazido por G. DRUEL-SALMANE e F. SAUVAGNAT), *American Journal of psychiatry*, setembro de 1946, 103, p. 242-6. In: *Psychologie clinique*. Paris: Harmattan, 2002, 14, p. 204.
55 B. SELLIN, *Une âme prissionière, op. cit.*, p. 24.

particularmente silencioso, diante dos seus pais estupefatos, que tinham acabado de ter uma conversa sobre os trabalhos que precisavam executar na casa da família".[56] Com dez anos, Jonny não falava, relata Rothenberg. No entanto, uma vez ele tinha dito: "Vai pro inferno" e "Não consigo".[57] Essa clínica arguciosa nota, aliás: "Observando e ouvindo Jonny, compreendo que ele queria escapar do som da sua própria voz do mesmo jeito que havia tentado, antes, fugir das vozes do seu entorno".[58] Os Brauner fazem uma constatação muito semelhante quando sublinham a angústia que "a voz humana direta"[59] provoca nos autistas. Essas observações são notavelmente pertinentes. Elas precisam, no entanto, ser esclarecidas pela noção lacaniana de voz, enquanto objeto *a*, para serem precisadas e generalizadas na estrutura do autismo. Nem todos os autistas são calados; muitos podem mobilizar o som das suas vozes para falar e aceitar ouvir o som da voz dos outros. Mas, para tanto, é preciso algumas condições. A mais manifesta é que a enunciação seja apagada. A fala verborrágica e o ato de ouvir orientado para a melodia empregam-se aí com certo sucesso. É a presentificação do gozo vocal que angustia o autista. Porém, esse gozo habita a fala em diversos graus, pois é o que há de vivo nela – é presença do enunciador. Ele é fortemente afirmado em "me dá a minha bola" e fica quase que totalmente apagado na recitação de um texto redigido numa língua ignorada pelo locutor.[60] Crianças autistas que jamais se dirigiram às pessoas próximas podem, contudo, aceitar recitar um índice enciclopédico ou "as perguntas e respostas do catecismo

---

56 B. TOUATI, "Quelques repères sur l'apparition du langage et son devenir dans l'autisme". In: B. TOUATI, F. JOLY e M.-C. LAZNIK, *Langage, voix et parole dans l'autisme*. Paris: PUF, 2007, p. 19.
57 M. ROTHENBERG, *Des enfants au regard de pierre, op. cit.*, p. 37.
58 Ibid., p. 36.
59 A. e F. BRAUNER, *Vivre avec un enfant autistique*. Paris: PUF, 1978, p. 57.
60 Exceto, é claro, se ele tenta animar o texto brincando com entonações para lhe conceder um simulacro [*semblant*] de significação.

presbiteriano" que são verossimilmente, para elas – segundo Kanner –, apenas um "conjunto de sílabas sem significação".[61] Elas não criam obstáculos a tais verbalizações, pois nelas não engajam nada da sua voz.

Muitos clínicos constataram empiricamente que, para se fazer escutar pelo autista, convém fazer com que a voz se cale. Asperger já se embasbacava: "Observamos com nossas crianças", escrevia ele em 1994, "que, se lhes damos instruções de forma automática e estereotipada, com uma voz monocórdia como elas mesmas falam, tem-se a impressão de que *devem* obedecer, sem possibilidade de se oporem à ordem" – de modo que ele preconizava que se lhes apresentasse toda e qualquer medida pedagógica "com uma paixão desbotada" (sem emoção).[62] Confiar a emissão da fala a uma máquina constitui uma maneira mais radical ainda de separá-la da enunciação. Consta-se, portanto, com certa estupefação, que crianças autistas "executam ordens confiadas à fita magnética, enquanto que permanecem indiferentes e passivas diante das mesmas palavras ditas pessoalmente".[63] Daí a frequência do aprendizado da língua passando por ecolalias cujo conteúdo é oriundo de registros sonoros e, sobretudo, de emissões televisionadas. Williams sublinha que as palavras são mais bem compreendidas quando transmitidas por um disco, pela televisão ou por um livro.[64]

A clivagem operada pelos autistas no processamento da fala é nitidamente expressa por Hébert. Frequentemente, nota ele, quando falam,

---

61 L. KANNER, "Os distúrbios autísticos do contato afetivo", *op. cit.*, p. 158.
62 H. ASPERGER, *Les psychopathes autistiques pendant l'enfance, op. cit.*, pp. 69-70.
63 A. e F. BRAUNER, *Vivre avec un enfant autistique, op. cit.*, p. 190.
64 D. WILLIAMS, *Si on me touche, je n'existe plus, op. cit.*, p. 299.

> *fazem-no com uma voz átona, mecânica, como se [...] a parte musical da língua fosse dissociada do sentido, como se tivessem a escolha entre falar sem música ou fazer sons sem sentido: sentido bruto ou som bruto, código informativo ou emoção sensitiva – mas nunca os dois articulados.*[65]

A dificuldade deles de se expressar em seu próprio nome mostra-se, com efeito, frequentemente vinculada a uma inclinação para o canto e para a música. A mesma clivagem se discerne na sua escuta: uma mensagem demasiado direta os ensurdece; em contrapartida, ficam atentos a ela quando está engastada na melodia.

Os pais de Elly haviam constatado que

> *essa criança estranha, incapaz de assimilar o mais simples dos vocábulos, era capaz de guardar uma ária e associá-la a uma ideia [...] as melodias de Elly tinham um conteúdo associado à linguagem. Durante anos nós não soubemos por que Elly – aos quatro anos de idade – nos cantava Alouette*[66] *quando estávamos penteando os cabelos dela, depois de tê-los lavado. Foi só a partir dos seis anos, quando ela já estava falando bem melhor, que descobrimos a relação. 'Alouette' era igual a* all wet *(todo molhado), palavras que, com quatro anos, ela não dizia e não dava a impressão de compreender. Estava claro,*

---

65 F. HÉBERT, *Rencontrer l'autiste et le psychotique*. Paris: Vuibert, 2006, p. 208.
66 Cantiga folclórica franco-canadense em que se diz a uma cotovia (*alouette*, em francês) que ela será, pouco a pouco, depenada – uma parte do corpo a cada estrofe. [N. T.]

> *contudo, que ela havia aprendido os sons e estabelecido, por meio da música, uma relação que não podia ou não queria fazer verbalmente.*

Outras anedotas semelhantes conduziam os pais de Elly à sensação de "que a barreira erguida por Elly para se defender das palavras cedia perante a música".[67] Williams descreve o mesmo fenômeno quando ele se produz, não na sua fala, mas no ato de audição:

> *Para mim, as palavras faziam parte da melodia. Provinham dela. Quando ouço discursos unicamente sob a forma de motivos sonoros, a minha mente, de alguma forma, lê a significação global do motivo (talvez inconscientemente, ou por um processo físico?), e eu respondo frequentemente como se espera de mim, quer eu tenha compreendido ou não o que é que estão me perguntando.*[68]

Ela confirma aquilo que Asperger já havia observado em seu trabalho com os autistas: não somente a mensagem pode assim chegar a eles – como que em eco –, como também, ademais, eles ficam então particularmente receptivos a ela. A sugestão sempre inerente à fala do outro assume então um peso acentuado, sem dúvida porque a ausência de clivagem na escuta entre o enunciado e a enunciação não permite ao autista interrogar-se a respeito do desejo do Outro – de modo que a mensagem pode ser recebida, então, segundo a expressão de Asperger, como "uma lei objetiva impessoal".[69]

---

67 C. C. PARK, *Histoire d'Elly. Le siège*, op. cit., pp. 98-100.
68 D. WILLIAMS, *Si on me touche, je n'existe plus*, op. cit., p. 300.
69 Asperger nota que as crianças autistas têm a sensação de que devem obedecer

Todo clínico familiarizado com autistas constatou empiricamente a clivagem que eles habitualmente operam na sua fala e na sua escuta. Em um trabalho recente, *Linguagem, voz e fala no autismo*, os autores, psicanalistas, parecem estar essencialmente de acordo a respeito dos seguintes fatos: os autistas experimentam uma dificuldade específica em habitar, subjetiva e afetivamente, uma fala endereçada; a sua desmutização passa, com frequência, por cantigas; eles se confrontam com uma disfunção da pulsão invocante e se mostram mais receptivos a falas lúdicas e acarinhantes – notadamente ao *motherese*[70] – do que a entonações imperativas.[71] Esses dados clínicos, conformes ao que precede, só se ordenam a partir da hipótese segundo a qual nada é mais angustiante para o autista do que o objeto do gozo vocal. A sua presença em demasia os ensurdece e os emudece, ao passo que o seu apagamento permite-lhes uma expressão átona e uma escuta da melodia sonora. A voz como objeto *a*, tal como isola Lacan, não pertence ao registro sonoro da fala; ela não é identificável nem à entonação nem à voz materna.[72] Sem ser no urro autístico, ela praticamente só se percebe na alucinação verbal do psicótico, quando a cadeia significante se rompe e o sujeito ouve a sua própria enunciação se produzindo independentemente da sua vontade. Com isso, repetimos, Lacan quase faz equivaler voz e enunciação.[73] A apetência notável dos

---

quando se lhes apresentam instruções, seja com uma voz monocórdia, seja na forma "de uma lei objetiva impessoal" (H. ASPERGER, *Les psychopathes autistiques pendant l'enfance, op. cit.*, p. 70).

70   O linguajar por meio do qual a mãe se dirige ao bebê.
71   B. TOUATI, F. JOLY e M.-C. LAZNIK, *Langage, voix et parole dans l'autisme, op. cit.*
72   Trabalhos efetuados em neuropsicologia, que seria preciso confirmar, parecem estabelecer que o cérebro dos autistas não trata a voz humana, ainda que eles a percebam como percebem os outros ruídos. Esse dado seria perfeitamente compatível com uma recusa inicial tanto na sua recepção quanto na sua emissão.
73   J.-A. MILLER, "Jacques Lacan e a voz", *op. cit.*, p. 10.

autistas pelas cantigas e pela música, assim como a prevalência de músicos entre os autistas-prodígio, faz sentido quando se sublinha que melodia, cantiga e música apagam a voz, apagando a enunciação. Assim como o quadro do pintor doma o olhar, a música estetiza o gozo obsceno da voz – tão pronto à injúria quando se faz ouvir, tão horrível quando se evoca no urro horripilante.

Uma vez que o objeto do gozo vocal não é extraído, ele continua permanentemente ameaçador para o autista, arriscando se fazer ouvir em sua fala ou surgir na do outro, se ela for demasiado habitada pela presença enunciativa. Essa rejeição da junção entre voz e significante, supremamente angustiante quando se opera, concede ao autismo a sua unidade estrutural. Deve-se aos Lefort por terem chegado a formular isso a partir do tratamento de Marie-Françoise.[74] Nós encontramos a confirmação disto que uma criança de trinta meses lhes ensinou – que a mutação do real no significante não se opera – em uma abordagem do autismo fundamentada, em grande parte, no estudo de testemunhos de autistas de alto funcionamento adultos.

Elementos recentemente isolados do estudo retrospectivo de filmes caseiros de bebês que se tornaram autistas, por M.-C. Laznik, vêm confirmar notavelmente a precocidade da rejeição da voz no sentido em que entende Lacan.

> *Esses bebês, que – nas atividades quotidianas de banho, amamentação – não olhavam para o pai que dele se ocupava, podiam, de uma só vez, não apenas olhar, mas também se pôr a responder, entrando numa verdadeira "protoconversação". Um exemplo surpreendente encon-*

---

74 R. e R. LEFORT, *Naissance de l'Autre*, op. cit.

tra-se no filme do pequeno "Marco". Esse bebê, então com dois meses e meio, que pode manter uma perfeita indiferença em relação ao mundo humano que o cerca, mostra-se repentinamente capaz de olhar a sua mãe e de responder a ela, gorjeando, quando esta lhe cantarola uma cantiga. A sua interação sustentada dura quase três minutos. Esse fragmento de filme – mostrado, sem precisar o contexto, por Sandra Maestro e Filippo Muratori – suscitou reações vivas por parte de colegas em diversos países do mundo. Como aceitar a ideia de que um bebê igual a esse pudesse virar autista? [...] Mas, em praticamente todo o resto desse filme caseiro, o estado de fechamento desse bebê é facilmente detectável.[75]

Disso reteremos que, desde os dois meses e meio, um funcionamento autístico mostra-se detectável no bebê: ele se abre à fala do Outro, como os mais velhos, contanto que a voz encontre-se aí apagada – na ocasião, graças à cantiga. Prosseguindo as suas pesquisas a partir de outros filmes de bebês que se tornaram autistas, M.-C. Laznik assevera que eles, com frequência, reagem favoravelmente – sorrindo ou se interessando pelo outro – quando o adulto fala com eles naquilo que os psicolinguistas anglo-saxônicos chamam de *motherese* ou *baby-talk*. Esse "manhês" ou "falar de bebê" tem um certo número de características linguísticas que o tornam objetivamente identificável: exagera na prosódia, valorizando a estrutura fonética e rítmica das palavras e das frases. O conteúdo das falas ditas em *motherese* consiste, principalmente, "em comentários sobre as sensações que a criança poderia sentir e sobre os

---

75 M.-C. LAZNIK, "La prosodie avec les bébés à risque d'autisme: clinique et recherche". In: B. TOUATI, F. JOLY e M.-C. LAZNIK, *Langage, voix et parole dans l'autisme, op. cit.*, pp. 196-7.

seus estados internos".[76] Um poeta criou o neologismo "pétel" para designar essa língua. Ele a delimita menos rigorosamente que os linguistas, mas mostra-se mais sensível à sua ressonância subjetiva, definindo-a como "a língua meiga com a qual as mães se dirigem às crianças pequeninas, que quereria coincidir com aquela na qual essas últimas se expressam".[77] É esse descentramento da enunciação que convém frisar: o *baby-talk* consiste, essencialmente, em fazer de conta que se está falando no lugar do bebê. Decerto ele não o compreende, mas, quando é autista, percebe na entonação do "falar de bebê" que a voz do locutor se ausentou e que aquele que fala não afirma, ali, a sua presença enunciativa. É por isso que o *motherese* não o angustia. Ao contrário, um chamado pungente da mãe manifesta demais o gozo vocal e só pode incitar um bebê autista a se desviar. É exatamente o que se passa nas sequências seguintes, estudadas por M.-C. Laznik em um outro filme caseiro.

Nele, uma mãe tenta entrar em contato com o filho, de alguns meses, que apresentará, mais tarde, uma síndrome autística. "Pedro? Pedro? Pedro?". Ela se aproxima, ao passo que o bebê olha ostensivamente para o outro lado. O tom da voz materna se faz cada vez mais suplicante: "Olha pra mim! Olha pra mim! Olha pra mim!". Ela cola o rosto no ventre do bebê e grita a sua aflição: "Meu bebê! Meu bebê! Meu bebê!". Esse fragmento de discurso – no qual a enunciação é fortemente afirmada – situa-se, nesse ponto, no extremo oposto do "falar de bebê". Em contrapartida, num outro fragmento do filme – quando Pedro acaba novamente de reagir a uma tentativa de contato da sua mãe, desviando-se dela – observa-se que a voz do seu tio chega a tirá-lo da sua prostração. Sorrindo, ele se põe a olhar e a vocalizar com ele, como um bebê

---

[76] B. BOYSSON-BARDIES, *Comment la parole vient aux enfants, op. cit.*, p. 102.
[77] A. ZANZOTTO, "Élégie du pétel", *Arcanes*, 1986, 17, citado por B. BOYSSON-BARDIES, *Comment la parole vient aux enfants, op. cit.*, p. 99.

completamente normal. Na análise linguística, parece que a voz do tio apresenta algumas características do *motherese*.[78]

O cuidado de separar a linguagem da enunciação, tanto na escuta quanto na fala, parece ser uma constante do autismo. Todavia, parece que é preciso distinguir duas grandes maneiras de fazer com a linguagem. Numa delas, o sujeito chega a comunicar com uma língua desafetivada, mas composta por signos cuja significação é partilhável pelo interlocutor (são os autistas de alto funcionamento que a manejam melhor); em contrapartida, há outros autistas que privilegiam uma língua privada, por vezes descrita por Williams como um jargão, ou uma "linguagem de poeta", mais conectada à melodia do que à significação. Ela pode entrar em ressonância com as emoções, mas só as comunica de maneira indireta. Num mesmo sujeito autista, esses dois usos da linguagem não são mutuamente exclusivos.

*

Ainda que a imagem da criança autista tenha sido, por muito tempo, a de um ser mudo tapando as orelhas, os clínicos não vacilaram ao constatar que a voz constitui um objeto pulsional ao qual ela dá uma atenção particular: muitos autistas interrogam-se a respeito do mistério da fala, colocando a mão por sobre a garganta do interlocutor; alguns procuram fazer com que objetos falem em seu lugar; a maioria testemunha um interesse particular pela música e pelas cantigas. Se eles mantêm a sua própria voz em reserva – seja pelo mutismo, seja pelo apagamento da enunciação –, é em razão de um receio: o de terem a sensação de serem esvaziados se fizerem com que ela sirva para o apelo. A não cessão do gozo vocal tem como consequência maneiras específicas de compor com

---

78 Ibid., pp. 201-4.

a linguagem, indo de uma língua de signos desafetivada, mas própria para a interação, a línguas privadas que servem pouco para a comunicação. A ausência da esquize entre o ouvido e a voz torna o surgimento da segunda sempre ameaçador para o autista – o que o leva muito cedo a instalar uma defesa original que opera uma clivagem na sua fala e na sua audição, a fim de lhes expurgar a voz. Que essa defesa seja eficaz, que a junção S1-*a* seja obstinadamente barrada,[79] constata-se por intermédio desse fato clínico capital que é a ausência de alucinações verbais. Persiste, todavia, mesmo nos autistas de alto funcionamento, uma disfunção da pulsão invocante, a qual permite que se expressem, certamente, mas que dificulta que se façam ouvir. Só chegam a isso, no entanto, por intermédio de uma relação com a linguagem mediada pelo duplo, dando origem a uma língua de signos que engendra a um prolongamento do simbólico no imaginário. Ora, a alucinação verbal repousa numa alienação significante, sem separação, que opera um prolongamento do simbólico no real. Está no princípio da estrutura autística que o sujeito erga, contra isso, um obstáculo.

---

79 Ainda que a junção do objeto do gozo vocal com o significante seja operada pelo autista – são testemunhas disso as frases expressivas pronunciadas em momentos de angústia –, ele trabalha involuntariamente para separar a linguagem da voz, não situando a segunda no campo do Outro.

5. Qual o tratamento para o sujeito autista?[1]

"Se eles não chegam a dar ouvidos ao que vocês têm para lhes dizer", afirmava Lacan a propósito dos sujeitos autistas, "é por conta de vocês estarem preocupados com isso".[2] Ninguém duvida, com efeito, que um querer demasiadamente afirmado naquilo que lhes diz respeito acentue o seu retraimento. Logo de início, Asperger havia observado que, para se fazer ouvir por eles, era melhor não se preocupar demais com isso: ele aconselhava, lembremos, falar "sem se aproximar deles pessoalmente", com calma e sem emoção, fingindo "uma paixão desbotada".[3]

---

1 Este capítulo foi publicado com o título "Quel traitement pour le sujet autiste?". In *Les feuillets du Courtil*, n. 29, janeiro de 2008, pp. 29-76. ("Qual o tratamento para o sujeito autista?". Traduzido por P. S. de Souza Jr. *Revista Inter-ação*, v. 34, n. 2. Goiânia, 2009, pp. 405-52 [N. T.]). Ele foi revisto e modificado.
2 J. LACAN, "Conférence à Genève sur 'Le symptôme' du 4 octobre 1975", *Bloc-notes de la psychanalyse*. Genebra, 1985, 5, p. 21.
3 H. ASPERGER, *Les psychopathes autistiques pendant l'enfance*, op. cit., p. 69.

Contudo, a tendência do educador não é de se apagar: ele está em posse de um saber que, supostamente, faz o bem para o sujeito. Geralmente ele dispõe – no que concerne aos autistas — de uma teoria dos estágios de desenvolvimento aos quais ansiaria fazer com que a criança fosse ascendendo. Às vezes é uma teoria do simbolismo que o incita a privá-la dos seus objetos autísticos; ou aquilo que o orienta é muito simplesmente uma ideia de normalidade. Essa última leva a admirável Mira Rothenberg, por exemplo, a se preocupar demais com Peter, com a melhor das intenções, cometendo o que constitui, sem dúvida, o pior dos erros que um terapeuta de autista possa vir a cometer, a saber: demandar com insistência que ele tome uma posição de enunciação. "Durante semanas", relata ela, "corrigi a sua expressão oral, pedindo que pusesse um pouco mais de energia na voz – 'Para ser vivaz quando estiver falando', explicava eu". Ela constatou que ele "permanecia surdo" ao seu conselho. Insistiu, tentando a mesma técnica com a leitura: pediu que lesse de uma forma vivaz. "Alguma coisa nas minhas palavras deve tê-lo tocado", relata. "Levei um pontapé nas canelas". Entretanto, ela não se desencorajou. Peter, irritado, começou a ler "do mesmo jeito que batia – com energia e vitalidade". Uma leitura assim não implicava necessariamente o fato de ele estar engajando aí a sua presença enunciativa – além do mais, ela não foi uma expressão daquilo que ele próprio estava sentindo. Mas ele percebeu justamente que era isso que não parava de lhe ser demandado. Fez esforços para satisfazer a sua terapeuta.

> *Um dia ele leu uma história para mim com uma força e um ânimo que eu raramente havia visto nele antes. Eu exclamava:*
> *— Formidável! Era isso que eu estava querendo dizer.*

De repente ele voltou os seus olhos para os meus, aterrorizado. Siderada pela expressão que eu lia em seu rosto, balbuciei:
— O que foi, Peter?
Ele urrou:
— Porque depois tem o cemitério!
— Depois do quê?
— Quando você está bem. Então, depois, tem um beco sem saída e um cemitério.

Mira Rothenberg interpreta com pertinência essa última frase, supondo que Peter queria dizer "que, depois de se ter conhecido a vida, é preciso morrer". Dar vida à linguagem é, para o autista, pôr-se a escutar o objeto angustiante do gozo vocal; mas está no princípio da sua estrutura subjetiva que ele não seja mortificado pelo significante, de modo que nada teria como ser mais angustiante para ele do que isso. A sequência desse fragmento clínico exemplar confirma isso. Mira Rothenberg comunicou a ele o que havia compreendido da relação que ele estava estabelecendo entre a vida e a morte. "Ele começou a tremer e a transpirar. Então correu para a janela, ficou totalmente mudo, retraído como se estivesse murchando e começou a contar – o que há muito tempo não fazia". Sublinhemos o retorno do retraimento e o de um mecanismo de proteção abandonado, o que testemunha fortemente a ressonância subjetiva do incidente. Evidentemente Peter não persistiu em seus esforços para mobilizar a enunciação: "Inútil dizer", comenta Rothenberg, "que a sua maneira de falar e de ler ficou mais monótona do que nunca".

Depois desse episódio, Peter tentou me evitar. Disse para a sua mãe que não queria que [eu] falasse [com ele]. [...]

> *Para mim, dizia: 'Peter não quer que você vá com ele ao Dr. Goldstein'. Quando eu lhe perguntava o motivo, me respondia somente: 'Porque Mira dirá ao Dr. Goldstein'. Eu interrogava: Dizer o quê? Ele retrucava invariavelmente: 'Porque Mira sabe', ou então 'a verdade'".*

Não teria ela se aproximado, com efeito, o mais próximo possível da verdade do autista, uma vez que não hesitou em lhe formular que sua angústia tinha origem na expressão do vivo?

O incidente da leitura teve uma profunda repercussão na relação entre Peter e sua terapeuta. "Ele criou uma fissura entre nós", relata Rothenberg – que, a essa altura, trabalhava com Peter há três anos –, de modo que "demos, assim, marcha-ré durante mais ou menos seis meses". Ela tentou interpretar para ele o que se passava, dizendo "que fingia estar morto porque, talvez, tivesse verdadeiramente medo de morrer caso começasse a viver. Peter se afastou, então, de mim", relata ela, "e tentou frequentemente me fazer mal fisicamente, pois, dizia ele, 'Mira conhece a verdade'". Em seguida, ela se sentiu um pouco "assustada com o seu furor" contra ela; e imaginou, ainda que de forma confusa, que devia ter cometido um erro – não escondendo que "se sentia muito culpada por sua atitude", de modo que, durante os seis meses de frieza, tentou desesperadamente reatar o contato com ele.[4]

Esse fragmento clínico mostra que não basta devoção para trabalhar com um sujeito autista, e que uma prática esclarecida pela abordagem psicanalítica permitiria orientar-se melhor. Mas a opinião dominante preconiza a educação como método para tratar as crianças autistas. Porém, quase não há prática educativa que possa

---

4   M. ROTHENBERG, *Des enfants au regard de pierre*, op. cit., pp. 275-6.

se eximir de maneira mais ou menos explícita quanto à utilização do binômio recompensa-punição. O postulado de que o autista tem ciência desse binômio não é questionado por quem deixa de lado a teoria do sujeito. Contudo, para os autistas, mesmo entre os autistas verborrágicos, a aquisição do "sentido do som" se dá com dificuldade, de modo que recompensas, punições e termos associados permanecem, por muito tempo, noções não assimiladas. Disso resulta que muitos vivem as punições como sendo incompreensíveis; logo, injustificadas. Williams sabe isso melhor do que ninguém, já que teve muito frequentemente essa experiência: "O princípio da disciplina", constata ela, "comete o erro crasso de supor que o culpado se pergunta o porquê".[5] Porém, para ela, em sua infância, "as punições não significavam nada. Elas não tinham ligação lógica nenhuma com as ações que eram supostas a repreender. Eu ignorava totalmente o que tinha feito. Ou melhor, tentava compreender o que se parecia uma 'garota bem-comportada' para, então, poder imitá-la".

Muitas técnicas comportamentais, como nota Schopler, são empregadas espontaneamente pelos pais e educadores[6] – em particular as reprimendas e o reforço positivo.[7] Quando se pergunta a um autista de alto funcionamento, como Sean Barron, se ele pensa que esse método de gestão do comportamento que recompensa as boas condutas e pune as más teria podido ajudá-lo quando

---

5 D. WILLIAMS, *Quelqu'un, quelque part*, op. cit., p. 41.
6 E. SCHOPLER, R.-J. REICHLER e M. LANSING, *Stratégies éducatives de l'autisme*. Paris: Masson, 2002, p. 122.
7 O reforço positivo constitui um dos tipos de condicionamento operante concebidos por Skinner. Ele designa o mecanismo segundo o qual a probabilidade de frequência de aparição de um comportamento tende a aumentar em função do acréscimo de um mecanismo apetitivo contingente à resposta. Na prática com os autistas, sua implementação consiste em dar uma recompensa à criança quando ela manifesta o comportamento esperado pelo educador.

criança, ele confirma o testemunho de Williams: "Não vejo como teria podido funcionar. Estava pouco me lixando para recompensas e punições. Na realidade, eu não tinha vontade de nada, nem de coisas de comer; então, do que é que teriam podido me privar?"[8]

Por volta dos cinco anos, Barron tinha uma regra, expressão subjetiva disto que é descrito como "imutabilidade": não deviam lhe servir água nos restaurantes. Tinham de lhe servir bebidas das quais ele gostasse, como Coca-Cola; caso contrário, entrava numa fúria terrível. As pessoas que lhe eram próximas não entendiam por que os copos d'água faziam com que ele urrasse. Um terapeuta – não tendo recebido resposta alguma quando perguntou por que é que ele havia feito aquilo – decidiu dar-lhe um reforço negativo, na forma de uma sova.

> *Jamais pensei que ele pudesse me bater. Não conseguia acreditar! É porque eu sou mau – pensava eu, então. Papai e mamãe me batem, e agora também esse homem bizarro. Não via o que eu podia ter feito para que me batesse [...] Entretanto, ele tinha me punido por alguma coisa. A partir desse dia foi como se ele não existisse mais. Podia dizer o que fosse, eu me recusava a compreender.*[9]

Ainda que Barron tenha depreendido mal o sentido das palavras dirigidas a ele, a noção de punição vem dos golpes e da entonação enfurecida. Mas ela permanece sem conexão com os seus atos, e ele depreende disso apenas a sua "malvadeza".

---

8   J. e S. BARRON, *Moi, l'enfant autiste, op. cit.*, p. 315.
9   Ibid., p. 91.

Outros autistas, como Grandin ou Sellin, chegam a compreender desde a primeira infância o que lhes dizem, mas não conseguem responder, ainda que às vezes pronunciem algumas palavras. Não é fácil apreender – pelos métodos que, em nome da ciência, entendem não precisar de uma teoria do sujeito – que esse mutismo seja um impedimento ancorado no funcionamento subjetivo deles e não em uma má vontade. Disso resulta uma utilização inapropriada de reforços negativos – dito de outro modo: de reprimendas ou punições – a fim de fazer com que saiam do mutismo sujeitos angustiados demais para isso.

Muitas crianças autistas mostram-se hipersensíveis a todas as críticas feitas às suas tentativas de aprendizado, as quais elas vivenciam como desencorajadoras e maldosas, pois não as compreendem. Na falta de poder simbolizá-las, elas lhes chegam como manifestação do gozo do Outro se exercendo contra elas. As crianças sentem-se então designadas como seres maus – o que podem vir a ser, de fato, em momentos de violência, quando as defesas delas não são respeitadas.

Além do binômio recompensa-punição, o "homem normal" – no horizonte de todas as abordagens educativas – incita que se considere uma evidência de que, para ajudar o autista, convém "tratar [o seu] apego inadequado aos objetos ou [a sua] adesão inflexível às rotinas quotidianas".[10] Uma abordagem orientada pela psicanálise leva a se desconfiar desses pressupostos – não só por razões éticas, mas também porque eles não consideram o trabalho de proteção contra a angústia em curso nessas condutas.

---

10 HEMSLEY e col., "Le traitement des enfants autistes dans l'environement familial". In M. RUTTER e E. SCHOPLER, *L'autisme. Une réévaluation du concept et des traitements*, op. cit., p. 479.

Os trabalhos sobre a especificidade da inteligência dos autistas – que comandam a maioria das estratégias educativas que lhes são propostas – são acompanhados, de modo geral, por um desconhecimento do funcionamento subjetivo. A maneira pela qual o binômio recompensa-punição é recebido praticamente não é interrogada; a angústia inerente à enunciação não é levada em conta; a função de contenção do gozo, própria dos objetos autísticos e do trabalho de imutabilidade, é ignorada; a maneira muito particular pela qual o sujeito autista se constrói não é sequer imaginada. É por essas e outras que o tratamento psicanalítico do autista e a reeducação da sua "deficiência" praticamente não se mostram compatíveis. Contudo, a criança autista não é um sujeito em condições de fazer uma demanda de análise. Acontece de ela se engajar num tratamento por conta da demanda dos pais, contanto que ela tenha uma boa impressão; isso continua raro e não dispensa que procurem para ela um ambiente apropriado a suas dificuldades específicas. Alguns pais chegam a criar um ambiente assim ao preço de sacrifícios consideráveis e de uma devoção sem limites. A abnegação de uma Clara Park,[11] de uma Judy Barron ou de uma Tamara Morar[12] é de se admirar. Aconteceu-me de encontrar anônimos que não fazem por menos. Consagrar-se a tirar o filho do retraimento autístico se paga, contudo, com um pesado tributo no que diz respeito à sua própria vida social e profissional, de modo que tais práticas só podem continuar sendo excepcionais. Com isso, o tratamento mais apropriado com crianças autistas tem de ser procurado em instituições que conheçam seu funcionamento subjetivo e sejam organizadas em função dele. Esse é o projeto que rege aquelas que se referem a uma variante da psicanálise aplicada nomeada por Jacques-Alain Miller como "prática com vários".[13]

---

11 C. C. PARK, *Histoire d'Elly. Le siège, op. cit.*
12 T. MORAR, *Ma victoire sur l'autisme, op. cit.*
13 A. DI CIACCIA, "La pratique à plusieurs", *La Cause freudienne. Nouvelle*

Ela implica que seja preservado um vazio central de saber a fim de que a teoria da clínica não seja estancada e que a singularidade de cada criança possa contestá-la. Nesses lugares, as invenções do sujeito são acolhidas sem que sejam submetidas ao *standard* de um suposto conhecimento das etapas de um desenvolvimento típico.

O tratamento freudiano com Mary: ilustração da verdade

Para se construir, o autista – que recusa assumir a alienação – é confrontado com uma dificuldade que pertence apenas à sua estrutura subjetiva: como tratar o gozo do vivo quando não se dispõe deste aparelho para mortificá-lo que o significante constitui? A esse respeito, os raros testemunhos de autistas de alto funcionamento que se engajaram no tratamento individual nos ensinam bastante: eles podem ser encarados como um tipo de laboratório de estudo do seu funcionamento subjetivo.

Dos dezessete aos dezenove anos, na Austrália, Donna Williams consultou regularmente uma psiquiatra cuja prática era orientada pela psicanálise e que soube ganhar a sua confiança. Esse encontro foi importante: ela exerceu uma influência sobre a sua "vida mental como ninguém, desde Carol, jamais havia feito".[14] Essa última, uma garota encontrada uma única vez, por volta dos cinco anos de idade, foi o espelho no qual ela achou o alicerce de um de seus dois amigos imaginários – ao qual deu o nome de Carol, justamente. Graças a ela, criou para si

---

revue de psychanalyse, Navarin, 2005, 61, pp. 107-118.
14   D. WILLIAMS, *Quelqu'un, quelque part, op. cit.*,p. 163.

> um eu diferente daquele que estava paralisado e atulhado pelas emoções. Isso virou mais que um jogo, mais que uma comédia. Era a minha vida, na qual era preciso que eu eliminasse o que aparentava emoções pessoais e, ao mesmo tempo, fizesse com que Donna desaparecesse.[15]

A terapia com Mary inscreveu-se nessa filiação: ela se tornou o suporte de um novo duplo. Foi, escreve Williams, "o reflexo mais bem adaptado, mais amistoso do que eu jamais teria vindo a ser". Um duplo encarnado de tal modo que Mary tem a vantagem, sobre os amigos imaginários – que eram Carol e Willie –, de poder produzir efeitos de sugestão. Ela não faltava, de modo que Williams tirou alguns proveitos desse tratamento. O comportamento dos seus amigos imaginários, encarnados alternadamente em sua vida social, viu-se pacificado: "De carcereiro, Willie virou psi. De menina de rua, Carol virou uma mulher elegante". Além disso, Mary lhe ensinou "descomunalmente a agir e a pensar como ela". Donna chegou mesmo a pensar em se tornar psiquiatra. Mary incitou-a a retomar os estudos, tanto que, no final do tratamento, para parecer com a sua terapeuta, ela entrou na Universidade. Todavia, Williams considera que esse tratamento fracassou em modificar o seu funcionamento subjetivo: não a ajudou a "tornar-se 'real'"; Donna continuou a fugir do seu eu, a "esconder-se por detrás de um psi".[16] O fato de Mary ter acreditado na sua capacidade de seguir os estudos universitários permitiu que Donna acreditasse, e os levasse a cabo, mas sobretudo pelo intermédio de encarnações de Willie – o seu duplo que tinha senso de responsabilidade e era "um universitário nato".[17]

---

15 D. WILLIAMS, *Si on me touche, je n'existe plus*, op. cit., p. 42.
16 D. WILLIAMS, *Quelqu'un, quelque part*, op. cit., p. 55.
17 D. WILLIAMS, *Si on me touche, je n'existe plus*, op. cit., p. 196.

A tese segundo a qual a transferência do autista seria fundamentalmente destrutiva não se deixa confirmar aqui. Williams aponta que tinha confiança em Mary, porque ela "a tinha aceitado como ela era", sem tentar reeducá-la – tanto que era profundamente apegada a ela. Ao cabo de dois anos, o tratamento consumou-se numa amizade recíproca. É preciso, sobretudo, sublinhar que Donna procurou tornar a ligação delas duradoura, "incluindo" Mary no seu próprio universo. Contudo, essa construção imaginária não se operou modificando verdadeiramente o funcionamento subjetivo de Donna Williams; a inclusão se fez por intermédio de Willie: ele começou a se tornar, como Mary, "um artifício de força serena e de controle de si".[18] Resumindo, os efeitos desse tratamento de inspiração freudiana, efetuado frente a frente com uma psiquiatra que parece ter considerado a sua paciente esquizofrênica, foram os de uma psicoterapia de apoio. As encarnações egoicas, particularmente Willie, foram educadas num sentido satisfatório para Williams. Só que ela esperava mais. O tratamento fracassou em modificar a sua posição subjetiva, deixando-a num funcionamento que implica recorrer a uma encarnação dos seus duplos para se adaptar socialmente, o que ela vivenciava como algo doloroso e mutilador.

Entretanto, ao incitar Williams a procurar a causa dos seus problemas na sua história, Mary chegou a beirar a verdade de Donna – um traumatismo que ela situa por volta dos três anos de idade, quando Donna *acreditou* que o avô havia morrido.

> *Ainda me vejo procurando o meu avô, em vão, com os olhos. Era nesse triste estado de nostalgia inacessível que me pus perto da sua cama, quando acreditei que esti-*

---

18 Ibid., p. 189

vesse morto. É o tipo de estado mental que se atribui ao fantasma quando ele vem falar com você".[19]

Esse traumatismo fundador ilustra a perda de um ente querido, na qual o Outro ainda não está morto, mas é inatingível. O olhar de Donna se perde no vazio, como o apelo de Marie-Françoise na janela aberta[20] – para ambas, o Outro está ausente. A tentativa de reatar um laço com o Outro, operada por Donna Williams durante o tratamento com Mary, quando ela dirige a fala a um homem que considera ser o seu "novo avô", reatualiza esse trauma específico.

"Bom dia – disse eu timidamente, num esforço de sair de mim mesma." Sublinhemos que aí é ela mesma, Donna, quem fala, e não um dos seus duplos; ela tenta tomar, "timidamente", uma posição de enunciação. Mas o Outro não cessa de se ausentar: "Ele partiu sem dizer uma palavra". Segue-se imediatamente uma crise de angústia intensa: Donna desaparece, a sua percepção se desestrutura, atira-se na frente de um carro, procura refúgio junto a Mary em um hospital psiquiátrico. Esta procura analisar as razões do seu pânico, perguntando em que é que o velho homem lhe tinha feito pensar. "Ela estava começando a ir longe demais comigo", aponta Williams, que busca primeiramente minimizar o incidente, dizendo que tinha simplesmente se desiludido com a indiferença desse homem. A terapeuta insiste, quer revirar o seu passado.

Ela se aproximou do fundo. Bem perto. Não, eu não podia, eu não queria me perder entregando-lhe a solução, o segredo de minha existência. Pois bem. Sim, ele tinha me lembrado o meu avô. Estava dito. Donna foi traída,

---

19 Ibid., p. 172.
20 R. e R. LEFORT, *Naissance de l'Autre, op. cit.*, p. 277.

> *descoberta, e ela começou a soluçar. Seu choro era patético. Mas não se podia sequer consolá-la, ela recusava que a tocassem.*

O avô foi a primeira pessoa que soube se fazer admitir no mundo de Donna; o primeiro objeto humano cuja perda lhe foi dilacerante. A emergência de uma fala de Donna, sem passar pelos duplos, suscitada pelas investigações de Mary, é dolorosa. Ela rompe o seu sistema de defesas, não alivia a angústia. Muito pelo contrário, ela reconduz ao trauma da ausência do Outro do significante. A escrita em primeira pessoa – "ele tinha me lembrado o meu avô" – pula para a terceira pessoa, "Donna foi traída". Contudo, esta última se protege mais ainda, ela não deixa Mary penetrar na verdade derradeira: aquela na qual a estrutura autística se enraíza; aquela que levou o sujeito a morrer para "o mundo".

> *Mary evocou comigo a morte do meu avô, a sua morte efetiva. Eu me abstive de mencionar a verdadeira chave do enigma: que ele havia estado morto para mim bem antes, como todos os outros, quando Donna tinha três anos e quando Willie começou, com raiva, a olhar as pessoas direto nos olhos; e quando Carol tinha saído do espelho para acalmá-los.*

Williams situa retrospectivamente a emergência do seu funcionamento autístico por volta dos três anos – de fato, a emergência daquilo que ela pode conceber dele. Ela o situa no momento em que começou a construir os seus duplos. Porém, correlaciona esse funcionamento à morte do seu avô – que, no entanto, ainda estava vivo, pois só morreria dois anos mais tarde. A cena do avô, que ela acredita estar morto sobre a cama, ilustra a sua relação com o Outro: ele se ausentou, mesmo que ainda esteja vivo. O Outro do autista não está totalmente ausente. À semelhança da imagem então utilizada por Williams para se descrever, é um "fantasma". Imagem inquietante, bastante própria para encarnar o Outro real. Um fantasma que convém, sem dúvida, não despertar e correr o risco de encontrar. O autista não ignora que, para além dos duplos protetores, fica um Outro que goza. Um Outro que, como o próprio sujeito, não abre mão do gozo – arriscando, com isso, tornar-se ameaçador.

Quando, achegando-se à cama do avô, Williams acredita que ele esteja morto, ela pode percebê-lo, mas não se fazer ser vista por ele: a pulsão escópica não está em condições de contornar um objeto situado no campo do Outro. Aí se esconde a verdade derradeira: que nada falta ao sujeito autista; que ele permanece intacto quanto ao gozo. O que Williams expressa nos seguintes termos: "É a esperança que havia matado Donna". Sobretudo, não esperar nada, pois é doloroso demais. Ela acrescenta: "Ela que não tinha nada, coisa alguma capaz de saciar os seus desejos e as suas imaginações". Todo objeto seria decepcionante, só um gozo infinito poderia satisfazê-la.

Quando os seus duplos sobem à cena do mundo, Donna se faz ausente; correlativamente, os outros ficam afastados a uma distância inatingível. "Todo mundo estava morto quando Donna desapareceu", escreve ela, "mas ninguém havia notado. Muito pelo contrário, as pessoas que se relacionavam com Carol ou Willie acreditavam que ela tinha, enfim, vindo à vida".[21]

Um ponto que Williams não explicita permanece obscuro, verdade talvez ainda mais escondida, mesmo para o leitor da sua

---

21 D. WILLIAMS, *Si on me touche, je n'existe plus*, op. cit., p. 175.

autobiografia: por que matou o avô dois anos antes da morte dele? Ela relata ter sido confrontada ao seguinte:

> *Um dia em que tinha acabado de encontrá-lo, ele não notou a minha presença. Estava estirado no canto, o rosto marmoreado e arroxeado. Vovô não se levantou nunca mais. Eu nunca o perdoei, ao menos até os meus 21 anos, quando descobri bruscamente que as pessoas não dão um jeito, intencionalmente, de morrer. Então chorei, chorei e chorei.*[22]

Depreendemos, com isso, que ela o queria morto por ele ter morrido intencionalmente; mas não é nisso que reside o essencial – podem admitir Mary e o leitor. Pior: ela já o havia matado. Mas por quê? Sem dúvida porque anteriormente à morte real de seu avô situa-se a cena em que havia *acreditado* que ele estivesse morto. Dor dilacerante. Abominável. Foi tamanha que ela decidiu – sem sequer poder formular isso para si mesma, sem dúvida – afastar-se de todo sentimento a fim de nunca mais provar um sofrimento como aquele. Apareceu aquilo que comanda o seu funcionamento subjetivo: controlar totalmente as emoções, afastando-se delas.

Sublinhemos que a cena da falsa morte do avô constitui uma variante da experiência traumática do buraco negro detectado por Tustin no fundamento do autismo. Muitos clínicos notaram, depois dela, que as primeiras palavras de uma criança autista são, com frequência, "rachado" ou "quebrado"; disso ela deduz que eles sofrem da sensação de terem perdido uma parte vital do corpo.[23] É para se protegerem desse acontecimento intolerável que elas

---

22 Ibid., p. 24.
23 F. TUSTIN, *Autisme et psychose de l'enfant, op. cit.*, p. 28.

se refugiariam no autismo. Na falta de poder simbolizar a perda do objeto primordial do gozo, o sujeito autista parece tê-lo vivido como uma mutilação insuportável — daí a implementação de estratégias defensivas para não mais ser afetado pela perda, controlando os objetos; e, sobretudo, para não mais sentir emoções, apartando-se delas. Com isso, o maior erro consiste em ficar vivo, isto é, em reatar o pensamento com as emoções. Williams menciona ter ouvido "uma voz interior", lembrando-a desta "lei": "As emoções", diz ela, "são ilegais".[24] A criança autista não chora, por vezes não sente dor física e vivencia os traços de afeição a seu respeito como sendo perigosos. "Era precisamente a violência dos meus sentimentos", afirma Williams, "que me forçava sempre a me afastar daqueles de quem eu gostava".[25] Da mesma forma, quando se submete a um ato sexual contra a sua vontade ou quando não pode impedir que a toquem, ela abandona o seu corpo, afasta-se dele, sobretudo para não sentir nada. A clivagem S1-a – que caracteriza a estrutura autística – ancora-se num trabalho subjetivo de proteção contra a angústia. Com isso, como os Lefort sublinharam fortemente: nem lalíngua, nem S1 no autismo.[26]

Mais vale matar o Outro por antecipação para não mais sofrer, revela Williams, ilustrando a sua relação com o Outro real – que os Lefort souberam apontar tão bem como fundamentalmente destrutiva. Para o azar do autista, o Outro real é indestrutível: o sujeito pode afastar-se do gozo do vivo, mas, a não ser que se suicide, ele persiste. "É absurdo", afirma Sellin, "asseverar que não sentimos nada".[27] As emoções subsistem, mas a sua interpretação não se faz

---

24 D. WILLIAMS, *Quelqu'un, quelque part, op. cit.*, p. 46.
25 Ibid., p. 240.
26 R. e R. LEFORT, "Sur l'autisme. Travaux et recherches en cours. Entretien avec F. Anselmet". In: *L'enfant "prêt-à-poser"*. Paris: Agalma, 1998, p. 37.
27 B. SELLIN, *La solitude du déserteur, op. cit.*, p. 41.

– de modo que o gozo mostra-se invasivo e incompreensível. O autista procura romper todo e qualquer laço com o Outro real, presente para além do seu mundo assegurado – no dos viventes imprevisíveis e inquietantes. Seu gozo chega ao seu pensamento de maneira caótica e inapreensível, do exterior do seu mundo, bem como do interior de seu ser. Porém, na falta de assumir a sua cifração, ele praticamente só dispõe dos signos para enquadrá-lo mais ou menos.

A abertura excepcional produzida pelo tratamento de Williams leva a situar o enigma fundador da escolha do sujeito autista em uma recusa de mortificação do gozo do seu ser, o que produz a "morte" deste, apartando-o do Outro simbólico, na falta de poder angariar dele a falta que concede ao desejo a sua dinâmica. O ser do autista não pode animar-se, inicialmente, a não ser protegido por detrás de seus duplos. O que Peter chama de "verdade", intuída por Rothenberg, não é de uma natureza diferente da do segredo de Williams: Mira havia compreendido, na presença da angústia desencadeada por uma leitura vivaz, que o ser de Peter não devia parar de se fazer de morto.[28]

"Meu eu real", esclarece Williams, "ainda estava se deixando hipnotizar pelas cores, enquanto Carol aprendia a dançar e Willie a lutar. O mesmo é dizer que eu estava morta para o mundo". A hipnose suscitada pelas cores é uma saturação do gozo escópico produzido pelos filamentos mágicos e estrelas percebidos ao se ajustar num primeiro plano que aparta do resto do mundo. Conforme o seu testemunho, o ser do autista – aquilo que ela nomeia como o

---

28   É o que confirma um autista de alto funcionamento como Dibs, quando declara à sua terapeuta, dois anos e meio depois do fim de seu tratamento: "Descobri que já não fico infeliz quando sinto amor" (V. AXLINE, *Dibs: em busca de si mesmo, op. cit.*, p. 280).

seu "eu real" – parece "autossensual". Todavia, apesar da sua morte imaginária, não deixa de conservar uma certa dinâmica: ele trabalha para manter a clivagem S1-*a*, esforça-se para não ficar "vivo". Para tanto, o mundo interior assegurado deve permanecer sob controle, totalmente dominado, de modo que a sua imutabilidade, estruturada por regras próprias ao sujeito, seja permanentemente preservada. A esse respeito, Williams tem uma intuição de uma pertinência notável quando tenta diferenciar o autismo da esquizofrenia. Em um, discerne ela, trata-se de lutar *a favor* da separação do intelecto e das emoções; ao passo que, no outro, as defesas orientam-se *contra*. Ela sublinha fortemente essa oposição. Entretanto, num primeiro momento, parece ir contra o senso comum: Williams afirma que o sujeito autista é que está clivado, e não o esquizofrênico. Porém, trata-se justamente, no autismo infantil precoce, de um trabalho para manter a clivagem S1-*a*; ao passo que, na esquizofrenia, o sujeito tenta atar a S2 os S1 pluralizados.

Logo, um tratamento freudiano pode conduzir a uma ilustração da verdade do sujeito autista; porém, a brecha das defesas que então produz não só não é de proveito algum para ele como também, até mesmo, arrisca desestabilizá-lo fortemente. Conduzir o tratamento rumo a um núcleo de verdade constitui uma prática perigosa, o que Williams percebe perfeitamente num segundo momento: "Quando a primeira psiquiatra me pediu para evocar as minhas lembranças (e os freudianos têm tendência a adotar essa linha), a sua pergunta me pareceu alarmante e perigosa".[29]

---

29   D. WILLIAMS, *Quelqu'un, quelque part, op. cit.*, p. 73.

O tratamento do Outro com o Dr. Marek

Nove anos depois do término do tratamento com Mary, Williams empreende outro, conduzido de forma bem diferente. O Dr. Theodore Marek não era "psi", segundo os seus próprios dizeres, mas psicólogo escolar, tendo uma longa experiência na prática com autistas. Ele chegou à conclusão de que sofriam de um mau processamento da informação, de modo que conduziu o trabalho procurando retificá-lo.

Marek não empreende o tratamento privilegiando uma relação dual, propícia a suscitar os jogos de espelho do duplo; ele propõe para Williams, logo de saída, um objeto intermediário: uma bateria de testes. Ela aceita sem demasiada inquietação. No final das provas, pede-lhe algo: que ele faça com que ela tome conhecimento do "que é que deu". E ele não dissimula o seu saber: comunica a ela que, nos testes de inteligência, ela é excepcional em certos domínios, atrasada em outros – e que esses extremos são típicos dos autistas. Essas palavras têm, para Williams, um efeito de verdade: elas esclarecem uma parte do seu funcionamento.

> *Eu tinha a impressão de estar sendo uma cobaia, mas também estava me sentindo aliviada. Eu compreendia, enfim, porque ora me consideravam um gênio, ora me consideravam uma imbecil; de fato, eu era os dois. Esses resultados explicavam também a fabricação de Willie.*[30]

Marek teve sucesso, assim, logo de início – aliviando-a e posicionando-se como sujeito com suposto saber sobre o autismo. Ele

---
30 Ibid., p. 59.

afirma poder ajudá-la; no entanto ela duvida disso, em razão dos problemas de generalização que tem: quando aprende como agir em uma determinada situação, é difícil transpor para outra aquilo que aprendera. Aceita, contudo, encontrar o psicólogo a cada três semanas, mais ou menos. Endereça-lhe uma demanda: que ele não reúna as peças da sua história, mas que lhe dê "regras absolutas". O autista necessita de ajuda para tratar o seu Outro caótico. É preciso ordem, um sistema, garantias – o que ele procura bem cedo em sua busca por imutabilidade. Williams escreve a Marek que gostaria que ele lhe expusesse, caso soubesse, coisas que ela deveria aceitar "como imutáveis e invariáveis" e regras que, "uma vez estabelecidas, não podem ser quebradas", a não ser por regras novas que suprimiriam as antigas. Ela procura construir com ele um Outro de síntese estável, organizado, tranquilizador.

Parece-lhe claramente que Marek não está no mesmo lugar que Mary: ela própria formula que ele não é um espelho. Em que lugar situá-lo, então? Poderíamos supor que ele assume o de um educador. Williams não o vê assim: ele não estabelece um programa de reeducação; não a julga – ela sublinha que ele não diz que as palavras dela são insensatas; não fica repetindo para ela não falar vagamente; não a trata como "debilitada". Ele opera de um jeito diferente: dá corda às suas perguntas, escuta-a, regula-se ao seu ritmo.

> *O que é bom é que eu não tenho de ficar respondendo "sim, sim, sim" quando falo com o senhor; pelo contrário, eu posso dizer "desculpe, mas não estou entendendo" ou "o senhor poderia reformular?" E, além disso, o senhor não fala muito rápido, e a sua voz e o seu ritmo são bastante regulares (o que é menos problemático e permite que eu me concentre).*[31]

---

31 Ibid., p. 92.

Ele a tranquiliza, portanto, porque ocupa o lugar que convém: o de um Outro atencioso, regrado, limitado e prevenido. Está apto a "validar as suas experiências"; traz para ela "algumas respostas".

Williams confia nele, ainda que encare com receio ter de se deixar "desarmar" se o trabalho prosseguir, isto é, ter de abandonar certos mecanismos de defesa. Com efeito, Marek vai chegar a modificar o seu funcionamento subjetivo e a sua construção da realidade. Como isso se dá? Duas intervenções principais mostram-se decisivas. Williams se revela profundamente abalada quando, em resposta à sua pergunta, ele lhe comunica uma regra absoluta: "Para pensar ou para sentir, uma coisa deve ter um sistema nervoso". A descoberta é atroz: desde os três anos de idade, Donna vive num mundo onde as pessoas feneceram, onde foram reduzidas a coisas-objetos, a pessoas-objetos – isto é, a presenças afastadas, de segunda ordem, de pouco interesse, difíceis de circunscrever, utilizáveis de vez em quando. Em contrapartida, correlativamente, os objetos do seu mundo familiar eram vivos, eles lhe traziam segurança e consolo, conheciam a sua existência e lhe faziam companhia. A formulação dessa regra "bombardeia o seu mundo". Ela se sente atormentada por essa nova ideia de que "um objeto estivesse morto, sem conhecimento, sem sentimento, sem arbítrio". Anteriormente, ela vivia num mundo onde "tudo tinha uma vontade, ainda que limitada. Que um objeto fosse imóvel ou móvel, isso dependia mais da sua vontade de se mexer do que da decisão de uma pessoa de deslocá-lo". A intervenção do Dr. Marek a mergulha num "universo de cadáveres materiais"; ele põe por terra o seu animismo reconfortante, o que faz com que sinta a sua solidão com acuidade, uma vez que os seus objetos familiares não estavam mais lá para protegê-la dessa sensação.

A "nova lógica" é inquietante; mas, a partir da publicação do seu livro, Donna decidiu não mais se mutilar, evitando recorrer aos seus duplos e deixando de se refugiar no seu mundo. Nesse momento do tratamento, ela recorre a um novo mecanismo de defesa, que não passa pelo duplo, mas por um tratamento original do seu Outro de síntese. A dolorosa regra absoluta lhe foi comunicada em inglês – ela vive num país, a Austrália, onde todos falam inglês. Decide, então, recriar uma distância entre o seu mundo assegurado e o dos outros, sempre inquietante, falando consigo em alemão. Ela até considera se diplomar para poder ensinar em alemão, pois lhe seria bem mais fácil ensinar em uma língua que não é a sua e que não é "uma expressão direta" dela mesma.[32] A nova lógica a deixa mal; ela resiste: ainda lhe é muito difícil estar viva e falar autenticamente.

Contudo, por conta de mudanças na maneira de reconhecer a cólera e na dificuldade de interpretar a entonação, ela pergunta ao Dr. Marek como é que os outros fazem para adquirir esse conhecimento. Em resposta, ele é levado a lhe comunicar uma segunda informação decisiva, que bagunça novamente a realidade de Donna, permitindo que situe melhor a sua diferença com relação aos outros. "Ele me explicou", relata ela, "que os outros utilizavam simultaneamente expressões pessoais e linguagem falada, sem análise consciente. Tive a impressão de estar consultando um gênio".[33]

Ainda que o trabalho tenha envolvido momentos difíceis, Donna constata que Marek a ajuda a sentir uma melhor inserção, que pouco a pouco ela acompanha melhor as conversas e que os outros lhe parecem mais presentes. Ela descobre, nesse período, que os momentos de "Grande Nada Negro" não são suscitados pela aproximação da morte, como acreditou durante muito tempo – ou como pensava Peter, ao evocar "o cemitério" –, mas que surgem quando ela se aproxima das suas emoções. Ela percebe que o caos

---

32 Ibid., p. 102.
33 Ibid., p. 147.

angustiante do seu gozo está ligado à sua incapacidade de apreendê-lo: "Qual, mas qual? Urrava em mim um impulso à deriva". Ela entrevê apenas a nomeação das suas emoções para regulá-las; os medicamentos, uma vez prescritos por Mary, não lhe "serviram de grande coisa". "Se eu", escreve ela, "pudesse nomear esses monstros e atrelá-los, ligá-los aos lugares, rostos e momentos de sua proveniência, só assim eu seria livre".[34]

O seu universo de objetos jaz a seus pés; ela descobre que as suas estratégias defensivas separam-na do mundo e que é preciso fazer uma escolha: estar ou não neste último. Ela experimenta confusamente que o tratamento a ajuda a rumar no sentido de uma interrogação; constata que a sua escuta vai ficando mais sensata, de modo que aproveita a ocasião em que os Miller – os bondosos proprietários do seu apartamento – a procuram para intensificar o trabalho de regulação do seu Outro de síntese. Ela decide bater na porta deles, armada com lápis e papel, e pedir-lhes que "mostrem emoções". Eles aceitam se dedicar dia após dia, enquanto prossegue o trabalho com o Dr. Marek, com o qual eles têm contato. Mobilizam esboços de emoções, desenhos, barras, escalas, linhas de conexão, caixas de diálogo etc., para tentar fazer com que ela adquira os conceitos "claramente identificados". Eles lhe serão, por fim, um grande apoio, passando longas noites definindo e ilustrando para ela "uma pletora de conceitos sociais e emocionais inapreensíveis de expectativas, de convenções e de regras".[35] Um trabalho como esse de tratamento do seu Outro de síntese – fundamentado não em experiências internas, mas essencialmente na aquisição de signos visuais, na definição de conceitos e na assimilação de regras – confirma a intuição de Asperger segundo a qual os autistas "compreendem tudo pelo intelecto", e somente pelo intelecto.

---

34 Ibid., p. 143.
35 Ibid., p. 228.

O trabalho com os Miller e com o Dr. Marek teve fim em 1992, em razão da partida de Williams para a Inglaterra – primeiramente para divulgar seu primeiro livro; em seguida, para lá se instalar definitivamente. Ela decidiu prosseguir de maneira solitária quando, na Inglaterra, tomou a decisão de redigir um segundo livro. Ninguém duvida, com efeito, que o seu trabalho de escrita participa, em parte, de uma tentativa de "juntar os pedaços do quebra-cabeça" do seu Outro de síntese. Ela confessa que uma das motivações da sua primeira obra tinha sido reler a sua vida, para compreender sua "coerência interna": uma investigação para encadear "os elos do passado" a fim de edificar sobre as fundações.[36]

Ela atesta que o seu trabalho com o Dr. Marek foi mais proveitoso do que aquele efetuado com Mary. Notemos a maneira com que ela designa os seus dois principais terapeutas: uma, Mary, pelo nome – tornou-se uma amiga integrada ao seu mundo, um duplo suplementar –; ao passo que o segundo, um especialista, pelo sobrenome, frequentemente precedido por seu título –, ele pertence a outro mundo, àquele do qual ela se protegia e que, antes de ele lhe transmitir regras absolutas, parecia ser tão incompreensível. Mary não a livrou dos seus duplos mutiladores, mecanismos de proteção contra a angústia, cujo recurso necessário era um sofrimento. O mérito principal dessa psicoterapia de apoio foi o de incitá-la a fazer estudos universitários, nos quais encontrou um primeiro tratamento do seu Outro: "A universidade", escreve ela, "havia me dado uma coerência e me protegido do caos".[37] O Dr. Marek não estava interessado em seus duplos, mas unicamente no seu processamento da informação. Ele permitiu que ela adquirisse um saber regrado, ajudando-a a transitar melhor numa realidade menos

---

36 D. WILLIAMS, *Si on me touche, je n'existe plus, op. cit.*, pp. 275 e p. 25.
37 Ibid., p. 216.

imprevisível. Segundo os termos da própria Donna, ele a orientou "para além do espelho".[38]

Williams chega a obter um diploma que lhe dá a possibilidade de ensinar como educadora infantil. Sua posição se modificou: a sua escuta capta melhor o sentido; os seus duplos estão menos presentes; ela se esforça para não negar o que vem do seu corpo; experimenta certos sentimentos; desenvolve a faculdade de falar pessoalmente. Ela tenta não mais cindir o seu mundo, "mantendo intacto o senso do seu eu e das suas emoções", o que faz com que se aperceba do fato de que "toda pessoa – autista ou não, querendo ou não – *existe* sobre o mesmo pilar: a *subjetividade*".[39]

Porém, seus esforços permanecem custosos e não atingem um sucesso pleno. Em certas situações angustiantes, um duplo pode retornar, a despeito da vontade dela. Ainda pior, acontece também de ela vivenciar momentos de perda do sentido, ao longo dos quais a estruturação da sua percepção se desagrega. De fato, ela reuniu estratégias do mundo que "a ajudam a se ajudar",[40] expressão que denota a persistência de um funcionamento um tanto quanto fechado nela mesma. Ninguém duvida que o desvio pelo Outro de que o circuito da pulsão necessita não está plenamente restaurado. Para ela, continua mais fácil falar do que se fazer ouvir; mais fácil olhar do que se fazer ver. Mesmo que ela descubra o sentimento amoroso, ainda não entrevê praticamente nada além de uma relação "assexual platônica".

Não é de se duvidar, contudo, que a sua relação com o gozo tenha se modificado: ela não está mais apartada do seu corpo, e a

---

38 D. WILLIAMS, *Quelqu'un, quelque part*, op. cit., p. 204.
39 D. WILLIAMS, *Quelqu'un, quelque part*, op. cit., p. 18; grifos da autora.
40 Ibid., p. 119.

realidade lhe parece menos caótica. Um laço emocional se tece, observa ela, "porque um sentido petulante trespassa".[41] A clínica não permite duvidar de que a estruturação do Outro de síntese acompanha regularmente um ganho no enlace do vivente ao pensamento. É o que constata, por exemplo, Tamara Morar, depois de um trabalho regular com o filho autista, incidindo na "representação mental de conceitos concretos" – parcialmente análogo ao do Dr. Marek. Todos esses exercícios que favorecem "a reconstrução mental" ajudam, "contra todas as expectativas", ela se admira, "também a restabelecer as emoções, a aprender a linguagem e a expressão delas, a desenvolver a consciência dos seus próprios sentimentos etc." Ela conclui: "Na realidade, tudo está inextricavelmente ligado".[42] Certamente a estrutura do sujeito é um enlace de imaginário, real e simbólico, mas esse enlace nunca está mais frouxo do que no sujeito autista. Verifica-se que um tratamento do Outro tem a aptidão para apertá-lo. Um tratamento assim encontra, no entanto, limites que atestam que mesmo os autistas de alto funcionamento mais bem estabilizados não enlaçam borromeanamente[43] os elementos da sua estrutura subjetiva. Mas, como veremos adiante, é também porque ele concentra a sua intervenção no Outro de síntese que esse tratamento encontra limites.

Desde os primeiros estudos sobre o autismo, Asperger havia notado que os sujeitos autistas reagiam favoravelmente, caso se lhes apresentassem "as ordens não como pessoais, mas como uma lei objetiva impessoal". A partir do momento em que a realidade está estruturada, ela lhes parece menos perigosa e mais habitável.

---

41 Ibid., p. 171.
42 T. MORAR, *Ma victoire sur l'autisme, op. cit.*, p. 150.
43 Referência utilizada por Jacques Lacan, o nó borromeano constitui três círculos atados de forma que um corte, em qualquer um deles, desfaz a ligação entre os outros dois. [N. T.]

Todos estão, como Williams, à espera de "regras absolutas". Intervenções orientadas nesse sentido mostram-se aptas a um tratamento do Outro – não mediado por interpretações, mas direto – pela adjunção de estruturas e regularidades. Nada está recalcado no Outro de síntese do autista, que não dispõe da maquineta de cifrar o gozo em que o significante consiste e deve, então, fazer com signos. Mas o seu caos, que nenhum significante-mestre organiza, causa o seu sofrimento.

> *Não é a complexidade de uma língua que cria problemas para os autistas. De fato, é mais provável que ela os ajude, na medida em que, quanto mais complexidade nela houver, menos uma palavra correrá o risco de ser polissêmica. Quanto mais regras e estruturas, menos o autista tem de se apoiar em sua intuição e no contexto.*[44]

O ideal para eles seria "um sentido por palavra", isto é, uma língua totalmente feita de signos.

Como explicar que se possa chegar a modificar a economia de gozo subjetiva, tratando o Outro de um sujeito que não dispõe do significante? Parece que o aprendizado intelectual da conduta adequada, numa dada situação, mostra-se apto a fornecer ao sujeito um quadro de funcionamento que lhe permite canalizar o gozo nessas circunstâncias.

O autista é frequentemente levado a fazer, ele próprio, um tratamento do Outro por meio do estabelecimento de conexões regradas e controláveis; daí a frequência do que se chama de "ilhas de competência", a propósito das quais ele testemunha um

---

[44] K. NAZEER, *Laissez entrer les idiots, op. cit.*, p. 26.

conhecimento admirável de um campo circunscrito do saber. Ele pode, então, dirigir-se confiantemente aos outros para lhes expor o seu domínio excepcional nesse ou naquele campo – chegando, frequentemente, até mesmo a "enchê-los". O desenvolvimento solitário e hipertrófico de um desses campos conduz, por vezes, à síndrome do autista-prodígio; mas a ilha de competência é – assim como o duplo e o objeto – um dos "sensores"[45] esticados acauteladamente em direção ao mundo, como exprimia Kanner, de modo que está frequentemente na origem das aptidões profissionais dos autistas de alto funcionamento. Aliás, na prática em consultório privado com autistas de Asperger, constatei ser frequentemente levado a intervir de modo a sustentar e desenvolver os seus pontos de competência, sem poder dizer muito a respeito dos motivos para tanto – isso se não foi apenas a sua escuta que me incitou a ir nesse sentido. O ensinamento tirado do testemunho de Donna Williams me explicita retrospectivamente a lógica em questão. É claro que isso não é o suficiente. É preciso sobretudo obter deles – e a continuação dessas linhas vai demonstrá-lo bem – que a tomada de consciência de sua diferença resulte em uma insatisfação dinâmica. É nela que se origina uma escolha subjetiva rumo à autonomia social.

Seria preciso esclarecer que, ainda que o tratamento do autista consista apenas em tratar o seu Outro de síntese, isso já seria outra coisa que não educação: não somente o binômio recompensa-punição está ausente dessa prática; é necessário, além disso, que o sujeito consinta nesse tratamento – e isso implica, sobretudo, estar advertido quanto ao seu funcionamento subjetivo. É manifesto que o tratamento do Outro que goza, pela criança-autista não verbal, precisa de competências que ultrapassam o conhecimento das

---

45 L. KANNER, "Os distúrbios autísticos do contato afetivo", *op. cit.*, p. 169; trad. modificada.

estruturas de linguagem e da realidade compartilhada. Além disso, Williams sublinha que não lhe parece possível ensinar a autistas tudo o que podem realizar, porque "o sentimento inspira a ação", ou porque "você pode captar a ideia de um sentimento, mas ele não vai se tornar seu por causa disso".[46] Nós vamos constatar, com efeito, que as modificações da posição subjetiva do autista implicam uma mobilização necessária do seu gozo.

Um objeto no espelho

Voltemos, agora, às coisas que Williams admite ter resguardado da "nova lógica material" introduzida pelo Dr. Marek: três objetos que permaneceriam fora dela, três objetos que o simbólico não estaria em condições de assimilar. O Outro de síntese não chega a uma regulação plenamente satisfatória do gozo; tampouco teria sucesso em impor totalmente a sua ordem ao imaginário?

Quais são os objetos que Williams tenta manter apartados da terrível regra segundo a qual, "para pensar ou para sentir, uma coisa deve ter um sistema nervoso"? Quais são esses objetos que, apesar de tudo, deveriam conservar algo do gozo do vivo? Seus companheiros de viagem, "duas pelúcias batizadas 'Urso Orsi' e 'Cão Viajante'", bem como essa coisa particularmente investida que era o seu "reflexo".[47] Ela esclarece que o Urso Orsi nunca rugiu, e que o Cão Viajante nunca latiu: são objetos familiares, pelúcias com as quais ela fala. Não são duplos vivos: Willie e Carol, os seus amigos imaginários, foram desintegrados (ou talvez, ela se indaga, reintegrados?). Ela aceitou as suas capacidades e voltou para essas

---

46 D. WILLIAMS, *Quelqu'un, quelque part, op. cit.*, p. 287.
47 Ibid., p. 99.

duas pelúcias a afeição que antes dedicava a eles.[48] Resta "o seu reflexo", que ela percebe não como uma imagem, mas como um ser escópico. Desde a sua infância, quando nada a impelia a sair do seu mundo protegido, um único candidato parecia-lhe admissível para ajudá-la a abrir-se ao Outro mundo: o seu reflexo, com o qual ela ficava tentando se encontrar no mundo do espelho.

> *Eu o olhava nos olhos. Tentava tocar seus cabelos. Em seguida, falava com ele. Mas ele ficava sempre do outro lado, e lá eu não podia penetrar [...] A lógica me dizia que o meu reflexo não me acompanhava, mas a percepção desse outro eu se movendo desafiava a lógica. Os dois não se anulavam, e eu não podia reconciliá-los.*[49]

Compreendamos bem: a lógica lhe diz que um reflexo não é um objeto; ela sabe que não é uma presença autêntica, mas a sua compreensão intelectual é impotente: alguma coisa transborda, algo que lhe impõe perceber o fenômeno de outra forma – o reflexo dela está vivo. O tratamento do Outro fracassa, nesse ponto, em se sobrepor ao gozo. Williams fica dividida entre o seu intelecto, por um lado – que lhe assegura que o reflexo é uma luz refletida no espelho – e, por outro, o seu gozo – que comanda sua percepção, subverte seu intelecto e confere vida à imagem.

A presença de vida em sua imagem é uma constante dos espelhos de Williams. É possível, como constataremos, distinguir três deles. Em cada um se mostram modificações discerníveis da sua posição subjetiva: elas são orientadas por uma lenta integração dos duplos.

---

48 Ibid., p. 119.
49 Ibid., pp. 19 e 99.

No primeiro espelho, a imagem de Carol habita o reflexo. "Derivada de uma criança que eu tinha encontrado num parque", relata Williams, "Carol se via em meu reflexo".[50] Sentia-se compreendida e segura em sua companhia, a tal ponto que procurava entrar no mundo do espelho para se juntar a ela, reiterando muitas vezes as suas tentativas de atravessar o vidro. É por volta dos cinco anos de idade, alguns meses depois do encontro, que Donna decidiu nomear-se interiormente como Carol.

Essa captura transitivista por meio de uma garotinha simpática, que havia se interessado por ela, pode produzir-se com outras pessoas. Na sua infância, quando o seu irmãozinho Tom gritava e chorava, "era o seu rosto", escreve ela, "meu próprio espelho, que havia gritado; logo, eu mesma". Ela tentava protegê-lo colocando as mãos por sobre a boca e o braço por sobre os ouvidos, a fim de que não gritasse mais. Então sentia nas mãos as lágrimas e o nariz escorrendo como se fossem dela. "Os meus olhos", aponta ela, "permaneciam secos, pois era ele que estava se encarregando de sentir as minhas emoções; ele que tinha a bondade de expressá-las no meu lugar".[51] O gozo do sujeito rejeitado no espelho é uma constante do autismo, tão frequentemente observada na cena da criança que pega a mão do adulto para fazer com que efetue uma ação; tão manifesta quando a escrita no computador só é possível ao autista em contato com o "facilitador"; mais discernível, ainda, quando o sujeito se anima ao entrar em sintonia com um objeto autístico – que Tustin havia notado participar do duplo. Com isso, caso se entenda por "borda" autística um espelho de corpo inteiro, que protege o sujeito do gozo do Outro,[52] a fórmula de Éric Laurent – segundo

---

50 Ibid., p. 18.
51 D. Williams, *Si on me touche, je n'existe plus, op. cit.*, p. 67.
52 "Uma das funções da borda é a de 'marcar uma pulsação regrada' do gozo do outro" (LAURENT, É. "Réflexions sur l'autisme", *Bulletin Groupe petite*

a qual no autismo o gozo retorna numa borda[53] – circunscreve notavelmente um elemento essencial da estrutura autística. Ela a diferencia da síndrome esquizofrênica (em que o gozo retorna no corpo) e da síndrome paranoica (em que ele retorna no Outro).

No primeiro espelho de Williams, os duplos estão acondicionados: por detrás da imagem de Carol, esconde-se uma representação simbólica de Donna – um duplo não humano, um gatinho perdido, que representa, diz ela, seu "eu indefeso".[54]

O duplo animal ou mecânico ilustra uma posição subjetiva na qual o autista permanece fechado em um mundo onde os outros têm pouco lugar, e no seio do qual ele se vê frágil. Peter passa vários anos da sua infância se considerando um gato e desenvolvendo uma ilha de competência com os seus animais. Ele sentia, relata Rothenberg,

> *uma necessidade irresistível de conhecer gatos, de vê-los, de carregá-los no colo, de se comunicar com eles, de ele próprio se tornar um gato. Durante os quatro primeiros anos desde que o conheci, ele passava mais ou menos*

---

enfance, 1997, 10, p. 42).

53 "Quando introduz essa fórmula, em 1992, É. Laurent dá como exemplo da borda a 'carapaça' de Tustin, isto é, objetos autísticos protetores cuja dimensão de duplo é particularmente acentuada. Nós alargaremos um pouco mais o conceito de borda autística, incluindo nele outro elemento: a ilha de competência, fonte do Outro de síntese, que participa tão regularmente quanto o duplo e o objeto na localização do gozo do sujeito, se levamos em conta as formas evolutivas do autismo infantil precoce. A frequente interpenetração desses três elementos justifica, além disso, reagrupá-los sob o conceito de borda autística" (É. LAURENT, "Discussion". In *L'autisme et la psychanalyse*. Toulouse: Presses Uuniversitaires du Mirail, 1992, p. 156).

54 D. WILLIAMS, *Si on me touche, je n'existe plus*, op. cit., p. 261.

> *metade do seu tempo (tanto de noite quanto de dia) à procura desses animais. [...] Para ele, virou uma verdadeira obsessão: ele falava gato, comia gato, dormia gato [...].*
>
> *Quando via um desses animais, ficava muito excitado [...] Quando conseguia agarrar um, seu rosto ganhava uma expressão estranha, feito uma mistura de excitação, terror, prazer e cólera. Apertava bem forte o animal contra si, como se tivesse medo de que ele escapasse; diriam que tinha, enfim, encontrado algo que há muito tempo havia perdido, e que tudo o que queria era unir-se a ele. Ao mesmo tempo, dava a impressão de que queria destruí-lo e, talvez, fazer-se destruir por ele, deixar-se absorver, fundir-se nele.*

O sujeito encontra-se em tamanha relação de dependência a um duplo animal, ou mecânico, que este não é apenas uma proteção – é também um objeto ameaçador, que vela a muito custo o Outro que goza. Entretanto, antes que Rothenberg chegue a se fazer aceitar como duplo, o gato tinha sido a única relação "segura", sem perigo, que Peter havia conhecido. Esse animal representava, escreve ela, "o intermediário tranquilizador entre ele e o mundo que o cerca – a vida".[55]

No que concerne a Williams, por trás da imagem de Carol, a do gato não adquiriu a mesma consistência que tinha para Peter. Quando, em um momento de angústia, Carol se apaga no espelho, surge aterrorizada "a própria face" de Donna, a qual perde o juízo e corta os pulsos.[56] O seu outro duplo, Willie, então intervém – mas

---
55 M. ROTHENBERG, *Des enfants au regard de pierre*, op. cit., pp. 265-7.
56 D. WILLIAMS, *Si on me touche, je n'existe plus*, op. cit., p. 149.

este não é especular, é um garoto combativo, um manual escolar ambulante, mais ancorado no Outro de síntese do que na imagem. Quando nenhum duplo se interpõe entre o sujeito e o Outro, o ser de Williams se desvela – não um animal, e sim um "espectro", "um cadáver vivo". Mais tarde, retornando aos lugares da sua infância, ela encontra uma inscrição na parede de uma cabana, feita quando tinha seis anos, numa época em que ainda não utilizava o "Eu": "Donna é maluca". Se o sujeito autista não chega a recorrer ao duplo para se proteger, fica na posição de objeto do gozo do Outro. Ele se vê, então, incitado a se automutilar, a quebrar, a urrar; na melhor das hipóteses, a recorrer a comportamentos "autossensuais". É por isso que convém não retirar dele o seu objeto autístico, que também é seu duplo.

Se Sellin não chega a falar, é porque ele se encontra aquém de todo e qualquer espelho:

> *procuro me reconhecer no espelho exasperador*
> *a segurança*
> *quero me olhar*
> *mas não ouso*
> *eu vejo aí todos os medos do autismo*
> *aquele que demole voluntariamente as coisas*[57]

Ele espera poder, um dia, enxergar-se aí, mas testemunha uma posição subjetiva na qual está identificado ao objeto *a* (ele se vê como um detrito: "O idiota, o desorientado, o biruta, o neandertal"); apenas esse objeto de horror poderia lhe aparecer no espelho, por isso ele se vira. Em razão da ausência de imagem do duplo, ele não está em condições de dar um alicerce para a sua enunciação;

---

57 B. SELLIN, *Une âme prisonnière, op. cit.*, p. 190.

ora, o autista precisa de uma identificação imaginária transitivista para falar. O duplo que o protege do gozo do Outro está, para Sellin, encarnado em objetos concretos. Daí a necessidade de que o seu braço esteja realmente conectado a um "facilitador", para que possa encontrar energia para escrever.

Um dos duplos de Williams, Carol, entrava no seu quarto pelo espelho. Assemelhava-se a ela traço por traço. Uma ínfima diferença as distinguia: "Apenas o fulgor do seu olhar traía a sua identidade". O olhar de Carol não dá em um abismo – o da subjetividade inapreensível da mocinha encontrada em um parque –, mas sim em um objeto suplementar, discernido em um "fulgor".

> *Era pura e simplesmente Carol que eu via ali. Comecei a falar com ela e ela me imitou. Isso me deixava com raiva e eu lhe explicava que ela não precisava ficar caçoando assim, já que estávamos sozinhas. Não dando a mínima, ela se meteu a fazer tudo o que eu fazia. Eu perguntava o porquê, ela me devolvia a pergunta. Acabei concluindo que a resposta deveria ser um segredo [...] quando eu não encarava o espelho, ela desaparecia e eu me sentia abandonada. Quando eu me voltava direto para o espelho, ela retornava e eu tentava olhar pra trás, para ver se ela havia saído pela porta que eu percebia no segundo plano. No fim das contas, aquela não era a porta que dava para o quarto do meu irmão, mas sim para a casa dela. Quanto ao cômodo no qual eu a via no espelho, era o lugar que servia de intermédio entre o mundo dela e o meu.*
>
> *Entendi, então, o segredo. Bastava que eu penetrasse nesse cômodo de transição para poder ficar com ela e acessar o seu mundo. Restava um último enigma: como entrar no espelho?*

> *Eu tinha me dito que devia avançar direto para o espelho, se, porventura, quisesse entrar nesse cômodo. Foi o que fiquei tentando fazer nos quatro anos seguintes*[58]*. Ia direto pra dentro e toda vez me perguntava por que é que eu nunca chegava a passar através dele.*[59]

Williams faz as suas insistentes tentativas num esforço de sair da sua solidão, procurando comunicar-se.

Ela sublinha que a criação desse eu diferente encarnado em Carol "era mais que um jogo, mais que uma comédia. Era a minha vida", escreve ela, "na qual era preciso que eu eliminasse o que aparentava emoções pessoais e, ao mesmo tempo, fizesse com que Donna desaparecesse".[60]

Ainda que ela sinta Carol e Willie como uma "mutilação" dela mesma – a saber, da autêntica Donna, mascarada atrás deles –, ainda que ela tente proceder, durante sua adolescência, a uma morte simbólica de Willie, os seus duplos vão persistir tardiamente. Em uma situação difícil, em Londres, depois da publicação do seu primeiro livro, para lhe permitir encarar o perigo, Willie ainda pode aparecer irrefletidamente.

Contudo, muito progressivamente, os seus duplos vão se embotando. É preciso esperar seus 22 anos, segundo ela, para que vá procurar Donna, a sua verdadeira personalidade, na gaveta a que a havia relegado – e para que tome a decisão de fechar novamente a gaveta, deixando ali os seus duplos.

---

58 Carol foi construída quando ela tinha quatro anos e meio. É, pois, mais ou menos entre cinco e nove anos que Williams fica tentando entrar no espelho.
59 D. WILLIAMS, *Si on me touche, je n'existe plus, op. cit.*, pp. 39-40.
60 Ibid., p. 42.

No segundo espelho, Carol não está mais presente: ela se integrou ao reflexo de Donna. A representação desta não é mais animal, ela não é mais um gatinho abandonado. A integração dos duplos, mais "brilhantes" do que ela própria, produz um ganho narcísico. O aparecimento do Cão Viajante e do Urso Orsi é contemporâneo a esse segundo espelho: eles parecem participar de uma mutação de Willie e Carol em objetos familiares reconfortantes, porém desprovidos de vida.

A passagem do primeiro ao segundo espelho não é um fenômeno próprio da especificidade do percurso de Williams. Um clínico como Lemay constata que a criança autista transpõe, primeiramente, situações concretas "mais facilmente com a ajuda de uma personagem do que por intermédio do seu corpo [...] por meio de uma contaminação imitativa imediata, é frequente vê-la deitar uma boneca numa cama e, então, ela própria estender-se, como se a boneca e ela fizessem uma só unidade". Ele constata que é preciso "esperar bastante tempo" para que o segundo espelho advenha, quando se põe a "arremedar espontaneamente uma situação", colocando-se como agente.[61]

Contudo, o reflexo de Donna não é uma imagem: trata-se sempre de um ser escópico vivo. Ela tem 27 anos quando pede que uma de suas amigas se olhe no espelho junto com ela. Quando esta destaca o seu olhar do espelho, Williams cai na gargalhada.

— O que é tão engraçado? — pergunta-lhe sua amiga Kerry.
— Você olhou para outro lugar ali dentro — responde ela.

---

61 M. LEMAY, *L'autisme aujourd'hui, op. cit.*, p. 119.

— E daí?
— O 'você ali' não é o mesmo que o 'eu ali'.
— É claro que não. Uma é a minha aparência e a outra é a sua.
— Nossas aparências não têm nenhuma relação — diz Williams, designando o reflexo de Kerry. — Ela desviou o olhar.
— O seu reflexo desviou também.
Eu ri disfarçadamente do seu erro. Jamais a vi desviar os olhos. Quando eu a olhava novamente, ela estava me fitando como sempre.
Eu acreditava no que me diziam os meus olhos, e eles me indicavam que meu reflexo não desviava o olhar. Eu podia recitar o fenômeno da reflexão sem, todavia, destruir a lógica da minha percepção; logo, os dois não apareciam nunca juntos.
— Nunca a vi desviando os olhos — disse eu.
— Se você está se virando, como pode ver? Onde estão seus olhos quando você vira a cabeça?
— Eles olham para outro lugar.
— O que é que você usaria para ver se o seu reflexo estava desviando o olhar?
— Meus olhos, é claro.
Estudamos a questão em todos os sentidos, segundo matemáticas mentais que eu não captava totalmente. A cada passo adiante eu perdia a ligação com o anterior. Compreendia o sentido de cada frase, mas não se tratava meramente de uma simples adição, e eu não estava compreendendo. Finalmente, depois de muitos gestos, trocas

de papéis e observações disso que ocorria com ela no espelho, admiti que Kerry tinha razão.[62]

Williams compreende pelo intelecto, mas o gozo que comanda a sua percepção permanece não integrado: segundo ela, se Donna e a sua amiga botam a mão no vidro, elas são quatro – elas duas mais "Kerry no espelho" e "Donna no espelho". Elas se seguram, então, todas as quatro, pelas mãos e "formam um grupo".

Contudo, esse segundo espelho em que Donna e Kerry aparecem no mundo invertido, Williams ainda não está completamente pronta para aceitá-lo: ela tem de estar sozinha aí. No início da cena, ela pede que Kerry toque no seu reflexo ao mesmo tempo que nela própria. Isso muito rapidamente fica insuportável:

"— Vai embora – ordenava eu subitamente ao reflexo de Kerry. Sai daí.
Não a queria mais no espelho comigo".

Entretanto, ela lamenta que Kerry aceite o seu pedido; ela já tem a intuição de que o terceiro espelho, no qual aceitará a presença de um objeto, estaria adiantado com relação àquele pelo qual ela ainda está capturada. No segundo ela não habita o seu reflexo. Este tem uma vida independente, que traduz o seu modo de rejeição do gozo: ela não possui o seu corpo, ele é um objeto "horrível" que a captura – com o qual ela não tem nem "laço emocional" nem sentimento de pertença. Ela não tem intimidade consigo mesma. Concebe a existência do seu corpo, mas não aceita aquilo que prova dele.

---

62   D. WILLIAMS, *Quelqu'un, quelque part, op. cit.*, pp. 183-5.

A consistência do mundo do espelho, que comanda a sua percepção, às vezes se impõe a ela. Em momentos de angústia, a sua visão se desestrutura; ela só consegue se orientar a partir do seu reflexo, como se visse o mundo pelos olhos dele, como se ele fosse a fonte do gozo escópico. Pouco depois de ter obtido o seu diploma universitário, enfrentou um período particularmente difícil, durante o qual a sua concentração intelectual já não consegue impor sua lógica ao mundo à sua volta. Outra lógica se impõe, então: a do espelho invertido.

> *O universo inteiro parecia revirado: a cabeça embaixo, o interior do lado de fora, o atrás na frente. Tudo parecia ser a sua própria imagem invertida, como se, no momento em que estava entrando no imóvel, eu estivesse entrado num espelho.*
>
> *Não botava mais a mão no carro, horrorizada. Conhecia o nome das ruas e jamais tinha tido problema algum em encontrar o caminho. Mas eis que era preciso guiar seguindo o nome das ruas que eu conhecia, como numa cidade estranha.*
>
> *Ou, antes mesmo, tudo acontecia como se eu estivesse rodando no espelho: encontrava-me, rua após rua, no oposto de onde eu queria ir. Acabava, então, do outro lado da cidade! Em vez de retornar para casa, tinha guiado no outro sentido. As coisas e os lugares estavam transformados cada qual no seu contrário.*
>
> *Isso durou dois dias. Achei que estava ficando louca.*[63]

---

63 Ibid., p. 232.

O que ela vê no espelho não é uma fantasmagoria: é a lógica da sua posição subjetiva. Quando o controle intelectual não basta para orientar a sua percepção, ela pode perceber o mundo a partir do seu reflexo, porque o gozo está fundamentalmente rejeitado neste último. Esse mecanismo de defesa para controlar as emoções, para tomar distância do vivente, está no princípio do autismo. É pelo fato de o seu ser de gozo estar na imagem que ela considera que, em uma foto, ela está presa – o que lhe dá a sensação de que "se apossam" dela. "As pessoas conservavam você no papel e olhavam nos seus olhos para saber se você estava lá. Ali você ficava exposto e congelado no tempo. Você não conseguia escapar".[64]

Não somente acontece de Williams "perambular no espelho", mas a sua percepção daqueles que a rodeiam é estruturada pelo ser escópico que capta o seu gozo: ela só pode apreendê-los como imagens. É por isso que, numa disciplina de educação física, durante os seus estudos para se tornar educadora infantil, ela não reconhece mais os outros estudantes quando os vê despidos. "Eles estavam irreconhecíveis", relata ela. "A imagem dos meus colegas de classe se fundia numa massa de corpos negros, brancos e sardentos, numa imagem do desconhecido".[65] A ausência de pertença do seu próprio corpo não lhe permite apreendê-lo do interior. "O que eu via", explica ela, "era tudo o que havia. Eu via uma manga. Não via braços. Não associava sistematicamente a presença de um braço na manga com o contato do braço através daquele da manga".[66] De novo, constata-se que o seu mundo singular de gozo escópico se impõe ao seu intelecto, ela mesma esclarece de que forma: rompendo as cadeias associativas. A manga é uma primeira parte; o braço, uma segunda – o laço não ocorre entre os dois. "Tendo

---
64 Ibid., p. 207.
65 Ibid., p. 115.
66 Ibid., p. 189.

chegado à segunda parte, havia perdido a primeira, e cada uma delas era armazenada separadamente". A apreensão do corpo próprio no segundo espelho é necessariamente fragmentada, ainda que o reflexo permita ajuntar os seus elementos.

Uma posição subjetiva assim não impede Williams de obter um sucesso brilhante no exame, permitindo que se torne educadora infantil. Entretanto, ela não tem a "impressão de ser um sucesso real. Eu vinha ensinando sem a ajuda de Willie e Carol", comenta ela, "mas sempre apelava às vozes, a expressões faciais e a gestos memorizados". Decerto não são os seus duplos que falam – ela constata um progresso, sente-se menos mutilada. Mas o seu funcionamento conserva algo de mecânico: ela age sem sentir; seu intelecto continua separado do seu gozo; ela ainda toma a palavra a partir do seu reflexo não integrado.

Ela não se satisfaz com isso. Sabe que os outros ainda habitam o seu corpo, mas como é que ela também conseguiria isso? O tratamento com o Dr. Marek talvez a tenha ajudado a abandonar os seus duplos, deixando Donna mais amável, já que melhor adaptada. Mas ele não a conduziu ao terceiro espelho, aquele que permite acessar a pertença do seu corpo. Este não teria como se adquirir apenas por meio do tratamento do Outro de síntese: é preciso outra coisa. Um acontecimento que não se programa e que chega a modificar o modo de gozo do sujeito.

O terceiro espelho aparece quando Williams se aproxima dos seus trinta anos. Ela está morando então na Inglaterra. O sucesso mundial do seu primeiro livro lhe deu a possibilidade de deixar a sua Austrália natal. Estava fugindo menos dos homens que lhe interessavam. Por alguns ela tem sentimentos amorosos. Ela acaba de tomar a decisão de empreender a escrita de um novo livro. No término de sua segunda obra, intitulada *Alguém nalgum lugar*

– tão diferente do *Ninguém em lugar nenhum* do primeiro[67] –, ela não está mais sozinha no espelho: outro objeto narcísico se introduz aí.

> *Eu gostava de ter tanto tempo para mim e de me possuir integralmente sem personagens. Eu me atirava no banheiro.*
> *— Bom dia — eu me dizia no espelho.*
> *Aí eu conversava durante certo tempo. Às vezes me perdia longamente nos meus olhos.*
> *Pintei-me um espelho pendurado na parede da sala, com relva alta no primeiro plano e um quadro de roseiras-bravas de todas as cores. Eu me esticava pra frente de uma maneira que parecesse alongada na relva alta do mundo invertido; o sol do quadro brincava loucamente sobre a relva, e dava a ela todas as nuances de verde, de dourado e de castanho.*
> *Às vezes levava minha refeição para comer comigo no espelho. Estávamos as duas sentadas na relva bela, selvagem, alta e movente. Juntas, rodeadas de rosas, havia somente eu e eu no espelho. Sem lugar. Sem mundo. Sem solidão. Os outros não eram mais tão inoportunos desde que eu vinha passando tanto tempo comigo.*[68]

Williams se ama nesse espelho: "Aí eu estou", afirma ela, "em casa comigo".

---

67 Lembremos que a tradução francesa de *Nobody nowhere* [Ninguém em lugar nenhum], efetuada pela Robert Laffont, foi publicada com o título *Si on me touche, je n'existe plus* [Se me tocam, não mais existo].
68 D. WILLIAMS, *Quelqu'un, quelque part*, op. cit., p. 275.

Esse reflexo continua real, trata-se sempre de uma presença viva, de um ser escópico. Uma versão posterior desse mesmo espelho confirma isso, quando Williams, na presença de seu amigo Ian, afirma novamente "sentir" a presença do seu reflexo. Ela lhe explica "a sua obsessão pelo reflexo" pela intimidade que encontra na sua contemplação. É preciso sublinhar que não está mais completamente sozinha no terceiro espelho: uma paisagem florida a cerca. Esta foi desenhada sobre o vidro. A imagem de um objeto narcísico separado do reflexo se introduz na apreensão que Williams tem da sua posição subjetiva. Quais são os candidatos a assumir a posição do objeto florido na sua realidade? São dois. Primeiro, Ian, um amigo autista de quem ela está gostando. "Um laço precioso" se teceu com ele; ela tem "uma sensação de pertencimento" na sua presença. Mas, quando ela lhe faz notar que o vê no espelho com ela, ele se recusa a entrar: "Não estou no espelho", diz Ian, apreensivo. "Eu estou aqui. Sou real. Isso, isso não é real. Você não pode tocar um reflexo".[69] Um parceiro humano poderia, sem dúvida, instalar-se no lugar de um objeto de completude imaginária, mas Williams ainda não aceitou isso no final de *Alguém nalgum lugar* – só mais tarde é que ela se casará com Ian. Em contrapartida, o segundo objeto já está integrado no seu mundo, é aquele pelo qual ela foi coberta de flores; a saber, a sua primeira obra, *best-seller* mundial – extensão do seu mundo interior em direção à realidade social. A introdução do terceiro espelho em *Alguém nalgum lugar* dá imediatamente sequência à sua decisão de empreender a escrita do segundo livro. Aliás, ele já é evocado no espelho por meio dos ícones floridos da alegria, da qual a escrita é oriunda, pela estilização de tais signos.[70]

---

69 Ibid., p. 307.
70 A escrita nasceu de símbolos representando imagens de objetos; e é ao se estilizarem que são separados da representação para se tornarem, nas escritas alfabéticas, letras que notam os sons da língua. Cf. I. J. GELB (1952) *Pour une*

As decisões de escrever e, sobretudo, de publicar *Ninguém em lugar nenhum* modificaram a posição subjetiva de Williams: revelando a todos o seu mundo íntimo, ela consumou um ato decisivo que a modificou. Percebe nitidamente ter aberto mão do gozo inerente ao seu mundo autístico assegurado quando sublinha que a redação do seu livro, desnudando o seu "mundo", fragilizou e desestabilizou "a sua empreitada".[71] A escrita implicou um trabalho de introspecção que ajudou a minar certas estratégias defensivas, mas isso teria tido apenas consequências mínimas caso não fosse publicado. Williams não esconde a angústia mobilizada pela publicação: "O manuscrito ia ser revelado ao mundo e a ideia de que fosse lido ainda me deixava paranoica. Num ato de desespero, eu o havia submetido a um olhar. Divulgado, o meu antigo mundo ficaria maculado para sempre por esse desnudamento".[72] Esse manuscrito, acrescenta ela, "tinha sido meu melhor amigo e meu pior inimigo. Ele havia tanto me salvado quanto me destruído". A publicação dele "embrulha o seu estômago", em razão da "ausência de controle" devido ao seu "contrato".[73] Separando-se do manuscrito, ela cede aos outros um objeto precioso, o que a "destrói", introduzindo na sua subjetividade a dimensão da falta. Uma falta que permanece, apesar de controlada: o objeto não cessa de pertencer a ela, é seu "melhor amigo", e ela até pode produzir um segundo dele.

Ela ratificou, por outro ato decisivo, a decisão de deixar o seu mundo autístico: depois da publicação da sua primeira obra, escolhe abandonar a Austrália para vir morar na Inglaterra. Para nomear o seu novo país de residência, utiliza bastante frequentemente a expressão "Reino Unido". Sem dúvida é preciso entender

---

théorie de l'écriture. Paris: Flammarion, 1973.
71 D. WILLIAMS, *Quelqu'un, quelque part*, op. cit., p. 97.
72 Ibid., p. 9.
73 Ibid., p. 237.

que ela veio morar no que, para ela, é um "reino" não mais caótico, e sim "unido". A verdade é que essa reiteração de um ato, que lima a segurança de um ambiente conhecido, confirma uma modificação da sua posição subjetiva. Ela adquiriu uma dinâmica que lhe permite sair em busca de um mundo melhor.

O descolamento que se opera graças à publicação do seu primeiro livro intervém no tratamento do gozo escópico, permitindo pela primeira vez que Williams se perceba, sem que se cole em seu reflexo, a partir desse olhar distanciado que é o seu relato tornado público. Da mesma forma que Willie fora construído em uma captura do objeto escópico,[74] as flores no espelho testemunham o engaste do olhar no livro. Os efeitos na sua apreensão dela mesma são espetaculares. Até então, relata, quando ela entrava em um cômodo, a percepção da sua imagem se pautava no reflexo percebido na imagem dos próximos. "Eu sempre havia tido a impressão de ter a estatura das pessoas por perto. Eu tenho 1,56 m: elas eram, então, geralmente maiores que eu. Quando me encontrava entre pessoas de baixa estatura, supunha ser pequena; entre pessoas grandes, achava-me grande. Na falta de um senso do meu corpo interno, elas me serviam de espelho, de 'mapa' exterior". O terceiro espelho testemunha uma modificação desse funcionamento: ela fica em condições de se perceber de um outro lugar que não no seu reflexo real. Nas últimas páginas da sua segunda obra, relata ter experimentado, na companhia de Ian, sensações que lhe parecem "medonhas e incompreensíveis" de início.

— Estou sentindo a minha perna — gritava eu em pânico. — Estou sentindo a minha mão e a minha perna.

---

74 Inicialmente Willie "era apenas um par de olhos verdes reluzindo na escuridão" (D. WILLIAMS, *Si on me touche, je n'existe plus*, op. cit., p. 29).

> *Estava com medo e tremendo. [...]*
> *Colocava a minha mão no meu braço e murmurava receosamente:*
> *— Tenho um braço.*
> *Não o sentia sob a minha mão do exterior, como antes, mas do interior. Meu braço o havia percebido do interior. 'Braço' não era mais só uma simples textura; ele estava tomando sentido do interior.*
> *Era estranho e, portanto, pavoroso. Eu era uma estrangeira num veículo que me transportava, mas que vinha justamente me assinalar que estava lá, que era real, que pertencia a mim e que fazia parte de mim. [...]*
> *Eu nunca tinha me sentido tão totalmente viva [...] Essa possessão de mim era a segurança mais tangível que eu já havia conhecido.*[75]

O "estranho" foi introduzido no espelho: ao produzir, pela decisão da publicação, uma perda de objeto – perda na qual o gozo encontra a sua dinâmica –, a economia do gozo encontrou-se modificada, uma parte dela se deslocou do reflexo para o livro. O ser "estranho" não é mais totalmente rejeitado no reflexo; este perde a sua "vividez", o seu poder de captura se atenua e a integração da sua imagem lhe é possibilitada. Williams fica em condições de se apropriar de um eu, parte dela mesma com a qual ela se experiencia à distância, mas num laço íntimo. A integração do duplo lhe permite começar a sentir certas sensações, porque o seu gozo não é totalmente rejeitado: ele se reparte entre o sujeito e o seu objeto. Não está mais sozinha no espelho, mas vê aí um eu narcísico completado por um objeto que o preenche: ele se contempla no livro.

---

75 D. WILLIAMS, *Quelqu'un, quelque part, op. cit.*, pp. 313-5.

O terceiro espelho de Williams, pelo seu engaste de flores na imagem do corpo, evoca fortemente a imagem real que se produz no esquema óptico quando Lacan – para produzir uma articulação estrutural do estádio do espelho com o campo simbólico – se apropria da ilusão do buquê invertido de Bouasse. Contudo, ele a transforma e acrescenta um segundo espelho, o do Outro, no qual se produz uma imagem virtual. Sabe-se que as imagens que, nesse esquema, formam-se nos espelhos conjugam dois elementos separados: a imagem do corpo (figurada pelo vaso escondido) e os objetos do desejo (encarnados pelas flores).[76] Os três espelhos de Williams permanecem espelhos reais, confinados à esquerda do esquema óptico; aquele que se produz no campo do Outro, no qual aparece uma imagem virtual, esse não advém. O espelho real permite unificar a imagem do corpo, mas não dá acesso à regulação sobre o ideal do eu.

Williams não chega ao estádio do espelho. Em seu funcionamento subjetivo, a perda se ilustra aquém do espelho, não além. Decerto ela descola o sujeito do seu duplo, mas não é aquela que produz uma queda do objeto *a*. Sabe-se que, na cena da criança no espelho, ela não é totalmente capturada pelo seu reflexo: uma presença Outra, que a assiste, faz com que ela se vire e descubra, no espaço em que está, um olhar lançado por sobre a sua imagem, mascarado no espelho por esta última. Porém, quando Williams se observa na companhia de Ian, não se vira em direção a ele para buscar o seu olhar – ela procura encontrá-lo *no* espelho. O objeto olhar, que orienta o gozo escópico, não está perdido, para ela, detrás do reflexo: ele ainda o habita. Às vezes, Williams o discerne, quando, num momento de angústia, acontece de ela achar

---

[76] J. LACAN (1958) "Observação sobre o relatório de Daniel Lagache". In: *Escritos, op. cit.*, pp. 659-98.

insuportável que o seu reflexo a olhe. "Ela está olhando", diz para Ian. "Eu não consigo suportar isso. Ela está olhando".[77]

Williams tem a sensação de que lhe será preciso abandonar a dependência do seu reflexo para obter uma verdadeira integração deste. Ele permanece real, vivo, mas completado por um objeto narcísico, isto é, simultaneamente amável e parecido com ela, o que reflete muito precisamente a sua vida sentimental: quando ela sente algo, trata-se sempre de homens como ela – é o seu funcionamento que os torna não desejáveis, mas atraentes. Não são satisfações sensuais que ela procura, muito pelo contrário, mas uma sensação de "pertença", de fusão com o outro, como com as flores do quadro. Que a perda de gozo não seja simbolizada pela função fálica, que a operação de separação não seja assumida; é isso que a sua busca por uma "relação assexual platônica" atesta. Ela não está numa posição subjetiva que lhe permita colocar a sua própria falta a serviço da falta do Outro. A integração do seu reflexo lhe dá acesso a uma melhor apreensão do seu corpo, mas o seu gozo continua essencialmente cindido do seu intelecto, rejeitado em um objeto que o capta e o regula – a saber, seus livros.

Todavia, depois da publicação de *Alguém nalgum lugar*, Donna Williams se casou. A primeira vez com Ian, outro autista. A relação de objeto permanece, para esses sujeitos, marcada pelo empreendimento do duplo. "Os casamentos mais exitosos", relata Grandin, "que muitos autistas de alto funcionamento encontraram são aqueles que unem dois autistas, ou mesmo um autista e uma pessoa deficiente ou fora da norma. As duas pessoas se dão bem porque compartilham interesses comuns, não porque ficam atraídas fisicamente uma pela outra. Elas ficam atraídas uma pela outra porque

---

77 D. WILLIAMS, *Quelqu'un, quelque part*, op. cit., p. 307.

têm um funcionamento intelectual parecido".[78] O amor, nos autistas, parte do intelecto. Ele deve permanecer controlado. Se intenso demais, faria correr o risco do caos emocional.

Williams pode dar o passo seguinte na sua relação com o espelho? O autista pode chegar ao especular, isto é, ao estádio do espelho? A tese dos Lefort faz dessa impossibilidade uma característica da estrutura autística. Entretanto, Williams constata que não são todos os autistas que, com relação ao espelho, passam por dificuldades comparáveis às dela. Ian, seu primeiro marido, por exemplo, mostra ter um senso do corpo interno bastante mais intacto que o seu. Ela mesma, graças ao seu segundo casamento – com Chris, um sujeito não autista –, parece ter adquirido, por anáclise, alguns ganhos suplementares, ainda que limitados, na integração da sua imagem corporal.

Nos limites do espectro do autismo

O espelho de Temple Grandin, tal como aparece na capa de *Thinking in pictures* (Pensar em imagens), na qual ela está abraçada com o seu duplo, mostra-se um pouquinho diferente. A foto representa Grandin sentada na palha, cara a cara com uma vaca imponente, com uma mão no focinho e a outra dando de comer pra ela. As "personagens" ocupam toda a foto, mascarando a profundidade. Grandin supõe que os animais pensam, como ela, por imagens, enquanto que considera poder colocar-se tranquilamente na pele de uma vaca a fim de ver o mundo através dos olhos dela. Essa capacidade é essencial no seu ofício, já que é uma especialista em bretes, que servem para marcar, vacinar ou castrar os animais.

---

78 T. GRANDIN, *Penser en images, op. cit.*, p. 155.

Havia pensado, aliás, em intitular a sua segunda obra como *O ponto de vista de uma vaca*. Ela esclarece: "Quando me imagino no lugar de uma vaca, preciso verdadeiramente ser uma vaca, e não uma pessoa disfarçada de vaca [...] Coloco-me dentro do seu corpo e imagino o que ela sente".[79] A capacidade de se conectar imaginariamente com o sentimento do duplo que a completa indica nitidamente uma relação de integração com ele. Essa integração traduz-se clinicamente em certa apropriação do sentimento e em um ganho de uma animação libidinal do sujeito, independentemente do seu objeto. É o que constata Grandin, quando lhe fazem notar que a entonação da sua voz melhorou, tornando-se menos apagada, mais vívida. Ela pensa que o fenômeno está ligado a um aumento da sua percepção social e ao fato de que não precisava mais dessa defesa contra o mundo exterior.[80]

É preciso, sobretudo, notar que nesse espelho Temple saiu do seu isolamento. Dois objetos estão aí presentes – a sua imagem e a de uma vaca –, o que só se produz quando do último espelho do autista. Não menos que os precedentes, ele não inclui a falta simbólica, mas se revela ser um quadro do sujeito completado por um objeto. Essa posição subjetiva permite que a divisão no imaginário permaneça sob controle. Esse espelho pode, para Grandin, formar-se em outras imagens além daquela que a mostra com uma vaca. Ele assume, por exemplo, a seguinte forma:

> *Foi depois de ter me feito fotografar num brete de verdade, depois de mandar ampliar a foto em formato de pôster e de tê-la pendurado, que pude encarar os meus*

---

79 Ibid., pp. 14 e 166.
80 T. GRANDIN, *Uma menina estranha*, op. cit., p. 90.

medos. Estava chegando finalmente ao ponto em que pensava com prazer e afeição no meu brete".[81]

Nota-se que, uma vez integrado o seu duplo, ela não tem a sensação de que o seu ser é capturado pela fotografia, diferentemente do que Williams sente quando do seu segundo espelho. Ela pode, então, pendurá-la para contemplar a sua imagem, tranquilizadora (porque completada por um objeto) e dinâmica (porque independente desse objeto) — o que, clinicamente, atesta a ascensão a certa autonomia subjetiva.

Na imagem precedente, o objeto que completa Grandin não está no espelho: trata-se da máquina de apertar, derivada do brete – máquina de captar e regular o seu gozo, cuja construção ela considera ter constituído o elemento essencial da sua autoterapia. O "conceito global" que preside a sua construção, precisa ela, é o de "meio de contenção". Graças a isso ela aprendeu a controlar sua agressividade, a aceitar que testemunhem afeição por ela. Ela guarda permanentemente em seu quarto essa máquina, inspirada nos bretes, que utiliza para apaziguar o seu sistema nervoso e as suas emoções. Coloca-se no lugar do animal, completando-se com uma máquina "que se molda ao corpo do usuário". Ela se regenera ao se fundir com o objeto da falta imaginária. Chega a amainar o seu nervosismo excessivo quase permanente. Encontra nisso, então, um estado de relaxamento – a propósito do qual confessa, para Sacks, supor que "as pessoas cheguem a isso por intermédio de relações com os outros".[82] A sua identificação transitivista com um objeto autístico complexo lhe permite, com efeito, juntar-se aos seus semelhantes, mas, em não posicionando o objeto na falta do

---

81 Ibid., p. 134.
82 O. SACKS, *Um antropólogo em Marte, op. cit.*, p. 271.

Outro, ilustra um obstáculo à sintonização com o Outro da linguagem, que ela compensa com o manejo intelectual do signo.

Em Williams, o objeto de completude está traçado no espelho; em Grandin, está fora. Apesar disso – esteja a imagem de Grandin colada no animal ou no brete –, trata-se sempre de um espelho estruturalmente idêntico ao terceiro espelho de Williams. Grandin encontra-se em uma posição subjetiva aparentada a esta última. Uma nuance, apesar de tudo: os seus objetos no espelho são mais rudes do que são as flores da australiana. A imagem de Williams é falicizada pelos seus duplos humanos e "brilhantes" – os homens que vêm em direção a essa bela mulher –, ao passo que a de Grandin é apagada – fizeram-na notar que lhe falta *sex appeal*:[83] a sua identificação com a vaca não a deixava mais bonita; até houve uma época em que se sentia mal. Ela renunciou ao casamento.

Contudo, chegou a uma notável autoterapia que a tirou do retraimento. Ela insiste muito, na sua primeira obra, *Uma menina estranha*, no fato que relata "a transposição" de suas "portas simbólicas, rumo ao sucesso".[84] Essa transposição encontra a sua fonte numa fala de um pastor, tomada ao pé da letra, tirada do Evangelho de João: "Eu sou a porta: por mim, se algum homem entrar, será salvo".[85] Grandin procura então, na sua escola, a porta que, para ela, abre para os céus. Descobre-a numa pequena porta de madeira que dá para o telhado. Ela a atravessou, mas foi surpreendida – e a proibiram. O que é que ela está procurando lá em cima? "Eu", responde ela. "Minha vida. Deus". Ela sublinha a importância

---

83 T. GRANDIN, *Uma menina estranha*, op. cit., p. 90.
84 Ibid., p. 148. Tradução modificada; ademais, na versão francesa, citada por J.-C. Maleval, comparece a expressão "rumo ao mundo real". [N. T.]
85 Evangelho de São João [10:7.9]. [N. T.]

que o atravessamento dessa porta adquire para ela na adolescência; e ela, apesar da proibição, reitera.

> *Descumprir as regras era algo que eu não tinha superado. No Observatório, pensava sobre a autoridade e as regras. Quando passei para o telhado pela portinha de madeira, estava ultrapassando a autoridade da escola. De início, achei que, depois de passar pela porta, eu me encontrava além do alcance de qualquer autoridade humana – regras, leis – e que além da porta estava eu, Deus e a liberdade de escolha. Depois percebi que além da porta ficava a autoridade, também, mas a autoridade dentro de cada um.*[86]

Em seguida ela empurra outras portas – ato que concebe, toda vez, como sendo "uma forma de tornar efetiva a tomada de uma decisão". Ela simboliza escolhas decisivas por meio dessas transposições reais – tais como a de terminar o secundário e de se preparar para a universidade – que a impulsionam em direção a uma saída do seu mundo autístico. Por que Grandin retorna com insistência ao fato de que a transposição real das suas portas simbólicas escande momentos essenciais da sua autoterapia? Porque ela ilustra um arriscar da sua parte, pelo qual ela transpõe o interdito do controle que rege o mundo autístico – resumindo, ela faz um ato. Um ato autêntico que não tem garantia, que rompe com o intelecto, que não pode estar inteiramente fundado na razão. A convocação do seu corpo e da sua motricidade, no ato de transposição, indica justamente que ela deve colocar o seu próprio gozo em jogo. É impressionante que Lacan tenha recorrido muito precisamente

---

86 T. GRANDIN, *Uma menina estranha, op. cit.*, p. 86.

à mesma imagem que Grandin para ilustrar o que é um ato: "Se posso caminhar aqui de um lado para o outro enquanto falo com vocês", explica ele em seu seminário de 15 de novembro de 1967, "isso não constitui um ato; mas, se um dia calhar de transpor um determinado limiar em que me ponho fora da lei, esse dia minha motricidade terá valor de ato".[87] Atravessando a porta proibida, Grandin abre mão do seu controle, põe em jogo uma falta de garantia e se vê modificada por ela. Uma modificação da economia do seu gozo é disso consequência.

Grandin sublinha a importância, para o sujeito autista, de uma conscientização das suas dificuldades, isto é, falta-lhe a apreensão de algo com relação aos outros. Ela aponta que Kanner já havia feito essa constatação quando do acompanhamento de 96 crianças autistas. Dentre elas, as onze que tinham atingido uma boa autonomia na idade adulta distinguiam-se por uma "mudança de comportamento nascida da motivação pessoal na adolescência". "Contrariamente à maioria das crianças autistas", escrevia Kanner, "elas tomam consciência com inquietude das suas estranhezas e começam a fazer esforços conscientes para modificá-las".[88] Indicação preciosa para o tratamento, confirmada pela maioria dos autistas de alto funcionamento, que incita a levar em conta a responsabilidade do sujeito e a não se precipitar tamponando as suas "deficiências".

Tanto Grandin quanto Williams chegaram a tomar decisões dolorosas, sem a garantia de estarem fazendo direito, colocando em jogo a assunção de uma perda – obtendo êxito, assim, em se livrarem progressivamente das suas defesas autísticas mais radicais.

---

87 J. LACAN, *Le séminaire*, livre XV: *L'acte psychanalytique* [inédito], seção de 15 de novembro de 1967.
88 L. KANNER, A. RODRIGUEZ e B. ASHENDEN, "How far can autistic children in matters of social adaptation?", *Journal of autism and childhood schizophrenia*, 1972, 2, 1, pp. 9 e 33.

A partir dos seus testemunhos, parecem poder ser evidenciadas quatro grandes posições subjetivas que escandem a saída do retraimento autístico, uma vez que se apoia no exame dos espelhos. Do primeiro, o sujeito se desvia, temendo perceber nele o seu ser de dejeto. Então ele se vê submetido ao gozo do Outro sem a proteção de um duplo. No segundo espelho, um objeto captura o seu gozo – ele se situa em uma dependência dolorosa com relação a este (máquina, amigo invisível, animal etc.), mas se anima ao se sintonizar com ele. No terceiro, o objeto é mais bem aceito, porque ele representa o sujeito sem mediação (ser escópico do reflexo, escrito autobiográfico não publicado, sujeito disfarçado de marciano ou de viking), mas constitui, ainda, o ponto de inserção do gozo. No último, o sujeito não está mais sozinho: encontra-se dividido por um objeto sobre o qual, no entanto, ele conserva o controle – o gozo com o qual se anima reparte-se entre o seu ser e o seu objeto; daí a sensação de integração do duplo e a aptidão para investir um objeto dotado de uma independência controlada (máquina de apertar, livro depois da publicação, parceiro humano).

Para transpor as etapas que podem conduzi-lo a um assujeitamento imaginário ao Outro, por intermédio de uma identificação transitivista, o sujeito autista dispõe de dois objetos nos quais ele se apoia: o duplo e o objeto autístico. Não são totalmente independentes – eles interferem no espelho. O objeto autístico participa do duplo, ao passo que o duplo pode tornar-se um objeto autístico. Williams, com Carol e Willie, chega a levar ao mais alto grau a construção do duplo, dotando-o de capacidades extraordinárias de adaptação ao outro mundo. Ela sublinha, contudo, o quanto essa via é mutiladora para o sujeito. Grandin tentou, também ela, construir amigos invisíveis (Bisban, Alfred Costello), mas soube tirar melhor proveito de um amparo no objeto autístico. Ela evidencia a função deste de maneira bem pura, pois chega a descolá-lo do espelho. A sua máquina de apertar continua, certamente, em conexão com o seu duplo – originou-se de uma adaptação do brete, e ela mesma se instala na máquina na mesma posição que a vaca. Trata-se, contudo, de um objeto autístico que não é um duplo do sujeito: serve para tratar o duplo, mas não é o duplo. A última máquina de Joey, um retificador elétrico, parece ser da mesma ordem: regula a própria energia de que Joey precisava em sua infância. O sujeito parece sempre atulhado por ele, mas nada indica que ainda seja um duplo. Quando o objeto autístico é elevado ao mais alto grau, descola-se do duplo para se articular de maneira estreita ao Outro de síntese – ele próprio desenvolvendo as ilhas de competência, de modo que tanto Grandin quanto Joey encontram nesse objeto autístico o fundamento da inserção profissional e social deles. Uma se torna especialista mundial em bretes, o outro encontra um ofício na eletrônica. Tem-se constatado frequentemente que as atividades profissionais dos autistas têm origem em seus objetos autísticos complexos, que se caracterizam por estarem articulados às suas ilhas de competência. Para o entorno, as ilhas de competência são frequentemente consideradas "obsessões" – uma vez que o sujeito, durante certo período, só se interessa por isso e só fala disso. Mas elas são portadoras de uma dinâmica que convém encorajar. Grandin sublinha que a sua tendência à "obsessão" lhe forneceu uma importante motivação para desenvolver suas pesquisas universitárias a respeito dos bretes. "A tendência à obsessão", escreve ela, "é um traço humano normal, mas os autistas a têm em muito mais alto grau".[89] Foi o que a levou, depois da sua tese, a publicar mais de uma centena de artigos sobre o tratamento do gado na imprensa profissional dessa indústria. "Um homem que tinha uma fixação infantil em números", afirma Grandin, "hoje trabalha preparando relatórios de eficiência fiscal".[90]

---

89 T. GRANDIN, *Uma menina estranha*, op. cit., p. 132.
90 Ibid., p. 148.

O desenvolvimento da ilha de competência, que implica um grande controle intelectual sobre um domínio circunscrito do saber, gera, por vezes, estabilizações originais que passam pela criação de um mundo totalmente sob o controle do sujeito ("a Leutéria", "Urville"). Tais mundos são inserções de um mundo autístico no mundo exterior. Eles incitam aqueles que os criam a adquirir conhecimentos aprofundados em múltiplos domínios, e a utilizá-los – o que lhes permite articular os dois mundos e o que melhora o seu funcionamento social. Menos promissor para o sujeito autista é o prolongamento do seu mundo autístico em um mundo imaginário já constituído – o de Tolkien, de Lewis, do *Star Wars*, do *Dungeons & Dragons*, ou de um universo disponível na internet. Certamente ele chega, por via de regra, a adquirir um conhecimento enciclopédico, mas que pode ser tranquilamente utilizado para confortar o retraimento, e não para se desvencilhar dele.

Mais do que se apoiar na ilha de competência, certos autistas privilegiam os recursos do duplo. Essa via não deixa de ter futuro, com a mesma condição de que o objeto chegue a uma articulação com o Outro de síntese. Nazeer e Craig conseguem isso em se ocupando da escrita de textos para os duplos: um e outro redigem discursos de políticos de cujas convicções compartilham, sem jamais – é claro – pronunciá-los eles próprios.[91]

Certos autistas de alto funcionamento praticamente não são mais considerados autistas por aqueles que convivem com eles. Assim, Craig, segundo Nazeer, possui uma vasta caderneta repleta de endereços profissionais; é membro de um clube chique de golfe, convidado por "famílias eminentes"; é capaz de fazer piadas em um fim de tarde. É, aliás, um belo rapaz, que tem aventuras amorosas com mulheres que não conhecem os seus transtornos. Ele

---

91 NAZEER, K. *Laissez entrer les idiots, op. cit.*

foi, na infância, posto numa classe especial para autistas; e na idade adulta o seu funcionamento permanece autístico. Mas este, como o de Nazeer, praticamente não transparece àqueles que não o conhecem intimamente. Certamente os outros poderiam notar alguns problemas de dicção, alguns comportamentos bizarros, uma tendência a fugir dos contatos sociais e certa dificuldade, nesses dois homens, de assumir uma posição viril:[92] eles não sabem assoviar nem brigar.[93] Mas tudo isso permanece discreto e pode facilmente passar despercebido.

As autobiografias de autistas de alto funcionamento são frequentemente recusadas pelos especialistas, que geralmente fazem críticas virulentas ao conhecimento que elas pretensamente conteriam. Alguns doutos convocam, então, explicações circunstanciais para minimizar o alcance inovador desses testemunhos. Formula-se, assim, a hipótese de que os seus discursos sobre si mesmos seriam o decalque exato daquilo que se diz a seu respeito, oriundo das crenças dos seus familiares, de modo que não teríamos nada a aprender com eles. De fato, se há um discurso sedutor para o autista – que procura apreender tudo pelo intelecto –, um discurso que ele captaria voluntariamente dos seus familiares é, seguramente, o da ciência: o da exclusão metódica, do sujeito e do seu gozo, que se encontra no seu princípio. Portanto, quando se constata que Williams parece ter angariado os seus espelhos no pré-especular da imagem real do esquema óptico, ao passo que Grandin parece ter encontrado a sua concepção das "portas simbólicas" em um seminário de Lacan, é preciso convir que elas difundem um saber

---

[92] T. Atwood constata que os sujeitos que apresentam a síndrome de Asperger, meninos ou meninas, são vulneráveis a agressões sexuais – o que Williams confirma –, ao passo que não encontrou "nenhum agressor entre eles" (T. ATTWOOD, *Le syndrome d'Asperger et l'autisme de haut niveau*, op. cit., p. 129).

[93] K. NAZEER, *Laissez entrer les idiots*, op. cit., p. 135.

que vai muito além do que a ciência pode dizer dessas noções. Elas testemunham um saber que as ultrapassa; é por isso que não se teria como duvidar do fato de que a subjetividade delas esteja engajada ali.

A dificuldade em identificar as formas discretas do autismo constitui uma das principais razões pelas quais a extensão do espectro sindrômico conhece variações consideráveis em função dos métodos utilizados para circunscrevê-lo. A ocorrência da síndrome de Asperger seria de 7,1 para 1.000 crianças, conforme um estudo;[94] e de 2,5 para 10.000, conforme outro![95]

A noção de espectro do autismo continua vaga. Ela supõe, contudo, uma grande variedade de manifestações de um mesmo funcionamento subjetivo – apresentando, assim, o mérito de sugerir a existência de uma estrutura subjacente a quadros clínicos bastante diferentes. Ela implica, além disso, uma tese por vezes desconhecida, a saber: a de que, na grande maioria dos casos, a evolução do autismo se faz não rumo à psicose, mas rumo ao autismo, da síndrome de Kanner para a de Asperger – até mesmo rumo a formas ainda mais discretas, às vezes qualificadas como "personalidades dependentes". Certamente se faz menção a certas passagens do autismo à esquizofrenia, mas nada é mais difícil de diferenciar de um esquizofrênico do que um autista ao qual não foi dada a possibilidade de construir sua borda.

---

[94] S. EHLERS e C. GILLBERG, "The epidemiology of Asperger syndrome. A total population study", *Journal of child psychology and psychiatry*, 1993, 34, 8, pp. 1327-50.
[95] E. FOMBONNE e L. TIDMARSH, "Epidemiologic data on Asperger disorder", *Child and adolescent psychiatric clinic of North America*, 2003, 12, 1, pp. 15-21.

Quando o sujeito autista não se encontra na impossibilidade de fazer escolhas, quando o seu entorno não deu prosseguimento a uma forçagem educativa, então, no limite superior do espectro do autismo, o duplo se esvai e o objeto autístico assume uma função social. Disso subsiste, no entanto, um determinado estilo de relação com o Outro – sempre mediada pelo duplo ou pelo objeto – que orienta o sujeito em direção a uma relação fusional-dependente com um parceiro. Muitos autistas de Asperger continuam dependentes de um parente. Outros chegam a deixar o nicho familiar, mas, como Sean Barron, telefonam diversas vezes por semana para um parente, para o qual tudo se pode dizer e que ajuda na tomada de decisões. Outros, ainda, estabelecem uma relação privilegiada com um parceiro, vivem em casal (hétero ou homossexual), estreitamente dependentes um do outro – em especial, o que é o caso frequente, quando ambos são autistas. O duplo autístico é uma proteção contra o Outro, bem mais que um perseguidor, de tal modo que, apesar da relação em espelho que os une, os casais de autistas mostram-se mais estáveis do que conflituosos.

Muitos autistas poderiam, sem dúvida, dizer como Sellin – "eu me esforço em fazer tudo por conta própria para encontrar uma salvação"[96] – ou como Joey, a criança-máquina de Bettelheim – "eu mesmo me botei" –, recusando a alienação e a cessão do gozo vocal. Concebe-se que o tratamento analítico tropeça, aí, numa dificuldade. A raridade das demandas feitas pelos sujeitos autistas em seu próprio nome é testemunha disso. Para eles é difícil aceitar um objeto de gozo vindo do mundo exterior, e não oriundo do seu mundo assegurado – ainda que aberturas sejam possíveis, passando pelo duplo, pelo objeto autístico e sabendo tratar o Outro de síntese. Acaso não é disso que Asperger tinha a intuição quando aconselhava que falassem com eles com "uma paixão desbotada",

---

96 B. SELLIN, *La solitude du déserteur*, op. cit., p. 181.

isto é, tomando emprestada uma enunciação semelhante à sua? Fazer de conta que é objeto autístico implica não se ocupar demais com eles, mas possibilitar que se façam ouvir, o que é uma condição favorável para que encontrem um apoio próprio para animar a sua dinâmica subjetiva.

Quando um clínico apresenta um recuo suficiente e uma longa experiência do devir dos sujeitos autistas, ele constata – com Asperger – que "o essencial permanece invariável",[97] juntando a isso a opinião dos autistas de alto funcionamento que afirmam que "o autismo é uma maneira de ser". "Não é possível", sublinha Jim Sinclair, "separar a pessoa do autismo". Ele se insurge contra a expressão, que alguns hoje em dia acham politicamente correta, "pessoa com autismo" – fazendo do autismo uma deficiência ou uma doença. "O autismo", escreve ele, "não é um apêndice". Trata-se totalmente de outra coisa: de um modo de funcionamento específico do sujeito que constitui uma potencialidade do humano. "O autismo", insiste Sinclair, "não é algo que uma pessoa tem, ou uma 'concha' na qual uma pessoa está fechada. Não há criança normal escondida por trás do autismo. O autismo é uma maneira de ser. Ele é invasivo; ele atinge toda experiência, toda sensação, percepção, pensamento, emoção, todo aspecto da vida. Não é possível separar o autismo da pessoa... e, se isso fosse possível, a pessoa que sobraria não seria a mesma pessoa do início".[98]

---

97 H. ASPERGER, *Les psychopathes autistiques pendant l'enfance*, op. cit., p. 106.
98 J. SINCLAIR, "Don't mourn for us. Autism Network International", *Our voice. Newsletter of Autism Network International*, 1993, 1, 3 ou <www.autreat.com/dont_mourn.html>.

6. A aprendizagem não basta

A que conclusões chega, hoje em dia, uma revista bem documentada da literatura científica internacional no que concerne às "intervenções educativas, pedagógicas e terapêuticas propostas no autismo"?[1] Constata-se, primeiramente, uma extrema diversidade e uma grande heterogeneidade dos métodos empregados. Em seguida, uma predominância dos métodos que visam melhorar o comportamento social e as capacidades cognitivas em abordagens que têm como objetivo modificar o funcionamento subjetivo e atenuar a angústia. Os métodos de aprendizagem são, hoje em dia, mais bem considerados que as abordagens psicodinâmicas. Para uma criança autista no início do século XXI, é alta a probabilidade de imporem o método ABA ou o método TEACCH. Em contrapartida, é raro proporem uma psicoterapia ou um trabalho em uma instituição orientada pela psicanálise.

---

1   A. BAGHDADLI, M. NOYER e C. AUSSILOUX, *Interventions éducatives, pédagogiques et thérapeutiques dans l'autisme*. Ministério da Saúde e das Solidariedades, Direção geral da ação social. Paris, 2007.

A apreciação da eficácia dessas últimas não se presta a "ensaios comparativos randomizados", crivo metodológico imposto pelo discurso da ciência a toda e qualquer avaliação de um trabalho clínico. Disso resulta que as monografias clínicas privilegiadas pelos psicanalistas para validar as suas práticas tornam-se informações negligenciáveis. A metodologia define *a priori* o que, da clínica, pode entrar nos seus enquadres – e azar do que aí não pode encontrar lugar. Ainda seria preciso estabelecer que a redução epistemológica assim produzida não deixa escapar dados essenciais. A demonstração, porém, não é feita. Conforme a própria opinião dos autores dessa revista da literatura mundial – A. Baghdadli, M. Noyer e C. Aussiloux –, nenhuma abordagem terapêutica chega a obter consenso. Com isso, adotam como conclusão a opinião de um grupo de especialistas espanhóis dirigido pelo Prof. Fuentes-Biggi, segundo o qual não se pode "atualmente propor algoritmo terapêutico simples" e "as recomendações de boa prática repousam apenas em um nível de prova muito limitado"[2].

Isso não teria como constituir obstáculo à opinião segundo a qual a prioridade seria propor aos autistas estratégias educativas avaliáveis. Esse postulado vem acompanhado, por via de regra, de uma referência não questionada ao homem normal que seria a consumação do processo educativo. Consequências imediatas decorrem disso, as quais se assemelham bastante com a própria evidência: parece necessário se opor às ditas "obsessões" do sujeito autista, bem como cumpriria privá-lo, tão logo possível, do seu objeto autístico. Porém, as monografias clínicas e os relatos autobiográficos excluídos da literatura científica internacional

---

2 J. FUENTES-BIGGI e col., "Ministerio de Sanidad y Consumo, España. Guía de buena práctica para el tratamiento de los transtornos del espectro autista", *Revista de neurología*, 2006, 43 (7), pp. 425-38.

sobre o autismo apontam muito frequentemente o engodo dessa suposição – fortalecida, é verdade, por muitos psicanalistas quando consideram o autismo um funcionamento arcaico, e não uma posição subjetiva específica.

Os pais de Derek Paravicini,[3] em particular sua "Nanny", fizeram desde a sua pequena infância tudo o que a maioria dos especialistas desaconselha, favorecendo as suas "obsessões" pela música e o seu apego a um objeto autístico – no caso, um "órgão elétrico". Entretanto, "na medida em que suas capacidades musicais ganharam amplitude", constataram eles, "o laço entre elas e o seu desenvolvimento intelectual e social tornou-se cada vez mais marcado".[4] Todas as suas aquisições passaram por sua ilha de competência, até permitir que ele, na idade adulta, não só se apresente em concertos – sozinho ou com orquestra –, mas também adquira sentimento o suficiente de si mesmo, a ponto de afirmar sua vontade, de maneira apropriada, na conversação com um estranho.[5] A autonomia social de Tammet na idade adulta é mais marcada ainda do que a de Paravicini. Ora, ele também teve pais que "toleravam" a sua "obsessão".[6] Da mesma forma, Williams e Grandin puderam se consagrar às suas "obsessões" e cultivar o apego aos seus objetos autísticos. Pode-se, então, legitimamente se perguntar se o fato de terem escapado à custódia de especialistas do autismo não foi, para elas, uma sorte.

---

3   Derek Paravicini (1979-) é um autista-prodígio que vive em Londres. Cego, Derek tem ouvido absoluto e é conhecido, sobretudo, por suas habilidades musicais. Cf. <www.derekparavicini.net>. [N. T.]
4   A. OCKELFORD, *In the key of genius. The extraordinary life of Derek Paravicini*. Londres: Hutchinson, 2007, p. 214.
5   Ibid., p. 242.
6   D. TAMMET, *Je suis né un jour bleu, op. cit.*, p. 60.

Sabe-se que Kanner não estava longe de se fazer a mesma pergunta, ao considerar o devir das onze crianças do seu primeiro artigo, 27 anos depois da sua publicação. Duas delas tinham chegado a escapar das casas de cuidados e a se integrar socialmente. Ora, é manifesto que uma educação permissiva e o cultivo das suas "obsessões" tinham ajudado muito. Donald, por exemplo, foi posto por seus pais em uma chácara a umas dez milhas de distância da casa deles, quando fez nove anos de idade. Uma assistente social que veio visitá-lo três anos depois ficou "surpresa com a sabedoria" do casal que dele se ocupava. Bem longe de tê-lo "enquadrado" com aprendizagens sistematizadas, tinham tido sucesso em

> *dar finalidades às estereotipias. Fizeram com que ele utilizasse a sua preocupação com medidas dando um poço para ele cavar, do qual ele mediria a profundidade. Quando começou a colecionar pássaros mortos e insetos, deram-lhe um lugar para fazer um 'cemitério' e lhe fizeram colocar lápides – em cada uma delas ele escrevia um primeiro nome, a espécie do animal como nome do meio e, por último, o sobrenome do fazendeiro, como por exemplo: 'Jean – caracol – Lewis. Nascido em, data desconhecida, morto (data na qual ele encontrou o animal)'. Quando se pôs a contar infinitamente as fileiras de milho, fizeram com que ele as contasse enquanto as estivesse arando. Durante a minha visita, arou seis longas fileiras; era admirável ver como ele manobrava o cavalo e a charrua, e fazia o cavalo virar. Era evidente que o Sr. e a Sra. Lewis gostavam muito dele, e era também evidente que eram gentilmente firmes com ele. Frequentava uma escola rural onde as suas particulari-*

dades eram aceitas e onde progrediu bastante no plano escolar".[7]

Com 36 anos, Donald trabalhava como caixa em um banco, jogava golfe, tinha um carro etc. Quanto a Frederick, com 34 anos estava empregado em um escritório, fazendo um trabalho rotineiro que consistia em operar copiadoras. Porém, segundo Kanner, ele tinha sido beneficiado com uma melhora das suas condições de vida, similar à de Donald, em escolas Devereux.[8] Frederick tinha sido "integrado aos poucos com objetivos de socialização pelo viés das suas aptidões para a música e para a fotografia".[9]

O devir das outras nove crianças observadas por Kanner em 1943 foi bastante menos favorável. "Não se pode impedir", escreve ele em seguida a essa constatação, "de ficar com a impressão de que a admissão no Hospital do Estado foi equivalente a uma condenação da vida: com o desaparecimento dos estupendos fatos de memória automática; o abandono do anterior combate patológico, mas ativo, para manter a imutabilidade; a perda do interesse pelos objetos, acrescida da pobreza fundamental da relação com o outro – em outros termos, com um recuo total em direção ao quase-nada".[10] Um saber essencial sobre a terapêutica do autismo está aí, ao alcance das mãos. Kanner nota que a imutabilidade e o interesse pelos objetos testemunham atividades psíquicas preciosas e que a supressão delas conduz os sujeitos ao quase-nada. Ao contrário, Donald e Frederick evidenciam o proveito que um autista pode

---

7 L. KANNER, "Étude de l'évolution de onze enfants autistes initialement rapportée em 1943", *op. cit.*, pp. 119-45. Tradução francesa em *La psychiatrie de l'enfant*, *op. cit.*, p. 425.
8 Cf. <www.devereux.org>. [N. T.]
9 Ibid., p. 458.
10 Ibid., p. 459.

tirar das suas "obsessões" e das suas ilhas de competência. Porém, esse saber contido no estudo do funcionamento dos autistas é encoberto de sedimentos superpostos por estudos do desenvolvimento, centrados na ideologia do homem normal, que supostamente não tem nem apegos excessivos a objetos nem comportamento de imutabilidade. Porém, o que é ainda pior, abordagens biológicas vêm sugerir que essas crianças estão comprometidas demais para que as suas estranhezas mereçam atenção e possam ter uma função. Os especialistas não estão predispostos a admitir que "doentes" possam ter um saber digno de interesse a respeito dos seus transtornos. Birger Sellin teve a cruel experiência disso: uma vez que o seu testemunho não concordava com os saberes dominantes sobre o autismo, uma campanha publicitária procurou colocar em questão a autenticidade dos seus escritos. Uma das razões da obstinação de alguns contra a utilização da comunicação facilitada com os autistas[11] bebe da mesma fonte: o discurso da ciência não se dá bem com a singularidade do sujeito, de modo que ele ambiciona sempre fazer com que ela se cale.

De fato, os maiores êxitos no funcionamento social de sujeitos autistas não foram obtidos pela aplicação de técnicas de aprendizagem nem por tratamentos pautados em etapas de desenvolvimento, mas pela via de procedimentos singulares, de grande diversidade,

---

11 Muitos estudos concluem por uma ineficácia da comunicação facilitada, em razão da evidenciação de uma dependência que o sujeito tem do facilitador. Elas se limitam a uma abordagem pasteurizada da situação. Desconhecem a estrutura do sujeito autista, que se caracteriza por localizar o gozo em uma borda, vivida como duplo, encarnada pelo facilitador. Em si mesmo, esse método certamente não teria como constituir uma terapêutica do autismo, mas pode favorecer a instauração de uma relação transferencial. Em todo caso, é nocivo privar do recurso ao computador quando o sujeito o adota: mesmo os estudos sobre a aprendizagem assistida por computador convergem para constatar, no mínimo, efeitos benéficos sobre as aquisições.

cuja progressão não foi bloqueada pelo saber dos cuidadores a respeito do autismo.

Só restam os psicanalistas para captarem que a melhor ajuda que possa ser dada ao sujeito autista não é a dos técnicos do psiquismo, mas a dos educadores ou dos terapeutas capazes de apagar os seus *a priori* para dar lugar às invenções do outro. Nesse aspecto, a ludoterapia de inspiração rogeriana, conduzida por Virginia Axline com Dibs, pode ser dada como exemplo. Ela não aborda o tratamento sabendo, de antemão, o percurso que o seu paciente teria devido efetuar; muito pelo contrário, esforça-se para não lhe dizer nada que tenha podido indicar um desejo da sua parte em vê-lo fazendo algo de particular. Contentava-se em se comunicar com ele, sem tentar penetrar à força no seu mundo interior, mas procurando compreender a especificidade do seu sistema de referências. "Desejava", escreve ela, "que fosse ele quem abrisse os caminhos. Deveria segui-lo". Ela tinha o cuidado de que ele não tivesse a sensação de ter a obrigação de ler os pensamentos da sua terapeuta para lhe propor uma solução já previamente concebida para ele. Tinha a audácia de pensar que toda "mudança significativa" tinha de vir dele mesmo.[12] A aplicação desse método a conduziu a um dos êxitos mais fulgurantes em matéria de terapia de um sujeito autista. Porém, esse testemunho extraordinário, mundialmente conhecido nos anos 1960, não entra mais no quadro metodológico do discurso científico. Ele, no entanto, gozou de excepcionais condições, visto que todas as sessões foram integralmente gravadas. O importante é o seguinte: a análise da literatura mundial sobre o autismo evocada acima não conhece a sua existência. A experiência de Axline – é o que nos sugerem com isso – deve, a partir de então, ser considerada como se nada fosse.

---

12 V. AXLINE, *Dibs: em busca de si mesmo*, op. cit., pp. 57 e 60.

A sua sina ainda é invejável se comparada à rebentação de críticas póstumas endereçadas a um dos seus contemporâneos que compartilhava do seu cuidado em aprender com os autistas e que testemunhou, pouco depois dela, resultados terapêuticos ainda mais notáveis. Ao criar o primeiro lugar especialmente concebido para eles, preconizando o acompanhamento em um percurso não traçado de antemão, e não se embaraçando com preconceitos a respeito das "obsessões" e dos objetos autísticos, Bruno Bettelheim possibilitou a estabilização e a socialização de vários sujeitos que passaram pela Escola Ortogênica de Chicago. Joey pôde ser testemunha. Assim como Stephen Eliot. Decerto este último, hoje em dia banqueiro de investimento, com formação em Yale e Columbia, não era autista; ele apresentava, não obstante, transtornos mentais severos. Ele não pinta um retrato idílico de Bettelheim – autoritário, às vezes violento, um pouco cheio de si –, mas se mostra indulgente para com as suas fraquezas, pois ele havia construído uma escola cujas estruturas tinham sido pensadas em função das crianças,[13] e porque ele afirmava que, "para compreender uma criança, era preciso ver o mundo do ponto de vista dela".[14] Uma mãe de uma criança autista adotava exatamente a posição inversa, enaltecendo na internet um método de aprendizagem que, enfim, lhe permitia "controlar" o seu filho. Tudo indica, entretanto, que esse "controle" é um dos maiores obstáculos que o sujeito encontrará para se autonomizar. Eliot sabe do que está falando quando aponta que a marca dos grandes educadores – aqueles que ele encontrou na Escola Ortogênica – era a de serem "capazes de ver [neles] pessoas integrais",[15] o que implica atribuir a eles um saber e dar confiança para as suas invenções.

---

13 S. ELIOT (2001), *La métamorphose. Mes treize années chez Bruno Bettelheim*. Paris: Bayard, 2002, p. 250.
14 Ibid., p. 53.
15 Ibid., p. 268.

Quando um tratamento é conduzido sem *a priori* sobre a função dos objetos, confiando nas construções do sujeito autista, o clínico constata que este último é levado a operar espontaneamente uma alocação pacificadora do gozo em objetos, e que se trata de uma condição favorável à instauração de um laço transferencial. No tratamento de Martha, Philippe Lacadée escolheu orientar as suas intervenções por um álbum de fotos do qual o sujeito não desgrudava.

> *Graças ao fato de termos nos pautado pelo álbum, Martha pôde se servir das suas fotos para fazer perguntas: "Por que essas fotos estão me olhando?", "Por que essas fotos me querem?", chegando até mesmo a nos dizer que "A criança cai no olhar". Esse objeto foto que constitui borda ao seu gozo lhe permite alojar o olhar do Outro, esse desejo do Outro do qual ela se defende em se resguardando do olhar. [...] Apoiando-se nessas fotos, ela começa a interrogar o Outro a respeito disso que "a agita no seu corpo". A lógica paradoxal da sua posição autista faz com que ela negativize o gozo, alojando-o no objeto extracorpo (a foto) [...] Tem-se aí um retorno do gozo não no corpo, mas na foto como borda.*[16]

Um outro tratamento, conduzido por M. Perrin com Charlie, leva a constatações semelhantes:

> *muito rápido, ele desloca o seu trabalho defensivo e não se vale mais do corpo do clínico no cerne de um circuito*

---

16 P. LACADÉE, "Le dit autiste et la psychanalyse appliquée", *La cause freudienne*, 54. Paris: Navarin, 2003, p. 147.

> *para se sintonizar. Primeiramente, [...] ele se sintoniza com o movimento circular do redemoinho d'água no lavabo, depois, ao longo de meses e anos, os seus objetos vão ficando mais complexos – do helicóptero, nas sessões, ao boneco –, até à irrupção criadora da máquina de lavar.*[17]

Essa evolução é acompanhada por um apaziguamento das condutas de automutilação e pela instauração de um laço com o Outro. Os dizeres de Charlie atestam que ele se valeu do helicóptero para tratar o gozo escópico; depois, da máquina de lavar para regular, ademais, o gozo anal. Quando se testemunham construções do sujeito autista, é manifesto – como sublinha M. Perrin – que isso permite operar um tratamento do gozo pulsional. Ela acrescenta que, por esse intermédio, o sujeito autista pode chegar a criar um laço social:

> *é pela colocação em movimento e pelo acompanhamento de um trabalho com o objeto que se delineiam as modalidades da posição do clínico, e isso para além do duplo, isto é, vamos supor, um duplo como canal do tratamento do gozo e como canal em direção ao Outro de suplência.*[18]

O trabalho com os objetos mostra-se, mais uma vez, no primeiro plano no tratamento de Violette: ela só se engaja porque a

---

17 M. PERRIN, "Contruction d'une dynamique autistique. De l'autogire à la machine à laver". In: J.-C. MALEVAL (Org.), *L'autisme, son Double et ses objets*. Presses universitaires de Rennes, 2009, p. 98.
18 Ibid., p. 99.

clínica aceita ceder a ela temporariamente o seu calçado, ao passo que diversos objetos (violetas, boneca, cassete, brinquedo, fotos) escandem o progresso do tratamento para constituir, segundo I. Fauvel, "o lugar em que, feito uma onda, o gozo rebenta para se tornar uma costa onde o mundo se ordena".[19]

Os métodos de aprendizagem não têm uma confiança prévia no sujeito autista. Eles não partem das invenções do sujeito: consideram que se trata, antes de mais nada, de lhe transmitir um saber do qual ele é desprovido. Suas "obsessões" e suas invenções são apreendidas, então, como parasitas que obstaculizam a tarefa. Uma vez que a sua função de proteção contra a angústia é desconhecida, algumas dessas técnicas empregadas tornam-se violências feitas contra o sujeito. Na falta de serem ouvidos, muitos autistas acabam se resignando ao que lhes impõem; em contrapartida, quando dispõem dos meios de se expressar, insurgem-se contra isso. Assim, Williams não esconde a sua revolta na presença de certas técnicas educativas. Nos anos 1990, ela fez um estágio na Austrália, em uma casa especializada para crianças com dificuldade. Ali observou dois diligentes educadores em um trabalho com uma autista. Ela ficou perplexa com o desconhecimento deles com relação ao mundo interior da criança.

> *Eu passei mal de vê-los invadindo o espaço pessoal dela com o corpo, com a respiração, os cheiros, risos, movimentos e barulhos. Quase doidos, agitavam chocalhos e objetos diante dela como dois feiticeiros bastante diligentes, esperando exorcizar o autismo. Segundo eles, aparentemente, ela precisava de uma overdose de experiências*

---

19 I. FAUVEL, "La beauté bottée". In: J.-C. MALEVAL (Org.), *L'autiste, son double et ses objets*, op. cit., p. 209.

> *que a infinita sabedoria "do mundo" deles teria como garantir a ela. Se tivessem podido utilizar uma alavanca para forçar a abertura da sua alma e abarrotá-la "com o mundo", sem dúvida o teriam feito, sem sequer notar a morte da paciente deles na mesa de cirurgia. A menina gritava e se sacudia, tapando as orelhas com os braços para amortecer o barulho e envesgando para ocultar o bombardeio da detonação visual. Eu ficava observando essas pessoas, torcendo para que também elas conhecessem o inferno dos sentidos. Ficava observando a tortura de uma vítima que não podia se defender numa linguagem compreensível. [...] Esses cirurgiões operavam com ferramentas de jardinagem e sem anestesia.*[20]

Quer tenha se tratado de uma terapia de integração sensorial[21] ou de um programa comportamental de aprendizagem, em ambos os casos os materiais e o ambiente são determinados por adultos, que tomam a iniciativa das interações, desconsiderando a angústia ou os medos da criança. É o que preconizam os métodos de aprendizagem mais difundidos propostos aos autistas – em particular, a "análise aplicada do comportamento" (ABA),[22] que implementa as teorias de Skinner sobre o condicionamento operante. A fim de modificar um determinado comportamento, um estímulo é apresentado para a criança autista em sequências repetidas; a resposta,

---

20 D. WILLIAMS, *Quelqu'un, quelque part*, op. cit., pp. 38-9.
21 As terapias de integração sensorial supõem uma relação entre as experiências sensoriais e os desempenhos comportamentais e motores; melhorando as primeiras por estímulos específicos e repetidos, um efeito positivo é esperado nos segundos. É, contudo, muito bem sabido que os autistas têm dificuldades de *interpretação* dos estímulos, mas que os seus órgãos sensoriais estão intactos.
22 *Applied Behavior Analysis.*

observada; uma consequência é tirada disso para reforçá-la ou inibi-la. A generalização dessa estratégia dá um programa aplicado durante dois anos, 40 horas por semana, com crianças cujo consentimento não é buscado – embora se saiba que, para a maioria delas, as demandas são sentidas como sendo intrusivas e ameaçadoras.

Quando Sacks, nos anos 1990, visita nos Estados Unidos uma casa especializada na educação de autistas – sem dúvida orientada, também ela, por métodos inspirados na análise aplicada do comportamento –, constata que muitas crianças até aprenderam a funcionar mais ou menos, mas que ele não pode renunciar a um certo mal-estar.

> *É certo que muitos deles tinham aprendido a "operar" a partir de um modo, a mostrar pelo menos um reconhecimento formal e externo das convenções sociais – e, contudo, a própria formalidade ou exterioridade de seus comportamentos era, em si, desconcertante. Senti isso especialmente em uma escola que visitei, onde as crianças esticavam as mãos duras e diziam com uma voz alta e não modulada: "Bom dia meu nome é Peter... estou muito bem obrigado como vai você", sem qualquer pontuação ou entonação, sentimento ou tom, numa espécie de ladainha. Será que alguma delas, perguntei-me, conseguirá alcançar algum dia uma verdadeira autonomia?*[23]

Não basta, com efeito, fazer com que eles adquiram conhecimentos, ao que se prestam suas boas capacidades de memorização; ainda é preciso dar a eles a possibilidade de integrá-los. É

---

23 O. SACKS, *Um antropólogo em Marte*, op. cit., p. 260.

necessário sublinhar fortemente que uma aprendizagem autêntica se distingue de uma montagem: ela acrescenta à aquisição de um comportamento a assimilação, pelo sujeito, do seu sentido.

Em matéria de tratamento do autismo, a literatura científica geralmente preconiza, hoje em dia, o que F. Sauvagnat chama de "formas de planejamento de vida em longo prazo" (métodos TEACCH, PECS,[24] CAA[25] etc.) ou formas de tratamentos comportamentais muito prescritivos (método ABA). Esses últimos, segundo ele, tiraram proveito das campanhas de comunicação em massa – análogas às promoções de produtos farmacêuticos –, bem como do "baixo nível de exigência ética em matéria de cuidados existente nos EUA". Todavia, acrescenta ele, pôde-se discernir recentemente, no campo cultural norte-americano,

> *algumas reviravoltas, tanto graças aos clínicos e aos pais – tendo sabido fazer valer que condicionamentos forçados não davam automaticamente os resultados previstos (lembremos que a eficácia desses métodos ainda não é comprovada, contrariamente ao que é afirmado por certos autores) – quanto a alunos críticos de Lovaas, que promoveram procedimentos menos brutais e sobretudo mais abertos, aproximando-se, de fato, das ludoterapias.*[26]

---

24 Sistema de comunicação por troca de figuras.
25 Comunicação Ampliada e Alternativa.
26 F. SAUVAGNAT, "La question de l'automaticité dans l'autisme et les psychoses infantiles au regard de la situation actuelle". In: J.-L. BONNAT (Org.) *Autisme et psychose. Machine autistique et delire machinique*. Presses universitaires de Rennes, 2008, p. 10.

Nem a capacidade de escolha nem a autonomia se ensinam verdadeiramente – e, sobretudo, não pelo condicionamento. Ganhos nesses domínios não podem ser obtidos com um sujeito autista, a não ser em certas condições, e uma delas é respeitar o apoio que ele tem de tirar do duplo para se apropriar de um saber – mas que lhe permite encontrar "um duplo não desejante, portador de vacuidade".[27]

A rica experiência coletada em instituições cujos métodos bebem da fonte da abordagem psicanalítica incita claramente a constatar que um sujeito autista,

> *vira e mexe, aprende melhor pela tangente do que quando é confrontado diretamente, e sem escapatória possível, à tarefa em questão. Mesmo se fica com um ar ausente, ele observa e aprende por intermédio de outras crianças e poderá, em seguida, reproduzir o que viu os outros fazendo.*[28]

Com isso, na Antenne 110 de Bruxelas, nas outras instituições da RI3,[29] bem como naquelas para as quais a descoberta freudiana

---

27 M. PERRIN, "Construction d'une dynamique autistique. De l'autogire à la machine à laver". In: J.-C. MALEVAL (Org.) *L'autiste, son double et ses objets*, op. cit., p. 100.
28 Antenne 110, "Un programme? Pas sans le sujet", *Préliminaires. Publication du champ freudien em Belgique*, 2006, 16, p. 22.
29 A RI3, *Réseau International d'Institutions Infantiles* [Rede Internacional de Instituições Infantis], é uma rede do Campo Freudiano, criada por Jacques-Alain Miller em 1992. Ela é atualmente constituída por três instituições membros – Antenne 110 (Bélgica), Courtil (Bélgica) e CTR de Nonette (França) – e por instituições associadas: Podensac, Île Verte e Demi-Lune (França); Prétexte (Bélgica) e Hôpital de jour d'Aubervilliers. Essas instituições recebem crianças, adolescentes e jovens adultos psicóticos e autistas.

constitui uma orientação capital, o trabalho com o sujeito procura não aplicar a todos uma técnica predeterminada, mas inventar para cada um uma maneira de fazer.

> *Nós partimos da criança tal como ela é, afirmam nesses lugares, com as suas potencialidades e as suas incapacidades, mas também com o seu objeto privilegiado – o que pode ser uma vareta, um barbante, um circuito, Walt Disney etc. – e inventamos ferramentas, estratégias para estender, deslocar, generalizar esse centro de interesse privilegiado e conduzir progressivamente a criança rumo a um processo de aprendizagem. Por conta disso, a atenção e o interesse da criança são suscitados pelo trabalho demandado – que se torna, assim, motivante em si e fonte de satisfações.[30]*

Um exemplo clínico simples, relatando uma observação reiterada diversas vezes em lugares como esses, ilustra a experiência quotidiana:

> *Na sua chegada a Antenne, Hubert não estava pronto de jeito nenhum para integrar uma aprendizagem pedagógica: na classe de fonoaudiologia, não respondia às perguntas, não escutava as instruções, não revelava nada do que sabia. Ele sempre estava segurando uma vareta, objeto preferencial no qual dava incessantemente uma batida. Mais que conceder a esse comportamento o*

Elas se orientam pela obra de Freud e pelo ensino de Lacan.
30 Antenne 110, "Un programme? Pas sans le sujet", *op. cit.*, p. 27.

estatuto restrito de uma mera estereotipia disfuncional que tinha de ser eliminada logo de cara, fizemos a hipótese de que esse interesse pela vareta tinha uma função e a utilizamos, a partir de então, como ponto de partida de um trabalho individualizado. Foi o que permitiu a Hubert interessar-se, em seguida, pelo batente do sino da Igreja de Genval, depois pelos dois ponteiros do relógio dessa mesma igreja, o que atiçou a vontade de aprender a ver as horas e, para tanto, aprender os números com a fonoaudióloga – primeiro de 1 a 12 (quadrante do relógio), depois de 13 a 24 (24 horas do dia), depois até 60 (60 minutos por hora) etc.

Com isso, as oficinas que, durante algumas semanas, tiveram como objetivo ir averiguar a igreja, o sino e o relógio permitiram traçar um caminho desde o objeto preferencial da criança até a aprendizagem dos números e, depois, das letras – e fizeram nascer nela, além disso, um gosto, uma motivação para a aprendizagem pedagógica.[31]

A aprendizagem consentida mobiliza uma dinâmica subjetiva que ou falta, ou vai de encontro ao trabalho na aprendizagem forçada. Decerto não se teria como duvidar que, por via de regra, as técnicas de aprendizagem forçada chegam a melhorar o QI[32] do sujeito e as suas capacidades cognitivas, e até mesmo certas competências sociais. Apesar da sua diversidade, todas mostram-se relativamente eficazes em suas características. Contudo, a questão capital colocada

---

31 Ibid., pp. 27-8.
32 O "quociente intelectual" (QI). Ele supostamente representa, com a ajuda de testes, uma medida da inteligência (para uma abordagem crítica dessa noção, cf. M. TORT, *Le quotient intellectuel*. Paris: Maspero, 1974).

pelos métodos puramente educativos de tratamento do autismo é bem a que Sacks levanta com a seguinte pergunta: qual o ganho em autonomia? É manifesto que este não é estritamente correlato à melhora cognitiva. Os que chegaram a dar um passo decisivo nesse sentido testemunham que a autonomia resulta de uma escolha que não se ensina. Ela só advém por meio de uma decisão maior que produz uma mutação subjetiva; e, para isso, é necessário que essa decisão não seja entravada pelo entorno. Convém não apenas que o sujeito autista aceite assumir o risco de abrir mão do seu controle do mundo, mas também é preciso que ele não seja confrontado a um Outro superprotetor que crie aí um obstáculo. Certos autistas de alto funcionamento fazem com que se saiba disso:

> *Os benefícios de recorrer aos auxílios escolares não são uma evidência, e, quanto mais cedo o seu filho puder abdicar deles, melhor. No plano social, eles dão o beijo da morte. Vejo como os pais não param de retornar à questão dos estudos. Porque ela é simples e previsível em comparação com a do desenvolvimento social.*[33]

À semelhança de tantos outros, Jerry constatou que as aquisições escolares não acompanham necessariamente um ganho em autonomia.

Este só advém de atos decisivos cuja responsabilidade o sujeito tem de assumir. Para Williams, o primeiro foi aceitar o risco de revelar seu mundo interior, publicando o seu primeiro livro. Ela testemunha que isso foi para ela uma provação que não sucedeu sem angústia. Grandin também não hesitou em assumir os riscos para

---

[33] J. NEWPORT, *Your life is not a label*. Arlington (Texas): Future Horizons, 2001, p. 161.

se abrir ao mundo e relata precisamente como a sua busca por autonomia foi escandida por escolhas concretizadas pelo atravessamento de portas simbólicas. Uma reviravolta na existência de Tammet se produziu da mesma forma quando tomou a decisão, "ao mesmo tempo assustadora e muito excitante", de ir para o exterior.

Daniel Tammet permaneceu muito dependente da sua família por bastante tempo, mas, quando completou dezoito anos, no final dos seus estudos secundários, teve a sensação de que devia fazer alguma coisa para fugir do seu quarto de criança. Ansiou então ir trabalhar em outro país, respondendo a um anúncio de recrutamento de pessoas interessadas em voluntariado. Falou sobre isso com seus pais. Eles duvidaram da pertinência do seu projeto, mas, em vez de considerá-lo um deficiente vulnerável demais, em vez de se precipitarem em dissuadi-lo, assumiram o risco de não desencorajar a sua iniciativa.[34] De um modo um pouco inesperado, Tammet chegou a passar pela seleção, tanto que foi alocado em Kaunas, Lituânia, para uma missão de um ano. Seus pais ficaram inquietos: o filho deles seria capaz de viver tanto tempo longe de casa? Mas Daniel tinha de fazer o que considerava "um grande passo adiante na [sua] vida". Ele ficou contente de ir ensinar inglês a estrangeiros. "Claro que me sentia ansioso com a viagem", escreve ele, "e com as possibilidades de sucesso na minha missão. Mas havia algo mais: entusiasmo, porque enfim eu estava tomando as rédeas da minha vida e do meu destino. Esse pensamento era de tirar o fôlego".[35]

Com quase vinte anos, não titubeou em dar um salto rumo ao desconhecido, rompeu com o seu mundo assegurado e assumiu o risco de bancar um ato cujas consequências não eram calculáveis. Apesar da sua "diferença", adaptou-se muitíssimo bem ao seu

---

34 D. TAMMET, *Nascido em um dia azul*, op. cit., p. 102.
35 Ibid., pp. 105-106; tradução modificada.

trabalho e à vida na Lituânia. Lá fez alguns amigos entre as mulheres que assistiam aos seus cursos. Encontrou-se em condições de tomar uma nova decisão capital, em ruptura com suas atitudes conformistas anteriores, por meio do que se confirmou uma modificação da sua posição subjetiva. Ousou telefonar para uma associação gay. "Aquele telefonema", escreve ele, "foi uma das maiores decisões da minha vida".[36] Esse foi o primeiro passo na via de uma aceitação da sua homossexualidade. Ele a assumiu um tempo depois do seu regresso à Inglaterra, vivendo com Neil, que conheceu na internet. Seus pais não se opuseram. Com isso, Tammet estima, e com razão, que o apoio da sua família foi "um grande motivo de qualquer sucesso que [ele] tenha tido na vida".[37] Convém, com efeito, sublinhar que esse foi um suporte esclarecido, aceitando que se corressem riscos, deixando um lugar para o não saber – em outros termos, capaz de apostar na responsabilidade do sujeito. Os pais de Tammet implementaram, assim, as condições que permitiam ao filho deles operar uma mutação subjetiva decisiva – rompendo com a segurança de um mundo rotineiro – e acessar, assim, uma das mais bem sucedidas estabilizações do autismo.

Mira Rothemberg também sabia que era preciso deixar Peter decidir "quando e como não ter medo", assim como pelo momento em que "ele devesse se separar [dela], da sua mãe e do seu lar". É com essa condição que esse sujeito – apresentando um quadro severo de autismo infantil – chegou, aos 28 anos, a trabalhar como entregador, vivendo em um abrigo para jovens adultos, tendo uma vida social, amigos, e estudando.[38]

---

36 Ibid., p. 113; tradução modificada.
37 Ibid., p. 183.
38 M. ROTHENBERG, *Des enfants au regard de pierre*, op. cit., p. 286.

Uma abordagem puramente educativa – repousando no saber do docente, sem dar lugar à subjetividade do autista, nem às suas escolhas – certamente melhora, por via de regra, o comportamento social, mas praticamente não permite que se obtenha uma capacidade de levar em conta a falta de garantia do Outro com que todo sujeito deve se arranjar para atingir certa autonomia e se sentir responsável pelos seus atos. Com isso, de encontro ao que afirma o relatório Baghdadli, não é verdade que haja um consenso a respeito da necessidade de intervenções construídas "a partir de objetivos hierarquizados e específicos que se baseiem numa avaliação funcional".[39] Contudo, tem cabimento dizer que se trata de uma opinião difundida. Uma mãe autista estava me relatando recentemente o quanto ela teve de lutar contra esse preconceito para que o filho atingisse a autonomia. Diversas vezes atentaram-na: ele desenhava bem demais para a sua idade e estava apaixonado demais por essa atividade. Ele havia, de fato, captado muito cedo nas revistas os princípios das histórias em quadrinhos. Na escola, os seus resultados eram desproporcionados; a maior parte do seu tempo era ocupada com leitura e desenho, em detrimento dos seus outros aprendizados escolares. Os especialistas empreenderam então uma alteração no rumo desse "método de isolamento", que não estava nem um pouco de acordo com os planos de desenvolvimento consignados nos livros científicos. Retiraram dele as suas canetinhas e as suas folhas. Ele desenhou nas paredes ou no papel higiênico. Foi preciso trocá-lo de estabelecimento. Teve, então, a chance de encontrar cuidadores mais atentos à sua subjetividade, que decidiram se valer da sua ilha de competência. Hoje em dia ele é autor de histórias em quadrinhos e vive independente.

---

39 A. BAGHDADLI, M. NOYER e C. AUSSILOUX, *Interventions éducatives, pédagogiques et thérapeutiques proposées dans l'autisme*, op. cit., p. 3.

Certamente os interesses ditos "obsessivos" tornam-se frequentemente invasivos, de modo que às vezes se mostra necessário regular a sua prática – limitando-a, por exemplo, a alguns lugares ou alguns horários. Convém, antes de mais nada, levá-las em conta e respeitá-las, ainda que isso deva passar pelo que Antonio Di Ciaccia chama de um "forçamento com brandura", para conter uma expansão demasiado repetitiva.

Por mais úteis e bem-intencionados que sejam, os métodos de aprendizagem encontram limites. Sua eficácia, constata o relatório Baghdadli, é geralmente limitada à aquisição de uma competência específica definida pela intervenção estudada, de modo que não implica uma mudança significativa do funcionamento da pessoa que se beneficia da intervenção.[40] Não há por onde duvidar dessa constatação. Porém, muitíssimos estudos se contentam em medir a melhora de traços de comportamentos e se satisfazem com resultados positivos obtidos, sem levar em conta o funcionamento global do sujeito. Eles praticamente não indagam os autistas a respeito do seu grau de satisfação no que concerne aos métodos a eles impostos. Não consideram suficientemente o devir dos sujeitos. A recusa metodológica dos estudos ditos científicos no que concerne à consideração de monografias clínicas e de biografias de autistas constitui evidentemente um obstáculo epistemológico. Eles se privam de um saber precioso: aquele que os próprios autistas possuem a respeito do seu funcionamento. "Olhando demais pela lente da onipotência científica", observa J. Berger com justeza, "os nossos espíritos repletos de certezas desaprendem o aleatório humano e a sua criatividade".[41]

---

40 A. BAGHDADLI, M. NOYER e C. AUSSILOUX, *Interventions éducatives, pédagogiques et thérapeutiques proposées dans l'autisme, op. cit.*, p. 261.
41 J. BERGER, *Sortir de l'autisme, op. cit.*, p. 31.

Os melhores métodos de aprendizagem, aqueles que anunciam a necessidade de levar em conta a singularidade, continuam sendo técnicas assistenciais impotentes em dar lugar à emergência da responsabilidade do sujeito. Apesar da boa vontade dos educadores, elas carregam em germe um obstáculo à ascensão do sujeito autista a um alto nível de funcionamento. É claro que esse objetivo não faz parte do "programa": "As pessoas que sofrem de autismo", escreve Peeters, partidário do método TEACCH, "precisam continuamente de serviços especializados durante toda a vida"!![42]

Certamente o dispositivo analítico estrito praticamente não convém às crianças autistas – são raras as que puderam nele investir e dele tirar algum proveito. Contudo, Lacan considerava que havia "certamente algo para dizer a elas", com a condição, precisa ele, de que delas se ocupem de modo adequado, para que elas possam escutar.[43] Assim, ele convidava o clínico a acatar as invenções do sujeito autista, mais do que lhe prescrever métodos formatados. Aqueles que se engajaram numa via como essa construíram as instituições RI3, que se consagram a implementar "um aparelho útil para criar uma atmosfera" a fim de permitir que as crianças autistas que apresentam patologias das mais pesadas vivam, oferecendo um "refúgio ao seu modo de gozo".[44] Em locais como o Centro Terapêutico e de Pesquisa de Nonette (Clermont-Ferrand), Antenne 110 (Bruxelas), Courtil (Leers, na Bélgica), uma continuidade do trabalho no tempo e no espaço lhes é assegurada, ao passo que lhes é dada a possibilidade de construir o seu mundo – sem recuar, por vezes, diante de um brando forçamento quando se mostra necessário moderar as condutas repetitivas perturbadoras.

---

42 T. PEETERS, *L'autisme. De la compréhension à l'intervention*, op. cit., p. 16.
43 J. LACAN, "Conférence à Genève sur 'Le symptôme' du 4 octobre 1975", *Bloc-notes de la psychanalyse*. Genebra, 1985, 5, p. 21.
44 A. DI CIACCIA, "La pratique à plusieurs", op. cit., p. 112.

Nessas condições, quando é preservada por parte da equipe a dimensão de um saber em suspenso, então se observa um progressivo apaziguamento de crianças que, no entanto, quando da sua entrada, "apresentam-se geralmente da maneira mais selvagem e mais desenfreada": elas correm para todos os lados, relata J.-P. Rouillon, dão o fora incessantemente, gritando, tirando a roupa, atirando os seus excrementos por todo canto. Elas se batem, batem nos outros. Na maioria das vezes, não falam de maneira articulada, mas proferem sons e fonemas de forma ecolálica, sem que um sentido possa se isolar disso. Por conta dessas condutas, elas dificultam radicalmente a vida do espaço institucional. A primeira sensação que invade as pessoas que se ocupam de crianças como essas, constata J.-P. Rouillon, "é a angústia, mas também a impotência. O que choca é bem esse aspecto de uma liberdade sem limite".[45] É grande a tentação, na presença desses sujeitos, de recorrer a métodos coercitivos a fim de sossegá-los. Com isso, para resistir a esse pendor, mostram-se indispensáveis locais de pesquisa, estruturados por uma teoria do sujeito que inclua uma ética, preconizando "a prática com vários". Atendo-se ao acompanhamento do autista nas suas construções, esses locais demonstram que – mesmo em condições particularmente difíceis, mesmo com crianças aparentemente muradas no mundo delas – é possível obter efeitos terapêuticos. Para isso, é o caso de levar a sério invenções, às vezes tanto ínfimas como preciosas, para obter um apaziguamento. Graças a isso certos autistas chegam a sair de um estatuto inicial de objeto, a desenvolver pseudópodos rumo ao Outro, às vezes até mesmo a criar um Outro de síntese.

Não é aos estudos randomizados que permitem uma avaliação científica impecável que convém perguntar, em primeiro lugar,

---

45 J.-P. ROUILLON, "De la psychose à l'autisme", *Feuillets du Courtil*, 2004, 22, p. 75.

como é que se faz para tratar o autismo: são os sujeitos concernidos que mais têm a nos ensinar. Eles possuem um saber precioso sobre eles próprios. Certos autistas de alto funcionamento são capazes e desejosos de nos ensinar o que seria "a melhor abordagem" para ajudá-los. Levemos a sério os conselhos dados por Jim Sinclair aos pais, totalmente pertinentes também para os educadores e os clínicos:

> *As nossas formas de travar relações são diferentes. Insistam nas coisas que a perspectiva de vocês considera normais e vocês vão encontrar a frustração, a decepção, o ressentimento – talvez, até mesmo, a raiva e o ódio. Aproximem-se com respeito, sem preconceitos, e dispostos a aprender coisas novas, daí encontrarão um mundo que jamais teriam podido imaginar.*[46]

A esse respeito, Donna Williams não tergiversa: "A melhor abordagem", escreve ela, seria "aquela que não sacrificaria a individualidade e a liberdade da criança pela ideia que os pais, os professores, bem como os orientadores fazem da respeitabilidade e dos seus próprios valores".[47] Vamos concordar que ela sabe do que está falando e levemos a sério essa indicação.

Quando ela é seguida, quando o sujeito autista é posto em condições em que as suas invenções e as suas ilhas de competência são valorizadas – e não tidas como obstáculos ao seu desenvolvimento –, quando a escolha dos seus duplos e dos seus objetos é

---

46 J. SINCLAIR, "Don't mourn for us. Autism Network International", *Our voice. Newsletter of Autism Network International*, 1993, 1, 3 ou <www.autreat.com/dont_mourn.html>.
47 D. WILLIAMS, *Si on me touche, je n'existe plus, op. cit.*, p. 290.

respeitada, mostra-se possível, para ela, não sair do autismo, mas sim do seu mundo imutável e assegurado, o que lhe abre um acesso à vida social. Só então pode suceder uma mudança que faça do autista um sujeito responsável e que assume o seu devir.

Bibliografia

AMEISEN, J.-C.; KORDON, C et al., "Problèmes éthiques posés par les démarches de prédiction fondées sur la détection de troubles précoces du comportement chez l'enfant", Comité consultatif national d'éthique pour les sciences de l avie et de la santé, avis n. 095, 7 mars 2007. Disponível em: <www.ccne-ethique.fr/avis.php>.

AMERICAN PSYCHIATRIC ASSOCIATION, *DSM-IV: Manuel diagnostique et statistique des troubles mentaux*. Paris: Masson, 1996.

ANSERMET, F; LEFORT, R; LEFORT; R., "Entretien sur l'autisme. XXe Journée du CEREDA, 11 janvier 1997", *Bulletin du Groupe petite enfance*, 1997.

ASPERGER, H., "Die 'Autistischen Psychopathen' im Kindesalter", *Archiv für Psychiatrie und Nervenkrankheiten*, 1944, 117, pp. 76-136. Tradução inglesa em FRITH, U., *Autism and Asperger Syndrome*. Cambridge: Cambridge University Press, 1991.

ASPERGER, H. (1944) *Les psychopathes autistiques pendant l'enfance*. Le Plessis-Robinson: Synthélabo, col. "Les empêcheurs de tourner en rond", 1998.

ATWOOD, T. (1999) *Le syndrome d'Asperger et l'autisme de haut niveau*. Paris: Dunot, 2003.

AXLINE, V. (1964) *Dibs: Em busca de si mesmo*, 7. ed. Traduzido por C. S. Linhares. São Paulo: Círculo do Livro, 1982

BAGHDADLI, A; NOYER, M.; AUSSILOUX, C., *Interventions éducatives, pédagogiques et thérapeutiques proposées dans l'autisme*. Ministère de la Santé et des Solidarités, Direction générale de l'action sociale. Paris, 2007.

BAIO, V. "Sante de Sanctis et la dementia praecocissima", *Quarto*, 1983, IX, pp. 50-53.

BARON-COHEN, S.; LESLIE, A. M.; FRITH, U., "Does the autistic child have a 'theory of mind'?", *Cognition*, 1985, 21, pp. 103-128.

BARRON, J.; BARRON, S. (1992) *Moi, l'enfant autiste*. Paris: Plon, 1993.

BENDER, L.; BRADLEY, C; BRUCH, H.; COTTINGTON, F; DESPERT, J.-L.; RAPOPORT, J., "Schizophrenia in childhood, a symposium", *Nervous Child*, 1942, 1, 2-3.

BERCHERIE, P., "La Clinique psychiatrique de l'enfant. Étude historique", *Ornicar? Bulletin périodique du champ freudien*, 1983, 26-27, pp. 100-113.

BERGER, J. *Sortir de l'autisme*. Paris: Buchet-Chastel, 2007.

BERQUEZ, G. *L'autisme infantile*. Paris: PUF, 1983.

BETTELHEIM, B. (1967) *A fortaleza vazia*. Traduzido por Livraria Martins Fontes Ed.; Revisado por M. E. H. Cavalheiro. São Paulo: Martins Fontes, 1987.

BICKLEN, D., "Questions and answers about facilitated communications", *Facilitated Communications Digest*, 1993, 2(1).

BLEULER, E. (1911) *Dementia praecox ou groupe des schizophrénies*. Paris: EPEL, 1993.

BONNAT, J.-L. (Org.) *Autisme et psychose. Machine autistique et délire machinique. Clinique différentielle des psychoses*. Rennes: Presses Universitaires de Rennes, 2008.

BOUISSAC, J. *Journal d'un adolescente autiste. Qui j'aurai été...* Colmar: Les Éditions d'Alsace, 2002.

BOYSSON-BARDIES, B., *Comment la parole vient aux enfants*. Paris: Odile Jacob, 1996.

BRAUNER, A; BRAUNER, F., *Vivre avec un enfant autistique*. Paris: PUF, 1978.

BRIERRE DE BOISMONT, A.-J.-F., *Recherches sur l'aliénation mentale des enfants*. Académie de médecine, 7 de junho de 1858.

BRILL, A. A. "Psychotic children: treatment and prophylaxis", *American Journal of Psychiatry*, 1926, 82, pp. 357-364.

CALLIGARIS, C. *Introdução a uma clínica diferencial das psicoses*. Porto Alegre: Artes Médicas, 1989.

COPELAND, J., *For the love of Ann*. Londres: Arrow, 1973.

DAMASIO, A. R. (1994) *O erro de Descartes: emoção, razão e o cérebro humano*, 3. ed. Traduzido por D. Vicente; G. Segurado. São Paulo: Companhia das Letras, 2012.

DANON-BOILEAU, L. *La parole est un jeu d'enfant fragile*. Paris: Odile Jacob, 2007.

DELEAU, M. *Approches comparatives en psychologie du développement*. Paris: PUF, 1994.

DE SANCTIS, S. *Neuropsichiatria infantile. Patologia e diagnostica*. Roma: Stock, 1924.

DI CIACCIA, A. "La pratique à plusieurs". *La cause freudienne*, 61. Paris: Navarin, 2005.

DOWN, J. L. *On some mental affections of childhood and youth*. Londres: Churchill, 1887.

EHLERS, S.; GILLBERG, C. "The epidemiology of Asperger syndrome. A total population study". *Journal of child psychology and psychiatry*, 34, 8; pp. 1327-50, 1993.

EISENBERG, L. "The autistic child in adolescence", *American Journal of Psychiatry*, 1956, 112, 607.

ELIOT, S. (2001) *La metamorphose. Mes treize années chez Bruno Bettelheim*. Paris: Bayard, 2002.

EY, H. *Traité des hallucinations*. Paris: Masson, 1973.

FAUVEL, I. "La beauté bottée". In: MALEVAL, J.-C. (Org.) *L'autiste, son double et ses objets*. Rennes: Presses Universitaires de Rennes, 2009, pp. 197-210.

FERRARI, P. "Dépression maternelle et autism infantile". In: GOLSE, B.; DELION, P., *Autisme: état des lieux et horizons*. Ramonville-Saint-Agne: Érès, 2005.

FOLSTEIN, S.; RUTTER, M., "Infantile autism: a genetic study of 21 twin pairs", *Journal of Child Psychology and Psychiatry*, 1977, 18, pp. 291-321.

FOMBONNE, E. e TIDMARSH, L. "Epidemiologic data on Asperger disorder", *Child and adolescent psychiatric clinic of North America*, 12, 1; pp. 15-21, 2003.

FREUD, S. (1920) "Além do princípio do prazer". In: *Obras completas*, vol. 14. Traduzido por P. C. de Souza. São Paulo: Companhia das Letras, 2010, pp. 161-239.

FREUD, S. (1936) "Um distúrbio de memória na Acrópole". In: *Obras completas*, vol. 18. Traduzido por P. C. de Souza. São Paulo: Companhia das Letras, 2010, pp. 436-450.

FRITH, U., *Autism and Asperger Syndrome*. Cambridge: Cambridge University Press, 1991.

FRITH, U. (1989) *L'énigmeidge: Asperger Shology and Psychiatryyn pairs" 197-210. de l'autisme*. Paris: Odile Jacob, 1996.

FRITH, U. "Postface". In: TRÉHIN, G. *Urville*. Chatou: Carnot, 2004.

FUENTES-BIGGI, J. et al., "Ministerio de Sanidad y Consumo España. Guia de buena practica para el tratamento de los trastornos del espectro autista", *Revista de Neurología*, 2006, 43(7), pp. 425-438.

GELB, I. J. (1952). *Pour une théorie de l'écriture*. Paris: Flammarion, 1973.

GERVAIS, H. et al., "Abnormal cortical voice processing in autism", *Nature Neuroscience*, 2004, 7, 8, pp. 801-802.

GOLSE, B.; DELION, P., *Autisme: état des lieux et horizons*. Ramonville-Saint-Agne: Érès, 2005.

GOLSE, B.; LEBOVICI, S., "Quelques réflexions à propos de l'article de Jochen Stork et aussi à propos d'un livre et d'un reportage télévisé sur la communication facilitée", *Psychiatrie de l'enfant*, 1996, XXXIX, pp. 494-495.

GRANDIN, T. (1983). Uma menina estranha: autobiografia de uma autista. Traduzido por S. Flaksman. São Paulo: Cia. das Letras, 1999.

_____. (1995) *Penser en images*. Paris: O. Jacob, 1997.

GROSSKURTH, P., *Melanie Klein, son monde et son oeuvre*. Paris: PUF, 1989.

GUILLAS, G. "Que l'Autre soit", *Du changement dans l'autisme? Journée de l'ACF/VLB du 27 mars 1999*, pp. 197-199.

HAAG, G. et al., "Grille de repérage clinique des étapes évolutives de l'autisme infantile traité", *Psychiatrie de l'enfant*, XXXVIII, 2, 1995, pp. 495-527.

HAAG, G. (2005) "Réfléxions de psychothérapeutes de formation psychanalytique s'occupant de sujets avec autisme après les résultats d'une expérience sur les aires cérébrales concernées par le traitement de la voix humaine chez cinq adultes avec autisme". Disponível em: www.techniques-psychotherapiques.org/Documentation/Archives/Haag0105.html>.

HACKING, I. *Façonner les gens*, curso de 2001-2002 no Collège de France.

HÉBERT, F., *Rencontrer l'autiste et le psychotique*. Paris: Vuibert, 2006.

HEMSLEY, R. et al. (1978) "Le traitement des enfants autistes dans l'environement familial". In RUTTER, M.; SCHOPLER, E. (1978) *L'autisme. Une réévaluation du concept et des traitements*. Paris: PUF, 1991.

HOCHMANN, J. *Histoire de l'autisme*. Paris: Odile Jacob, 2009.

HOWE, M. J. A. *Fragments of genius. The strange feats of idiots savants*. Londres e Nova York: Routledge, 1989.

HULAK, F. (Org.) *Penseée psychotique et creation de systèmes*. Ramonville-Saint-Agne: Érès, 2003.

JAMAIN, S.; BETANCUR, C.; GIROS, B.; LEBOYER, M.; BOURGERON, T., "La génétique de l'autisme", *Médecine Sciences*, 2003, 19, 11, pp. 1082-1090.

JOLIFFE, T.; LANDSDOWN, R; ROBINSON, C., "Autism, a personal account", *Communication*, vol. 26, 3, citado por PEETERS, T., *L'autisme*. Paris: Dunod, 1996.

KANNER, L. (1943) "Os distúrbios autísticos do contato afetivo" [Trad., do francês, M. Seincman]. In ROCHA, P. S. (Org.) *Autismos*. São Paulo: Editora Escuta, 1997; pp. 111-170.

KANNER, L. "The conception of wholes and parts in early infantile autism", *American Journal of Psychiatry*, 1951, 108, pp. 23-26.

KANNER, L. (1946) "Le langage hors-propos et métaphorique dans l'autisme infantile précoce" [Trad. G. Druel-Salmane; F. Sauvagnat], *Psychologie clinique*. Paris: Harmattan, 2002, 14, pp. 200-212.

KANNER, L. (1971) "Étude de l'évolution de onze enfants autistes initialement rapportée en 1943", *La psychiatrie de l'enfant*, 1995, XXXVIII, 2, pp. 421-461.

KANNER, L.; EISENBERG, L. "Notes on the follow-up studies of autistic children", *Psychopathology of childhood*, 1955, pp. 227-239.

KANNER, L.; RODRIGUEZ, A.; ASHENDEN, B. "How far can autistic children in matters of social adaptation?", *Journal of autism and childhood schizophrenia*, 2, 1; pp. 9-33, 1972.

KLEIN, M. (1930) "A importância da formação de símbolos no desenvolvimento do ego". In: *Amor, culpa e reparação e outros trabalhos (1921-1945)*. Traduzido por A. Cardoso. Rio de Janeiro: Imago, 1996, pp. 249-264.

LACADÉE, P. "Le dit autiste et la psychanalyse appliquée", *La cause freudienne. Nouvelle revue de psychanalyse*, 2003, 54, pp. 144-148.

LACAN, J. (1953-54) *O seminário, livro 1: Os escritos técnicos de Freud*. Traduzido por B. Milan. Rio de Janeiro: Jorge Zahar, 1986.

LACAN, J. (1955-56) *O seminário, livro 3: As psicoses*. Traduzido por A. Menezes. Rio de Janeiro: Jorge Zahar, 1985.

LACAN, J. (1955-56) "De uma questão preliminar a todo tratamento possível da psicose". In: *Escritos*. Traduzido por V. Ribeiro. Rio de Janeiro: Jorge Zahar, 1998, pp. 537-590. LACAN, J. (1958). "Observação sobre o relatório de Daniel Lagache". In *Escritos*. Traduzido por V. Ribeiro. Rio de Janeiro: Jorge Zahar, 1998; pp. 653-91.

LACAN, J. (1958-59) *O seminário, livro 6: O desejo e sua interpretação*. Traduzido por C. Berliner. Rio de Janeiro: Jorge Zahar, 2016.

LACAN, J. (1962-63) *O seminário, livro 10: A angústia*. Traduzido por V. Ribeiro. Rio de Janeiro: Jorge Zahar, 2005.

LACAN, J. (1973) *O seminário, livro 11: Os quatro conceitos fundamentais da psicanálise*. Traduzido por M. D. Magno, 2. ed. Rio de Janeiro: Jorge Zahar, 1998.

LACAN, J. "Apresentação das *Memórias de um doente dos nervos*", In: *Outros escritos*. Traduzido por V. Ribeiro. Rio de Janeiro: Jorge Zahar, 2003, pp. 219-223.

LACAN, J. (1967-68) *Le séminaire, livre XV: L'acte psychanalytique*. [inédito]

LACAN, J. (1969) "O ato psicanalítico", In: *Outros escritos*. Traduzido por V. Ribeiro. Rio de Janeiro: Jorge Zahar, 2003, pp. 371-379.

LACAN, J. (1971) "Lituraterra". In: *Outros escritos*. Traduzido por V. Ribeiro. Rio de Janeiro: Jorge Zahar, 2003, pp. 15-25.

LACAN, J. (1973) *O seminário*, livro 20: *Mais, ainda*. Traduzido por M. D. Magno. Rio de Janeiro: Jorge Zahar, 1985

LACAN, J. (1973-74) *Le séminaire, livre XXI: Les non-dupes errent*. [inédito]

LACAN, J. (1975) "Conférence à Genève sur le symptôme". *Le bloc-notes de la Psychanalyse*, n. 5. Genebra, 1985.

LACAN, J. "Conférences nord-américaines", *Scilicet*. Paris: Seuil, 6/7, 1976.

LAURENT, E. "Discussion". In: *L'autisme et la psychanalyse*. Presses Universitaires du Mirail, 1992.

LAURENT, E. "Réflexions sur l'autisme". *Bulletin groupe petite enfance*, 1997.

LAURENT, E. "Autisme et psychose. Poursuite d'une dialogue avec Rosine et Robert Lefort", *La cause freudienne. Nouvelle revue de psychanalyse*, 2007, 66, pp. 105-118.

LAZNIK, M.-C. "La prosodie avec les bébés à risqué d'autisme: Clinique et recherche", In: TOUATI, B.; JOLY, F.; LAZNIK, M.-C., *Langage, voix et parole dans l'autisme*. Paris: PUF, 2007, pp. 196-197.

LEDGIN, N. *Diagnosing Jefferson*. Arlington (Texas): Future Horizons, 1998.

LEDGIN, N. (2002) *Asperger's and self-esteem. Insight and hope through famous role models*. Tradução francesa: *Ces autistes qui changent le monde*. Paris: Salvator, 2008.

LEFORT, R.; LEFORT, R. (1980) *Nascimento do Outro*. Traduzido por A. Jesuíno. Salvador: Ed. Fator Livraria, 1984.

LEFORT, R.; LEFORT, R. *Les structures de la psychose. L'enfant au loup et le Président*. Paris: Seuil, 1988.

LEFORT, R.; LEFORT, R. "Autisme et psychose. Deux signifiants: 'parti' et 'cassé'", In: *L'autisme et la psychanalyse*. Toulouse: Presses Universitaires du Mirail, 1992, pp. 235-248.

LEFORT, R.; LEFORT, R. "L'accès de l'enfant à la parole condition du lien social", *Bulletin du Groupe petite enfance*, 1997, 10, pp. 18-21.

LEFORT, R.; LEFORT, R. "O autismo, especificidade". In: *O sintoma charlatão*. Traduzido por A. Harari. Rio de Janeiro: Jorge Zahar, 1998, pp.220-226.

LEFORT, R.; LEFORT, R. "Sur l'autisme. Travaux et recherches en cours. Entretien avec F. Ansermet". In *L'enfant "prêt-à-poser"*. Paris: Agalma, 1998, p. 37.

LEFORT, R.; LEFORT, R. "L'autisme et le genie: Blaise Pascal", Liminaire des XXXes Journées de l'École de la Cause Freudienne. Paris: EURL Huysmans, 2001, pp. 55-79.

LEFORT, R.; LEFORT, R. *La distinction de l'autisme*. Paris: Seuil, 2003.

LEMAY, M. *L'autisme aujourd'hui*. Paris: O. Jacob, 2004.

LE PAULMIER, C.-S. *Des affections mentales chez les enfants et en particulier dans la manie*. Tese em medicina. Paris, 1856.

MAHLER, M. (1968) *Psychose infantile*. Paris: Payot, 1973.

MAIELLO, S. "Traumatisme prenatal", In: AIN, J. (Org.) *Survivances: de la destructivité à la créativité*. Ramonville-Saint-Agne: Érès, 1999, pp. 49-65.

MALEVAL, J.-C. "De l'autisme de Kanner au syndrome d'Asperger", *L'évolution psychiatrique*, 3, 63, 1998, pp. 293-309.

MALEVAL, J.-C. *La forclusion du Nom-du-Père. Le concept et sa clinique*. Paris: Seuil, 2000.

MALEVAL, J.-C. "De l'objet autistique à la machine. Les suppléances du signe". In: HULAK, F. (Org.) *Pensée psychotique et création de systèmes*. Ramonville-Saint-Agne: Érès, 2003, pp. 197-217.

MALEVAL, J.-C. "Limites et dangers des *DSM*", *L'évolution psychiatrique*, 2003, 68, pp. 39-61.

MALEVAL, J.-C. (Org.) *L'autiste, son double et ses objets*. Rennes: Presses Universitaires de Rennes, 2009.

MANHEIMER, M., *Les troubles mentaux de l'enfance*. Paris: Société d'éditions scientifiques, 1899.

MEDZIANIK, D. C. *My autobiography*. Nottingham: Child development research / University of Nottingham, 1986.

MELTZER, D. et al. (1975) *Explorations dans le monde de l'autisme*. Paris: Payot, 1980.

MILLER, G.; MILLER, D. "L'enfant machine", *Ornicar? Revue du champ freudien*, 1984, 31, pp. 52-56.

MILLER, G.; MILLER, D. "Clinique ironique", *La cause freudienne. Nouvelle revue de psychanalyse*. Navarin/Seuil, 1993, 23, pp. 7-13.

MORAR, T. *Ma victoire sur l'autisme*. Paris: O. Jacob, 2004.

MOTTRON, L. *L'autisme: une autre intelligence. Diagnostic, cognition et support des personnes autistes sans déficience intelectuelle*. Sprimont (Bélgica): Mardaga, 2004

NAZEER, K. *Laissez entrer les idiotes*. Paris: Oh Editions, 2006.

NEWPORT, J. *Your life is not a label*. Arlington (Texas): Future Horizons, 2001

NOBLE, D. (2006) *La musique de la vie. La biologie au-delà du génome*. Paris: Seuil, 2007.

OCKELFORD, A. *In the key of genius. The extraordinary life of Derek Paravicini*. Londres: Hutchinson, 2007.

PARK, C. C. (1967) *Histoire d'Elly. Le siège*. Paris: Calman-Lévy, 1972.

PEETERS, T. (1994) *L'autisme. De la comprehension à l'intervention*. Paris: Dunod, 1996.

PEIRCE, C. S. Écrits *sur le signe*. Paris: Seuil, 1978.

PERRIN, M. "Contruction d'une dynamique autistique. De l'autogire à la machine à laver". In: MALEVAL, J.-C. (Org.), *L'autisme, son Double et ses objets*. Rennes: Presses univesitaires de Rennes, 2009, pp. 69-100.

POTTER, H. W "Schizophrenia in children", *American journal of psychiatry*, 1933, 12, part 2, pp. 1253-69.

PREYER, W. *Die Seele des Kindes*. Leipzig: Grieben-Verlag, 1882. Tradução francesa: *L'âme de l'enfant. Observations sur le développment psychique des premières années*. Paris: Alcan, 1887.

REY-FLAUD, H. *L'enfant qui s'est arrêté au seuil du langage. Comprendre l'autisme*. Paris: Aubier-Flammarion, 2008.

RICKS, D. M. "Vocal comunication in pre-verbal normal and autistic children". In: O'CONNOR, N. (Org.) *Language, cognitive deficits and retardation*. Londres: Butterworths, 1975, pp. 75-85.

RICKS, D. M.; WING, L. "Language, communication and the use of symbols". In: WING, L. *Early childhood autism: clinical, educational and social aspects*. Oxford: Pergamon Press, 1976.

RIMLAND, B. *Infantile autism. The syndrome and its implications for a neural theory of behavior*. Englewood Cliffs: Prentice Hall, 1964.

ROTHENBERG, M. (1977) *Des enfants au regard de pierre*. Paris: Seuil, 1979

ROUILLON, J.-P. "De la psychose à l'autisme", *Feuillets du Courtil*, 2004, 22, pp. 73-85.

RUTTER, M.; SCHOPLER, E. (1978) *L'autisme. Une réévaluation du concept et du traitement*. Paris: PUF, 1991.

SACKS, O. (1985) *O homem que confundiu sua mulher com um chapéu*. Traduzido por L. T. Motta. São Paulo: Cia. das Letras, 1997.

SACKS, O. (1995) *Um antropólogo em marte*. Traduzido por B. Carvalho. São Paulo: Companhia das Letras, 1997.

SAUVAGNAT, F. "La question de l'automaticité dans l'autisme et les psychoses infantiles au regard de la situation actuelle". In: BONNAT, J.-L. (Org.) *Autisme et psychose. Machine autistique et delire machinique*. Rennes: Presses universitaires de Rennes, 2008, pp. 7-14.

SCHOPLER, E.; MESIBOV, G. *High functioning individuals with autism*. Nova York: Plenum Press, 1992.

SCHOPLER, E.; REICHLER, R.; LANSING, M. *Stratégie éducatives de l'autisme*. Paris: Masson, 2002.

SCHREBER, D. P. Schreber (1903) *Memórias de um doente dos nervos*. Traduzido por M. Carone. Rio de Janeiro: Edições Graal, 1984.

SÉGLAS, J. *Leçons cliniques (Salpêtrière 1887-1894)*. Paris: Asselin, 1895.

SÉGUIN, E. *Traitement moral des idiots*. Paris: J. Baillière, 1846.

SELLIN, B. (1993) *Une âme prisonnière*. Paris: Robert Laffont, 1994.

SELLIN, B. (1995) *La solitude du déserteur*. Paris: R. Laffont, 1998.

SINCLAIR, J. "Bridging the gaps: an inside-out view of autism". In: SCHOPLER, E.; MESIBOV, G. *High functioning individuals with autism*. Nova York: Plenum Press, 1992.

SINCLAIR, J. "Don't mourn for us. Autism Network International", *Our voice. Newsletter of Autism Network International*, 1993, 1, 3. Disponível em: <www.autreat.com/dont_mourn.html>.

SINCLAIR, J. "Medical research funding", *Our voice. Newsletter of Autism Network International*, 1995, 3, 1. Disponível em: <http://web.syr.edu/~jisincla/>.

STORK, J. "Remarques d'ordre psychanalytique sur les résultats de l'expérience d'écriture assistée", *Psychiatrie de l'enfant*, 1996, XXXIX, 2, pp. 471-492.

SUTTON, N. *Bettelheim*. Paris: Stock, 1995.

TAMMET, D. (2006) *Nascido em um dia azul*. Traduzido por I. Korytowski. Rio de Janeiro: Editora Intrínseca, 2007.

TORT, M. *Le quotient intellectuel*. Paris: Maspero, 1974

TOUATI, B.; JOLY, F.; LAZNIK, M.-C., *Langage, voix et parole dans l'autisme*. Paris: PUF, 2007.

TREFFERT, D. A. *Extraordinary people*. Londres: Black Swan, 1990.

TRÉHIN, G. *Urville*. Chatou: Carnot, 2004.

TUSTIN, F. (1972) *Autisme et psychose de l'enfant*. Paris: Seuil, 1977.

TUSTIN, F. (1981) *Les états autistiques chez l'enfant*. Paris: Seuil, 1986.

TUSTIN, F. (1990) *Autisme et protection*. Paris: Seuil, 1992.

VAN DER STRATEN, A. *Un enfant troublant*. Paris: L'Harmattan, 1994.

VAN KREVELEN, D. A. "Early infantile autism and autistic psychopathy", *Journal of autism and childhood schizophrenia*, 1971, 1, pp. 82-6.

VEXIAU, A.-M. *J'ai choisis ta main pour parler*. Paris: Robert Laffont, 1996.

VIDAL, J.-M. "*Theory of mind* ou *theory of love*? Un éclairage à partir des symptômes autistiques". In: DELEAU, M. *Approches comparatives en psychologie du développement*. Paris: PUF, 1994, pp. 143-51.

WATERHOUSE, L.; FEIN, D. "Perspective on social impairment". In: COHEN, D.; VOLKMAR, F. (Org.) *Handbook of autism and pervasive developmental disorders*. Hoboken (NJ): John Wiley and Sons, 1997, cap. 43, pp. 901-19.

WILLEY, L. H. *Pretending to be normal: living with Asperger's syndrome*. Londres / Nova York: Jessica Kingsley Publishers, 1999.

WILLIAMS, D. *Si on me touche, je n'existe plus*. Paris: Robert Laffont, 1992.

_____. (1994) *Quelqu'un, quelque part*. Paris: J'ai lu. 1996.

WILLIAMS, D. Like colour to the blind. Soul searching and soul finding. Londres e Filadélfia: Kingsley Publishers, 1999.

WILLIAMS, D. *Everyday heaven. Journeys beyond the stereotypes of autism*. Londres e Nova York: Jessica Kingsley Publishers, 2004.

WING, L. "Asperger's syndrome: a clinical account", *Psychological Medicine*, 1981, 11, pp. 115-29.

WING, L. *Early childhood autism: clinical, educational and social aspects*. Oxford: Pergamon Press, 1976.

WING, L. "Approche épidémiologique des caractéristiques sociales comportamentales et cognitives". In: RUTTER, M.; SCHOPLER, E. (1978) *L'autisme. Une réévaluation du concept et des traitements*. Paris: PUF, 1991.

WING, L. "The relationship between Asperger's syndrome and Kanner's autism". In: FRITH, U., *Autism and Asperger syndrome*. Cambridge: Cambridge University Press, 1991, pp. 102-103.

WINNICOT, D. W. (1951) "Objetos transicionais e fenômenos transicionais". In: *Da pediatria à psicanálise*. Traduzido por D. L. Bogomoletz. Rio de Janeiro: Imago, 2000.

WOLFF, S.; CHICK, J. "Schizoid personality in childhood: a controlled follow-up study", *Psychological medicine*, 1980, 10, pp. 85-100.

ZANZOTTO, A. "Élégie du pétel", *Arcanes*, 1986, 17, citado por BOYSSON-BARDIES, B., *Comment la parole vient aux enfants*. Paris: Odile Jacob, 1996.

GRÁFICA PAYM
Tel. [11] 4392-3344
paym@graficapaym.com.br